Freizeitführer

NORDHESSEN

Wartberg Verlag

Michael Schnelle

Anmerkung des Verlages
Die im nachfolgenden Text verwendeten Symbole haben folgende Bedeutung:
☏ = Telefon, ✉ = E-Mail-Adresse, 🌐 = Internet-Adresse,
☺ = Attraktionen für Kinder und Junggebliebene

Titelfoto: Stadtansicht Gudensberg, Fotograf: Jörg Lantelmé
Foto Rückseite: Treppenstraße Kassel, © Dirk Schmidt/Pixelio

1. Auflage 2011

Layout: Designbüro Gerald Halstenberg, Berlin
Karte: KGS Kartographie und Grafik Schlaich, Geislingen
Druck: Thiele & Schwarz, Kassel

34281 Gudensberg-Gleichen, Im Wiesental 1
Telefon (0 56 03) 9 30 50
www.wartberg-verlag.de
ISBN: 978-3-8313-2096-7

Einige Worte vorweg

Liebe Leserin, lieber Leser,
entdecken Sie mit mir das Märchenland der Brüder Grimm – Nordhessen –, eine attraktive Region, die ich seit meiner Kindheit ausgiebig bereist und schätzen gelernt habe. Auf Schritt und Tritt begegnen Sie den Märchen der Brüder Grimm, beispielsweise im Reinhardswald dem Dornröschenschloss Sababurg. Der Hohe Meißner, mit 754 m Nordhessens höchster Berg, gilt als Heimat von Frau Holle. Die Landschaft entlang der Schwalm dagegen ist als Rotkäppchenland bekannt. Die Freizeitregion Nordhessen gilt als führend im Tourismus Hessens. Besonders das Waldecker Land zieht schon lange Tagesgäste wie auch Urlauber mit vielfältigen Attraktionen an, gefolgt von der Stadt Kassel. Von den Besucherzahlen her haben Bad Wildungen, Willingen, Kassel, Bad Sooden-Allendorf, Bad Hersfeld, Rotenburg (Fulda) und Bad Zwesten die Nase vorn.

Denkmal in Rotenburg

Nordhessen bietet viel Abwechslung. Einerseits beeindrucken viele Städte mit ihren historischen Fachwerkstadtkernen, es gilt Burgen und Schlösser zu besichtigen, traditionsreiche Kurorte laden mit ihren Wellnessoasen zu Ruhe und Entspannung ein, zahlreiche Museen bieten Ausstellungen für jedermanns Geschmack, andererseits locken aber auch ganz viele kulturelle Veranstaltungen unterschiedlichster Art.
Ganz große Bedeutung kommt aber der Natur zu: Nordhessen bietet vier Naturparks und einen Nationalpark, Kurparks, einmalige Gartenanlagen sowie Tier- und Wildparks. Hinzu kommen viele lohnende Aussichtspunkte, die einen Besuch wert sind.
Besonders aktive Besucher finden hier ein reichhaltiges Betätigungsfeld. Mit zahlreichen Radfernwegen und Strecken unterschiedlichster Ansprüche für Mountainbiker fällt die Auswahl schwer. Wanderer können zwischen etlichen Premiumwanderwegen, Fernwanderrouten und lokalen Rundwegen wählen. Daneben gibt es noch mehrere Nordic-Walking-Parks. Auch Wassersportler kommen nicht zu kurz. Kanuten lieben beispielsweise die Werra oder die Fulda, Wassersportler aller Art natürlich den Eder- oder Diemelsee. Aber auch Wintersportler finden am Hohen Meißner, im Knüllgebirge oder bei Willingen Angebote verschiedener Schwierigkeitsgrade.
Egal ob Sie in Nordhessen zu Hause sind oder hier Urlaub machen: Der vorliegende Freizeitführer Nordhessen hilft Ihnen, das Beste aus Ihrer Freizeit zu machen. Die Gemeinden der Region werden in alphabetischer Reihenfolge vorgestellt und die wichtigsten Sehenswürdigkeiten und Angebote aufgeführt. Ein umfangreiches Orts- und Stichwortregister sowie eine Übersichtskarte am Ende des Buches helfen, Ziele und Freizeitangebote schneller zu finden.
Danken möchte ich den Fremdenverkehrsorganisationen, die mich mit Informationen und Fotomaterial unterstützt haben.

Ihnen wünsche ich schöne Tage in Nordhessen!

Michael Schnelle

Regionale Informationsstellen

Viele Gemeinden unterhalten keine eigene Tourist Information mehr. Neben Tourismusbüros, die mehrere benachbarte Orte zusammen betreuen, gibt es auch regionale Fremdenverkehrsorganisationen, bei denen Sie Informationsmaterial bekommen:

Für ganz Nordhessen:
NordHessen Touristik im Regionalmanagement Nordhessen, Ständeplatz 13, 34117 Kassel
0561/97062-00 (Zentrale) bzw.
0561/97062-17 (Durchwahl)
0561/97062-22
info@nordhessen.de
www.nordhessen.de

Für einzelne Regionen (alphabetische Reihenfolge):

Kassel Land
Region Kassel Land (gesamter Landkreis Kassel Land), Raiffeisenweg 2, 34466 Wolfhagen
05692/987326-0
05692/987326-1
info@region-kassel-land.de
www.region-kassel-land.de

Kurhessisches Bergland
Touristik Service Kurhessisches Bergland, Parkstr. 6, 34576 Homburg (Efze)
05681/775-480
05681/710614
khb@schwalm-eder-kreis.de
www.kurhessisches-bergland.de

Landkreis Hersfeld-Rotenburg
Komm in die Mitte, Wirtschaftsförderungsgesellschaft für den Landkreis Hersfeld-Rotenburg (gesamt Waldhessen), Leinenweberstr. 1, 36251 Bad Hersfeld
06621/944-110
06621/944-101
info@komm-in-die-mitte.de
www.kommindiemitte.de

Mittleres Fuldatal
Tourismus-Service Erlebnisregion Mittleres Fuldatal, Heinz-Meise-Str. 100, 36199 Rotenburg a. d. Fulda
06623/886611
06623/886033
info@mittleres-fuldatal.de
www.mittleres-fuldatal.de.

Rotkäppchenland
Tourismusservice Rotkäppchenland, Hauptstr. 2a, 36275 Kirchheim
06625/919597
06625/919596
info@rotkaeppchenland.de
www.rotkaeppchenland.de

Waldeck-Ederbergland
Touristik Service Waldeck-Ederbergland, Südring 2, 34497 Korbach
Freecall 0800-9543590 oder 05631/954359
05631/954378
info@waldecker-land.de
www.waldecker-land.de

Werratal und Meißner-Region
Werratal Tourismus Marketing (für das Werratal und Meißner-Region), Niederhoner Str. 54, 37269 Eschwege
05651/992330
05651/992339
info@urlaub-werratal.de
www.urlaub-werratal.de

Ahnatal

C2

(Landkreis Kassel)

Ahnatal schließt im Nordwesten an Kassel an, liegt am Nordrand des Naturparks Habichtswald und besteht aus den Ortsteilen Weimar und Heckershausen. Die ca. 8300 Einwohner zählende Wohngemeinde hat ihren Namen vom Bach Ahne, der durch das Gemeindegebiet fließt.

www.ahnatal.de

Sehenswertes

Alte Schmiede Thielemann
Direkt an der Hauptstraße in Heckershausen liegt diese alte Schmiede, in der einst drei Generationen gearbeitet haben. Kostenlose Führungen mit Schmiedevorführungen sind für Gruppen möglich.
Kontakt: Amt für Kultur, Jugend und Senioren, Unter der Linde 2, 34292 Ahnatal, 05609/628162, uwe.westphal@ahntaltal.de

Natur und Freizeit

Freizeitgelände Bühl
Das am südlichen Ortsrand gelegene Gelände liegt rund um den beliebten Natursee Bühl, ein ehemaliger Basaltsteinbruch, der heute zum Baden einlädt. Zum Areal gehören weitere Freizeiteinrichtungen. Daneben gibt es am westlichen Ortsrand von Heckershausen an der Rasenallee noch ein Sport- und Freizeitzentrum mit weiteren Angeboten.

Wandern und Radfahren

Die reizvolle Umgebung ist durch Rad- und Wanderwege erschlossen. Von Heckershausen und Weimar sind je vier Rundwanderwege bis maximal 9 km Länge ausgeschildert.

Veranstaltungen und Feste

Jugend- und Kulturzentrum Café Klatsch
Zentraler Veranstaltungsort für Kulturveranstaltungen ist das Café Klatsch in der Dörnbergstr. 23 im OT Weimar.

Alheim

D3

(Landkreis Hersfeld-Rotenburg)

Die Gemeinde Alheim liegt benachbart zu Rotenburg (Fulda) in reizvoller Mittelgebirgslandschaft zwischen Stölzinger Gebirge und Knüll, erstreckt sich mit ihren zehn Ortsteilen beidseits der Fulda sowie in deren Seitentälern und hat ihren Namen vom bekannten 549 m hohen Aussichtsberg Alheimer. Alheim zählt rund 5100 Einwohner.

www.alheim.de

Sehenswertes

Kirchen
Sehenswert sind der romanische Kirchen-Saalbau mit Fischgrätenmauerwerk von 1589 in Niederellenbach, der von einer Wehrmauer mit Schießscharten umgeben wird und die evangelische Kirche in Oberellenbach mit einem spätgotischen Chorturm aus dem 16. Jh. und umgeben von einem ehemaligen Wehrkirchhof mit Ringmauer. Sehenswert ist dort auch das Fachwerk-Pfarrhaus von 1609.

Thingplatz Licherode
Ein Thingplatz mit einer 800 Jahre alten Gerichtslinde und einem steinernen Schöffentisch erinnert an den ehemaligen Ge-

richtssitz. Es ist einer der besterhaltenen historischen Dorfgerichtsplätze in Waldhessen.

▸ Expo-Projekt Dorf 2000 – nachhaltige Landentwicklung
Zum Expo-Projekt gehören der damals neugestaltete Dorfladen mit neuartigem Belieferungskonzept, die Keramikwerkstatt Geißler sowie der Demeter-Betrieb Kirchhof mit Hofkäserei und Hofladen in Oberellenbach, die Korbflechterei Pfetzing in Sterkelshausen und der Biohof Brandau in Baumbach.

▸ Kunst in der Landschaft
Die sehr unterschiedlichen über das gesamte Gemeindegebiet verteilten Kunstobjekte sollen ohne größeren Erklärungsbedarf auskommen, neugierig machen und unterschiedliche Interpretationen zulassen.

Natur und Freizeit

▸ Wandern
Im Gemeindegebiet stehen dem Wanderer etwa 280 km Wanderwege zur Verfügung, neben den örtlichen Rundwanderwegen auch vier Fernwanderwege. Daneben bieten themenbezogene Lehr- und Erlebnispfade die Gelegenheit, die Naturlandschaft bewusst zu erleben.

▸ Radfahren
Auch Radfahrer kommen in Alheim auf ihre Kosten. So führen der Hessische Fernradweg R1 (Fulda-Radweg) und der R5 (Willingen–Wanfried) durch Alheim. Ergänzt werden diese Fernradwege durch vier lokale Erlebnis-Radtouren zu den Sehenswürdigkeiten der Ortschaften.

▸ Naturschutzgebiet Kiesgrube
Bei Baumbach liegt das Naturschutzgebiet Kiesgrube. Mit einem Aussichtsturm lädt es zum Beobachten der Tierwelt in der Flussauenlandschaft ein.

▸ Aussichtspunkte
Auf dem Alheimer, mit 549 m die zweithöchste Erhebung des Stölzinger Gebirges, steht ein Aussichtsturm, der eine grandiose Aussicht auf die Umgebung bietet. Bei Obergude liegt die Metzebacher Höhe, die eine wunderschöne Aussicht ins Gudetal bietet. Einen schönen Blick auf das Fuldatal und den Alheimer bietet die Grillhütte »Am Loh« bei Baumbach.

▸ Naturbadesee bei Heinebach
Am Radweg R1 liegt unweit von Heinebach ein unbeaufsichtigter Natursee, der an heißen Tagen zum Baden einlädt.

▸ Kutschfahrten
Kirchhof Oberellenbach, An der Kirche 6, OT Oberellenbach, 36211 Alheim, ☎ 05664/1798, 🌐 www.kirchhof-oberellenbach.de.

Veranstaltungen und Feste

▸ ☺ Ökologisches Schullandheim und Tagungshaus Licherode
In diesem zweiten Expo-Projekt kann man Umwelt praxisnah erlernen. Dazu gehört ein Seminarprogramm für Erwachsene, aber auch Freizeitangebote für Kinder, Gruppen und Familien. Im Pavillon finden auch Kunstausstellungen und Konzerte statt.
Kontakt: Ökologisches Schullandheim und Tagungshause Licherode, Lindenstr. 14, 36211 Alheim, ☎ 05664/9486-0, 🌐 www.schullandheim-licherode.de.

Allendorf (Eder) A3

(Landkreis Waldeck-Frankenberg)

Die Gemeinde Allendorf (Eder) liegt im Tal der Eder, wurde urkundlich erstmals 1107 erwähnt und ist ein wichtiger Industriestandort. Die rund 5600 Einwohner leben in Allendorf und vier weiteren Ortsteilen. Grenzsteine im Gemeindegebiet erinnern an die historische Grenze zwischen Hessen-Kassel und Hessen-Darmstadt.

Ederbergland Touristik, s. u. Frankenberg,
www.allendorf-eder.de

Sehenswertes

Alte Kirche Allendorf
Die Alte Kirche wurde 1496 im Stil der späten Gotik erbaut und ist mit einem wuchtigen Chorturm versehen, dessen flacher Helm auf den Langseiten mit zwei Erkern besetzt ist.

Kirche Battenfeld
Die romanische, kreuzförmige Basilika stammt aus dem 12./13. Jh. Älteste Teile im Inneren sind zwei Joche im Schiff, die Vierung mit Kreuzgratgewölben und ein kuppelartiges Gewölbe im Chor.

Kirche Haine
Die Fachwerkkirche ist mit wertvoller Innenausstattung versehen und wurde 1676 erbaut.

Museen

Werksmuseum Via Temporis
Die Firma Viessmann ist ein international führender Hersteller von Heiztechnik-Systemen. Um die Geschichte des Unternehmens zu veranschaulichen, wurde das Werksmuseum errichtet. Es ist gleichzeitig eine Würdigung des Lebenswerks von Dr. Hans Viessmann, der den nach dem Zweiten Weltkrieg von seinem Vater übernommenen Handwerksbetrieb zu einem Weltunternehmen ausbaute. Für Gruppen sind auf Anfrage auch Führungen durch das Stammwerk möglich.
Adresse: Viessmannstr. 1, 35107 Allendorf (Eder), 06452/70-0, www.viessmann.de,
Öffnungszeiten: Mo–Fr 8–15.30 Uhr

Natur und Freizeit

Rundflüge
Zur Firma Viessmann gehört auch ein Verkehrslandeplatz, der u. a. von den firmeneigenen Business-Jets benutzt wird, aber auch vom Luftsportverein Ederbergland e. V., der Privatpiloten ausbildet und ein attraktives Umfeld für die Hobby-Fliegerei bietet. Vom Flugplatz aus werden auch Rundflüge angeboten.
Kontakt: Ederbergland Touristik e. V., 06451/717672.

Veranstaltungen und Feste

Battenfelder Kram- und Viehmarkt
Zu den größten Veranstaltungen im Edertal zählt der am ersten Oktober-Wochenende stattfindende Battenfelder Kram- und Viehmarkt. Dazu gehören eine überregionale Robustrinderschau und Pferdepräsentation.

Bad Arolsen

B2

(Landkreis Waldeck-Frankenberg)

Die rund 18 000 Einwohner zählende Barockstadt im westlichen Waldecker Land besteht aus dem Stadtkern und elf Stadtteilen und geht auf die Gründung des Augustinerinnen-Klosters »Aroldessen« im Jahr 1131 zurück. Von 1655 bis 1918 war sie Residenzstadt der Grafen und Fürsten zu Waldeck und Pyrmont, danach bis 1929 Hauptstadt des Freistaates Waldeck und anschließend bis 1942 Kreisstadt. Heute begeistert Bad Arolsen seine Besucher mit Sehenswürdigkeiten, einem anspruchsvollen Kultur- und Freizeitprogramm, Gesundheitsangeboten sowie dem Erholungsgebiet Twistesee.

Touristik-Service Bad Arolsen
Große Allee 24, 34454 Bad Arolsen
05691/801-240
05691/801-238
touristik-service@Bad-Arolsen.de
www.bad-arolsen.de

Sehenswertes

Stadtführungen
Kostenlose Stadtführungen für Einzelpersonen Apr–Okt Sa um 15 Uhr und Nov–Mrz um 14.30 Uhr ab Stadtführerschild vor dem Residenzschloss neben dem Restaurant Schlossgarten (Dauer 1,5 Std.). Stadtführungen für Gruppen jederzeit auf Anfrage über den Touristik-Service.

Residenzschloss
Als Wahrzeichen der Stadt gilt das barocke Residenzschloss, das von 1710 bis 1810 erbaut wurde und in dem 1858 Königin Emma der Niederlande geboren wurde. Ein Teil des Schlosses kann im Rahmen von Führungen besichtigt werden. Außerdem werden die Räumlichkeiten für Veranstaltungen unterschiedlichster Art sowie für die Arolser Barockfestspiele genutzt. Im Westflügel befinden sich die Hofbibliothek, die Bibliothek Brehm und wechselnde Kunstausstellungen des Museums Bad Arolsen.
Adresse: Schloßstr. 27, 34454 Bad Arolsen, 05691/8955-26, info@schloss-arolsen.de, www.schloss-arolsen.de. **Führungen:** Mai–Sep täglich 10–16 Uhr, Apr und Okt täglich außer Mo 10–15 Uhr, Nov–Mrz Mi und Sa um 15 Uhr sowie So um 11 Uhr.

Vorhof
Die beiden ältesten Gebäude des Schlossvorhofs, die Orangerie und die alte Klosterscheune, gehen auf die Klosterzeit zurück. Das Gärtnerhaus mit Uhrturm und die Fürstliche Reitbahn stammen aus der Fürstenzeit. Zusammen mit einem Neubau werden die historischen Gebäude heute als Hotel genutzt.

Neues Schloss mit Park und Heilquelle
Das neue Schloss wurde als Witwensitz von 1764 bis 1778 mit einer Rokokoinnenausstattung erbaut und 1853 klassizistisch umgestaltet. 1970 durch einen Brand zerstört, wurde es anschließend wieder aufgebaut und erweitert. Heute beherbergt das Schloss die Schön Klinik. Der frühere Schlosspark, heute Baumpark, wurde nach dem Bau des Schlosses angelegt und mit exotischen Nadelbäumen bepflanzt. Die Heilquelle Schlossbrunnen wurde in einer Tiefe von rund 400 Metern erbohrt. Das Heilwasser wird in der Trinkhalle zu folgenden Zeiten ausgeschenkt: Mai–Okt täglich 10.30–11.15 Uhr und 16–16.45 Uhr, Nov–Ostern täglich außer Sa 10.30–11.15 Uhr. Außerdem ist es ganzjährig im Welcome Hotel erhältlich.

Schloßstraße
Entlang der Schloßstraße reihen sich sehenswerte Bürgerhäuser aus dem 18. Jh. aneinander. In regelmäßiger Anordnung wechseln sich Gebäude mit fünf und drei Fensterachsen genau genormt ab. Das Gebäude, das an den Marstall angrenzt, war Regierungssitz.

Blick auf das Residenzschloss von Bad Arolsen

Es wurde von 1732 bis 1761 erbaut und dient heute als Verwaltung für den waldeckischen Staatsbesitz.

▸ Evangelische Stadtkirche
Der schlichte Barockbau mit klassizistischen Elementen wurde von 1735 bis 1787 erbaut und birgt im Inneren einen reich geschmückten Orgelprospekt mit Stadtwappen (1782) und sehenswerte Rokoko-Stuckarbeiten im Deckengewölbe (1776).

▸ Große Allee
Gedacht als breite und repräsentative Verbindung des Neuen Schlosses mit dem bereits 1725 abgerissenen Lustschloss Charlottental, stellt sie auch heute noch eine Besonderheit im Stadtbild dar. 1670 angelegt, verläuft die Allee auf 1600 Metern in Ost-West-Richtung und ist sechsreihig mit rund 880 Eichen bepflanzt.

▸ Burg Mengeringhausen
Die ehemalige Wasserburg liegt südwestlich der Altstadt von Mengeringhausen und geht auf das 14. Jh. zurück. Zum dreigeschossigen Bau gehört ein dicker Rundturm an der nördlichen Schmalseite. Heute ist die Burg Hotel und Restaurant.

▸ Wetterburg
Auf einer Bergzunge wurde 1306 eine Burg erbaut, die Anfang des 16. Jhs. abgetragen wurde. Auf dem Gelände der Vorburg entstand dann 1576 als Schloss die stattliche Wetterburg, die 1669 nach einem Brand neu aufgebaut wurde. Die Burg mit massivem zweigeschossigen Unterbau und Fachwerkobergeschoss im gleichnamigen Stadtteil wird heute als Erlebnisrestaurant genutzt.

▸ Stadtteil Landau
Der Stadtteil Landau wurde als Festungsstadt auf einem Berg gegründet und erhielt schon 1294 Stadtrecht. Heute ist er ein malerisches Ensemble mit vielen alten Fachwerkhäusern, einer teilweise erhaltenen Stadtbefestigung, einer Hallenkirche aus dem 14. Jh. und einem Grafenschloss aus dem 16. Jh., das heute als Alten- und Pflegeheim genutzt wird.

▸ Wasserkunst Landau
Da die Zisternen in der damaligen Stadt für die Wasserversorgung nicht ausreichten, baute man 1535 am Fuß der Bergkuppe eine Trinkwasserförderanlage. Die Wasserkunst hat bis 1981 Landau mit Trinkwasser versorgt und ist noch heute ein funktionstüchtiges technisches Denkmal.
Adresse: Volkhardinghäuser Straße, OT Landau, 34454 Bad Arolsen, ✆ 05691/4961 (für Führungen außerhalb der regulären Öffnungszeiten), ✉ webmaster@wasserkunst-landau.de, 🌐 www.wasserkunst-landau.de. **Öffnungszeiten:** Mai–Okt, So 10–12 Uhr.

Museen

▸ Museum Bad Arolsen
Das Museum befindet sich in fünf unterschiedlichen historischen Gebäuden der barocken Planstadt. Im Residenzschloss (siehe oben) werden wechselnde Kunstausstellungen gezeigt. Die anderen Gebäude werden nachfolgend vorgestellt.
Adresse: Museum Bad Arolsen, Schloßstr. 30, 34454 Bad Arolsen, ✆ 05691/625734, ✉ info@museum-bad-arolsen.de, 🌐 www.museum-bad-arolsen.de

▸ Christian-Daniel-Rauch-Museum
Das Museum wurde im ehemaligen fürstlichen Marstall gegenüber dem Residenzschloss eingerichtet. Die Skulpturensammlung mit Schwerpunkt auf Werken des klassizistischen Bildhauers Christian Daniel Rauch entstand in Kooperation mit der Alten Nationalgalerie Berlin.

Adresse: Schloßstraße 30, **Öffnungszeiten:** Mi–Sa 14–17 Uhr und So 11–17 Uhr.

Schreibersches Haus

Das Gebäude zählt zu den drei ältesten Wohnhäusern der Schloßstraße. Es wurde 1717 als repräsentatives Beamtenhaus erbaut. Ende des 18. Jhs. wurden zwei Seitenflügel im frühklassizistischen Stil angefügt. Das Museum informiert über die Entstehung und Entwicklung der Residenzstadt. Außerdem werden Gemälde und graphische Arbeiten der Malerdynastie um Wilhelm von Kaulbach aus dem 19. Jh. gezeigt.
Adresse: Schloßstraße 24. **Öffnungszeiten:** Apr–Okt, Mi, Sa und So 14.30–17 Uhr.

Kaulbach-Haus

Das Geburtshaus des Historienmalers und Illustrators Wilhelm von Kaulbach ist eines der ältesten Gebäude der Stadt und entstand 1721 als eines der ersten in der damaligen Handwerkergasse. Gemälde und graphische Arbeiten vermitteln Einblicke in die Geschichte der Malerdynastie Kaulbach.
Adresse: Kaulbachstr. 3. **Öffnungszeiten:** Apr–Okt, Mi, Sa und So 14.30–17 Uhr.

C. D. Rauch-Geburtshaus

Hier wurde Christian Daniel Rauch, bedeutendster deutscher Bildhauer des Klassizismus, 1777 geboren. Gezeigt werden u. a. Porträts des Künstlers aus dem 19. Jh., Zeichnungen über die Entstehungsprozesse von Skulpturen, persönliche Erinnerungsstücke sowie die Tagebücher seiner Italienreisen.
Adresse: Rauchstraße 6. **Öffnungszeiten:** Apr–Okt, Mi, Sa und So 14.30–17 Uhr.

Heimatmuseum Mengeringhausen

Die Altstadt des Stadtteils Mengeringhausen ist wegen der Vielzahl gut erhaltener Fachwerkhäuser sehenswert. Dazu gehört das Ackerbürgerhaus aus dem 17. Jh., in dem das Heimatmuseum untergebracht ist. Schwerpunkt bildet die Geschichte des örtlichen Handwerks in früherer Zeit.
Adresse: Hintere Str. 7, OT Mengeringhausen, 34454 Bad Arolsen, www.museum-mengeringhausen.de. **Öffnungszeiten:** Mai–Okt, jeden zweiten und vierten So im Monat.

Waldecker Spielzeugmuseum

Das in einem Querdielenhaus aus dem späten 18. Jh. untergebrachte Museum zeigt Spielzeuge aus längst vergangenen Zeiten. Annähernd zweitausend Objekte von 1830 bis 1960 veranschaulichen Spielzeuggeschichte in vielfältigen Facetten.
Adresse: Ringstr. 15, OT Massenhausen, 34454 Bad Arolsen, 05691/6683, info@spielzeugmuseum.de, www.spielzeugmuseum.net.
Öffnungszeiten: Mi und So 14–16 Uhr, für Gruppen ab neun Personen nach Vereinbarung.

Natur und Freizeit

Twistesee

Der Twistesee ist ein Stausee, der als Hochwasserrückhaltebecken der Gewässerregulierung dient und bei dessen Bau (1972–1979) gleichzeitig die Nutzung für Wassersportler und Erholungssuchende berücksichtigt wurde. Umgeben von viel Natur, zählt er zu den saubersten deutschen Stauseen. Durch seinen Fischreichtum ist er auch bei Anglern beliebt. Der kleinere, flache Südteil wurde zum Vogelschutzgebiet erklärt. Dort befindet sich eine ornithologische Beobachtungsstation.

Wandern

In der Umgebung von Bad Arolsen wollen rund 400 km markierte Wanderwege entdeckt werden. Ein sieben km langer autofreier Weg führt um den Twistesee. Der Nordic-Walking-Park Bad Arolsen hat seinen Ausgangspunkt am Staudamm-Parkplatz am

Twistesee. Dort können Sie wählen zwischen drei unterschiedlich schwierigen Strecken.

Radfahren

Für Radfahrer stehen mehrere ausgeschilderte Radrouten zur Verfügung.
Vom Bahnhof Bad Arolsen führt der Rund-Radweg 1 über rund 20 km durch die Stadtteile Mengeringhausen, Braunsen, Wetterburg und Helsen. Auch der Oranier Radweg von Nassau nach Bad Arolsen erfreut sich immer größerer Beliebtheit.

Baden

Freizeitbad Arobella
Lagunenähnliches Erlebnisbad mit Saunalandschaft im Westflügel.
Adresse: Schlesienstr. 23, 34454 Bad Arolsen, 05691/806200, info@arobella.de, www.arobella.de.
Walme-Freibad Mengeringhausen
Adresse: Burgkampsweg, OT Mengeringhausen, 34454 Bad Arolsen, 05691/3193.
Freibad Landau
Adresse: Burggrund, OT Landau, 34454 Bad Arolsen, 05696/995245, info@freibad-landau.de, www.freibad-landau.de.
Strandbad am Twistesee
Kostenlos mit großen Spiel- und Liegewiesen sowie zahlreichen Freizeitmöglichkeiten.

Bootsverleih Seeschwalbe am Twistesee-Strandbad

Adresse: Im Vogelsang 1, OT Wetterburg, 34454 Bad Arolsen, (Büro) 05691/2587, (Bootssteg) 05691/50233.

Wasserskizentrum Twistesee

Wasserski fahren mit einer lautlosen Seilbahn auf einem 800 m langen Kurs.
Adresse: Seerandweg, OT Wetterburg, 34454 Bad Arolsen, (Büro) 05691/629636, (Wasserskianlage und Cafeteria) 05691/40320, WSZ-Twistesee@t-online.de, www.wasserski-twistesee.de

Golf

9-Loch-Golfanlage für Spieler aller Stärken oberhalb des Twistesees.
Golf- und Landclub Bad Arolsen, Zum Wiggenberg 33, OT Wetterburg, 34454 Bad Arolsen, 05691/628444, info@golf-arolsen.de, www.golf-arolsen.de.

Reiten

Reiterhof Bangert, Bericher Str. 4, OT Neu-Berich, 34454 Bad Arolsen, 05691/1273.

Fliegen

Rundflüge mit unterschiedlichsten Flugzeugen am Sa und So sowie nach Absprache.
Flugplatz Mengeringhausen, Flugplatz 1, 34454 Bad Arolsen, 05691/2517.

Ballonfahren

Ballon-Flugverkehr Placke, Professor-Klapp-Str. 26, 34454 Bad Arolsen, 05691/2537.

Veranstaltungen und Feste

Als Kurstadt bietet Bad Arolsen eine Fülle von Veranstaltungen an, von denen nachfolgend eine Auswahl kurz vorgestellt wird. Eintrittskarten sind in der Regel im Touristik-Service erhältlich.

Kurkonzerte

Von Mitte Mai bis Mitte Sep mit wechselnden Orchestern an der Trink- und Wandelhalle im Baumpark, Professor Klapp-Straße 14, So 15–17 Uhr.

Schlosskonzerte

Zwischen Mai und Sep finden im Steinernen Saal des Residenzschlosses Konzerte statt.
Adresse: Volksbildungsring Bad Arolsen, Fürstenallee 46, 34454 Bad Arolsen, 05691/2628, horo.schwarze@t-online.de, www.volksbildungsring.de.

▸ Barockfestspiele
Renommierte Künstler und Ensembles treten alljährlich in historischen Gebäuden von Bad Arolsen Ende Mai/Anfang Juni während der Barockfestspiele auf. **Infos** über Touristik-Service, www.arolser-barockfestspiele.de.

Die Festspiele von Bad Arolsen

▸ Outback Veranstaltungszentrum
Das Veranstaltungszentrum im BioEnergie-Park Nordwaldeck bietet viele verschiedene Konzerte. Konzertkarten sind ebenfalls im Touristikservice erhältlich.
Adresse: Hagenstr. 25, 34454 Bad Arolsen, 05691/6242931, info@outback-bad-arolsen.de, www.outback-badarolsen.de.

▸ Weitere größere Veranstaltungen
Bad Arolser Ostermarkt
(am Wochenende zwei Wochen vor Ostern im Bürgerhaus).
Arolser Kram- und Viehmarkt
Größtes Volksfest von Nordhessen findet Anfang August auf dem Königsberg statt. Rund 500 000 Besucher werden zu den vier Festtagen erwartet.
Internationaler Twistesee-Triathlon
(So im Juli oder Aug).
Weihnachtsmarkt
(ab Ende Nov auf dem Kirchplatz).

Bad Emstal

C2

(Landkreis Kassel)

Bad Emstal liegt rund 20 km südwestlich von Kassel im Naturpark Habichtswald. Zur Gemeinde mit etwa 6100 Einwohnern zählen der Hauptort Sand, ferner Balhorn, Merxhausen und Riede. Wie zahlreiche Bodenfunde belegen, war das Gebiet schon lange vor Chr. besiedelt, der Hauptort Sand wurde urkundlich aber erstmals im Jahre 1354 erwähnt. 1976 wurde nach Thermalwasser gebohrt. Seit 1992 trägt Emstal den Zusatz »Bad«.

Tourist.Marketing
Bad Emstal, Karlsbader Str. 4,
34308 Bad Emstal
05624/9218972
05624/2278
kurverwaltung@bad-emstal.de
www.bad-emstal.de

Sehenswertes

▸ Balhorn
Historisch bedeutend ist die Wehrkirche, die auf 1488 zurückgeht und in deren Inneren sich sehenswerte Malereien befinden. Erwähnenswert sind ferner der gotische Unterbau des Torhauses und der Gerichtstisch mit Dorflinde. Aus den Balhorner Steinbrüchen wurden über Jahrhunderte Sandsteine für Gebäude in Kassel geliefert, darunter auch der nicht mehr existierende erste Herkules.

▸ Merxhausen mit Kloster und Bogenbrücke
Der Ort ist eng mit dem ehemaligen Kloster verbunden, das 1213 entstand. Ein Feuer zerstörte das Gebäude in der zweiten Hälfte des 15. Jhs. fast vollständig. So wurde das Nonnenkloster 1489 aufgehoben und 1533 durch Landgraf Philipp II. in ein Landeshos-

pital umgewandelt. Heute dient es als psychiatrische Heilanstalt. Die so genannte Kurfürstenbrücke von 1756 überspannt etwa 1,5 km südlich von Merxhausen mittels Bogen die Ems.

Schloss Riede

Am Rand des OT Riede liegt das mittelalterliche Schloss von 1443 mit einem herrlichen Park, der in den Wald übergeht. Es wurde mehrfach verändert Um 1770 wurde das Schloss um einen englischen Landschaftspark ergänzt. Das Schloss und die Außenbereiche befinden sich in Privatbesitz und können nur nach Anmeldung besichtigt werden.
✉ zimmermann.bademstal@freenet.de

Idyllisch – Schloss Riede in Bad Emstal

Sand

Die evangelische Kirche im Hauptort Sand geht auf einen spätmittelalterlichen Bau zurück, der mehrfach verändert wurde. Die Burgruine Falkenstein liegt nordöstlich von Sand und wurde im 13./14. Jh. erbaut. Im Dreißigjährigen Krieg wurde sie zerstört. Heute findet man hier nur noch einige Mauerreste sowie Überbleibsel vom Burggraben und der Wallanlage. Östlich von Sand liegt am Wanderweg N1 nach Niedenstein die größte Ringwallanlage Niederhessens. Die Altenburg besteht aus einem 15 ha großen Innenwerk, das von einem 70 ha großen Außenwerk ergänzt wird. Durch Brand wurde die Wallanlage zerstört.

Natur und Freizeit

Aussichtsturm Klauskopf

Auf dem stark bewaldeten 414 m hohen Klauskopf oberhalb von Riede steht ein steinerner Aussichtsturm, der von der überdachten Turmkanzel eine schöne Aussicht bietet.

Kurpark

Sehenswert vom Kurpark in Sand ist insbesondere der Rosengarten, in dem 200 verschiedene Rosenarten, Kunst (Plastiken verschiedener Künstler) und Kultur miteinander verbunden sind. Durch den Kurpark verläuft auch ein Fitnesspfad mit Barfußweg und Fühlwand. Ausgewiesene Lauf- und Walking-Strecken finden hier ihren Anfang.

Der Rosengarten in Bad Emstal

Wandern und Radfahren

Die waldreiche Umgebung bietet ein gut ausgebautes markiertes Wegenetz von mehr als 100 km, das Wanderern wie Radfahrern gleichermaßen Abwechslung bietet. Zwischen Bad Emstal und Niedenstein erstreckt sich auch ein Nordic-Fitness-Park. Den Nordic-Walking-Freunden stehen sechs Routen zwischen 5,25 und 14,3 km mit unterschiedlichen Höhenprofilen zur Verfügung.

Mineral-Thermalbad

Modernes Mineral-Thermalbad mit Innen- und Außenbecken, Saunawelt, Sonnenstudio

Solaris sowie Restaurant. Samstagnachmittag: Familienspaß.
Adresse: Karlsbader Straße 4, OT Sand, 34308 Bad Emstal, 05624/1515, www.mineral-thermalbad.de.

Freischwimmbäder
Waldschwimmbad Balhorn, Am Diestelberg, 05625/7411, www.waldschwimmbad-balhorn.de.
Freibad Sand/Merxhausen, An der B 450, 05624/1744, www.wir-wollen-schwimmen.de.

Veranstaltungen und Feste

Kurkonzerte
Kurkonzerte finden im Kursaal oder auch im Musikpavillon Les Ponts de Cé statt, in der Regel von Anfang Juni bis Ende Sep, So um 15 Uhr.

Klosterspiele Merxhausen
Auf der Freilichtbühne im Klostergarten wird seit 1983 alle zwei Jahre Theater gespielt. Akteure sind Mitglieder des Theatervereins und der angeschlossenen Heilanstalt. Spieltermine Sa und So von Mitte Juni bis Anfang Sep. **Kartenvorverkauf:** Foto Schwarz, Kasseler Str. 29, OT Sand, 34308 Bad Emstal, 05624/5276, www.klosterspiele-merxhausen.de. **Weitere Veranstaltungen:**
Grischäfers Feldscheunenfest
Kultursommer Nordhessen

Bad Hersfeld

D4

(Landkreis Hersfeld-Rotenburg)

Die rund 30 000 Einwohner zählende Kreisstadt liegt in einer Senke, die hier durch die Einmündung der Haune in die Fulda gebildet wird. Ihre Entstehung steht im Zusammenhang mit der Gründung eines Benediktinerklosters durch Bischof Lullus im Jahre 769. Um diese Abtei entstand dann nach und nach eine Siedlung. Bereits 1142 wurde Bad Hersfeld als Marktort und 1170 als Stadt erwähnt. Besondere Aufmerksamkeit wird der Stadt alljährlich durch die international bekannten Bad Hersfelder Festspiele zuteil. Die Stiftsruine, größte romanische Kirchenruine Europas, dient als Kulisse für die Aufführungen.

Tourismus- und Kartenzentrale
Am Markt 1
36251 Bad Hersfeld
06621/201-274
06621/201-337
info@bad-hersfeld.de
www.bad-hersfeld.de

Sehenswertes

Stadtführungen
Für Gruppen werden unterschiedliche Stadtführungen von der Tourismus- und Kartenzentrale angeboten.

Stiftsruine
In der Leonhard-Müller-Anlage liegt die Stiftsruine, die größte romanische Kirchenruine der Welt. Mit dem Bau der Kirche wurde 831 begonnen, geweiht wurde sie 1144 und im Siebenjährigen Krieg 1761 zerstört. Heute ist sie Austragungsort der Bad Hersfelder Festspiele. **Öffnungszeiten:** Mitte März–Ende Apr und Anfang/Mitte Sep–Ende Okt täglich außer Mo und Do 10–12 und 14–16 Uhr.

Katharinenturm
Als freistehender Glockenturm steht der Katharinenturm östlich der Stiftsruine. Er wurde erbaut, um nach dem Einsturz des Nordturms der Stiftskirche im Jahre 1100 die Glocken zu beherbergen. Heute befindet sich im Turm noch die Lullusglocke, Deutschlands älteste Glocke aus dem Jahre 1038.

▸ Stadtkirche
Über den Dächern der Fachwerkhäuser der Innenstadt erhebt sich der Turm der Stadtkirche. Mit dem Bau der dreischiffigen Hallenkirche wurde um 1300 begonnen. Aus der ersten Bauzeit stammen noch das Langhaus und die unteren Geschosse, während die anderen Teile der Kirche jüngeren Datums sind.

Der Turm der evangelischen Stadtkirche von Bad Hersfeld

▸ Rathaus
Ein beliebtes Fotoobjekt ist das historische Rathaus von Bad Hersfeld. Ursprünglich zum Ende des 14. Jhs. im Gotikstil erbaut, wurde es von 1607 bis 1612 im Stil der Weserrenaissance umgebaut und mit reichlich Schmuck verziert.

▸ Altstadtkern mit Fachwerkhäusern
In der Innenstadt gibt es über 200 unter Denkmalschutz stehende Gebäude. An vielen Stellen stößt man auf gut erhaltene historische Fachwerkhäuser.

▸ Reste der Stadtbefestigung
Zu den Ruinen der alten Stadtbefestigung gehören der Mauerrest im Klosterbezirk, die zwei Nordschulteiche in der Leonhard-Müller-Anlage als Überbleibsel des Stadtgrabens und Reste auf der Ostseite der Altstadt mit dem Klausturm, ein Wach- und Gefängnisturm, sowie dem Pulverturm.

▸ Schloss Eichhof
Etwa 3 km südwestlich der Altstadt liegt das Schloss mit quadratischer Grundform, einst eine eingeschossige gotische Wasserburg. 1572 wurde diese zu einem Schloss im Renaissancestil umgebaut und als Sommerresidenz der Äbte genutzt. Sie dient seit 1986 im Rahmen der Bad Hersfelder Festspiele als Aufführungsort.

Museen

▸ Stadtmuseum
Im erhaltenen Ostflügel des ehemaligen Klosters südlich der Stiftsruine befindet sich das Stadtmuseum mit Exponaten zur Stadt- und Klostergeschichte sowie zum städtischen Handwerk. **Adresse:** Im Stift 6a, 36251 Bad Hersfeld, ☏ 06621/75774, ✉ wstue@bad-hersfeld.de. **Öffnungszeiten:** Di bis So 10–12 Uhr und 15–17 Uhr.

▸ Konrad-Duden-Museum
An das Leben und Werk von Konrad Duden, der als Direktor des Gymnasiums von 1876 bis 1905 hier lebte, erinnert dieses Museum. 1888 erschien von ihm das Wörterbuch der deutschen Sprache als Vorläufer zum Duden. **Adresse:** Neumarkt 31, 36251 Bad Hersfeld. **Öffnungszeiten:** So 15–17 Uhr.

Natur und Freizeit

Bad Hersfeld bietet mehrere große Grünanlagen. Im ehemaligen Stiftsbezirk ist das die Leonhard-Müller-Anlage, die älteste öffentliche Grünanlage der Stadt sowie ein 2006 angelegter blühender Staudengarten. Größter Park ist der rund 7 ha große Kurpark mit Kurhaus, Wandelhalle und Quellpavillon, der 2008 als zweitschönster Park Deutschlands ausgezeichnet wurde. Daneben gibt es den 15 ha großen Fuldapark mit Fuldasee und die Carl-Strauß-Anlage an der Kleinshöhe.

Wandern
Die waldreichen Höhen um Bad Hersfeld bieten eine breite Palette von abwechslungsreichen Wandertouren mit einer Streckenlänge von über 200 Kilometern. Daneben erlaubt der Nordic-Walking-Park am Tageberg drei Rundkurse zwischen 3,5 und 5,6 km. Außerdem gibt es noch einen Waldsportpfad und zwei Laufstrecken.

Radfahren
Rund um Bad Hersfeld gibt es zahlreiche gut ausgebaute Fahrradwege. Außerdem ist die Stadt Etappenstation an den verschiedenen Fulda- und Solztal-Radwegen. Auch Mountainbiker finden in der bergigen Umgebung lohnende Ziele wie die Heukuppe, die Mengeshäuser Kuppe oder den Eisenberg. Leihfahrräder: Firma Kniese,
Adresse: Wallengasse 5a, 36251 Bad Hersfeld, 06621/916077, www.radromantik.de. **Öffnungszeiten:** täglich 9–20 Uhr.

Robert-Heil-Turm
Einen herrlichen Ausblick auf die Stadt, das Fulda- und Haunetal sowie die Rhön hat man vom Robert-Heil-Turm auf dem Tageberg westlich der Innenstadt.

Jahnpark
Als Sport- und Freizeitzentrum bietet der Jahnpark eine breite Palette von sportlichen Betätigungsmöglichkeiten, wie z. B. Kletterwald oder die Erlebniswelt der Sinne.
Adresse: Am Schwimmbad 4, 36251 Bad Hersfeld, 06621/400439. **Öffnungszeiten:** Mo–Fr 8–22 Uhr, Sa und So 10–22 Uhr.

Baden und mehr
Aqua Fit, Kolpingstraße, 36251 Bad Hersfeld, 06621/76496, www.stadtwerke-hef.de, **Öffnungszeiten:** Sep–Apr.
Geistalbad, In der Homberger Str., 36251 Bad Hersfeld, 06621/74447, www.stadtwerke-hef.de, **Öffnungszeiten:** Mai–Aug.
Kurbad Therme
Die Kurbad Therme bietet Badelandschaft, Saunaparadies, Entspannungswelt (Massagen) und Beautystudio.
Adresse: Am Kurpark 10, 36251 Bad Hersfeld, 06621/7950910, www.kurbad-therme.de.

Bootsverleih
Das Bootshaus, Auf der Unteraue 1, 36251 Bad Hersfeld, 06621/7969833, info@das-bootshaus.de, www.das-bootshaus.de.

Reiten und mehr
Steinhoffs Reiterhof, Auf dem Tageberg 1, 06621/64772, info@reiterhof-steinhoff.de, www.reiterhof-steinhoff.de.
Reitsportanlage und Gaststätte Wehneberg, Hof Wehneberg 2, 36251 Bad Hersfeld, 06621/2890, swgmbh@arcor.de, www.reiterhof-wehneberg.de.
Die Glockenreiter, Fuldastr. 17, 36251 Bad Hersfeld, 06621/968000, kontakt@dieglockenreiter.de, www.dieglockenreiter.de.

Fliegen
Der Motor-Flieger-Club Bad Hersfeld bietet ab Flugplatz Johannesberg Rundflüge für 1–3 Personen an.
Adresse: Hermann-Kirchner-Str. 6, 36251 Bad Hersfeld, 06621/2841, info@mfc-badhersfeld.de, www.mfc-badhersfeld.de.

Veranstaltungen und Feste

Unter den zahlreichen kleineren und größeren Veranstaltungen sowie Märkten werden nachfolgend drei Veranstaltungen vorgestellt, die jeweils viele Besucher begeistern.

Sport & Show
Diese Veranstaltung verbindet Sport, Akrobatik, Artistik, Comedy und Musik in einer fesselnden Show und findet jedes Jahr im Januar statt.

Eine Szene aus »Faust. Teil 1« bei den Bad Hersfelder Festspielen

Bad Hersfelder Festspiele
Weithin bekannt sind diese Festspiele, die zwischen Juni und August stattfinden. An den zwei Spielorten, der Stiftsruine und dem Schloss Eichhof, werden Theaterstücke, Musicals und Konzerte geboten. Nach den Festspielen werden außerdem zwei bis drei Opern in der Stiftsruine zur Aufführung gebracht.
Kartenbestellungen: Im Internet unter www.bad-hersfelder-festspiele.de oder über den Ticket Service, Postfach 1753, 36247 Bad Hersfeld, 06621/400755, kartenzentrale@bad-hersfeld.de.

Lullusfest
Das älteste Volksfest der Welt war ursprünglich ein reines Kirchenfest, ist heute aber eine riesengroße Kirmes mit vielen Attraktionen. Die Veranstaltung findet immer in der Woche statt, die den 16.10. beinhaltet. Weitere Veranstaltungen finden Sie unter www.bad-hersfeld.de.

Bad Karlshafen

C1

(Landkreis Kassel)

Die Kleinstadt liegt an der Mündung der Diemel in die Weser und ist ein Eingangstor für Solling und Reinhardswald. Zusammen mit dem Luftkurort Helmarshausen zählt sie heute rund 3900 Einwohner. 1699 vom Landgrafen Carl von Hessen-Kassel gegründet und als Barockstadt angelegt, waren die ersten Siedler Hugenotten, protestantische Glaubensflüchtlinge aus Frankreich. Bereits 1730 wurde die erste Solequelle entdeckt, aber erst 1977 erhielt die Stadt den Titel »Bad«.

Kur- und Touristik-Information Bad Karlshafen, Hafenplatz 8 (Rathaus), 34385 Bad Karlshafen
05672/9999-22
05672/9999-25
kurverwaltung@bad-karlshafen
www.bad-karlshafen.de

Sehenswertes

Stadtführungen
Für Gruppen nach Vereinbarung, für Einzelgäste Mai–Okt jeden So um 15 Uhr ab Rathaus. Daneben werden in der Saison am Di um 14.30 Uhr Planwagenfahrten durch das Dreiländereck und am Do um 14 Uhr Fahrten mit dem Barock-Express durch den Reinhardswald zum Dornröschenschloss Sababurg angeboten.
Vornameldung: Kur- und Touristik-Information Bad Karlshafen, 05672/9999-22

Rathaus
Auf der Hafensüdseite gelegen, wurde es zwischen 1715 und 1718 als Packhaus und gräfliche Residenz erbaut. Der Bau umfasst zwei Außenflügel und einen dreiachsigen

Mittelbau. Der Festsaal im Inneren ist mit wertvollen Stuckaturen ausgestattet.

▸ Invalidenhaus
Das Invalidenhaus (Carlstr. 20), als südlicher Eckpfeiler der Stadt 1704–1718 erbaut, ist ein vierflügeliger Komplex mit rechteckigem Innenhof und diente als Altersruhesitz für Angehörige der hessischen Armee.

▸ Gradierwerk
Die Sole mit Heilkraft bei Asthma, Rheuma, Ischias und Bronchitis wird aus 1150 m Tiefe den Bädern zugeführt und rieselt auch über den Schwarzdorn des 30 m langen und 8 m hohen Gradierwerks an der Kurpromenade.

▸ Ehemaliges Benediktinerkloster Helmarshausen
Das Kloster wurde 997 durch Kaiser Otto III. gegründet, hatte im 11. und 12. Jh. seine Blütezeit und wurde 1536 aufgehoben. Die Weihe der Klosterkirche erfolgte im Jahr 1011, ihr einstiger Grundriss ist oberirdisch mit Sandsteinplatten markiert, da der eigentliche Bau nicht mehr existiert.

▸ Fachwerkhäuser in Helmarshausen
Der Ortskern von Helmarshausen wird auch heute noch von vielen Fachwerkhäusern aus dem 16. bis 18. Jh. geprägt. Besonders sehenswert sind die mit reich geschnitzten Torständern versehenen Dielenhäuser in der Steinstraße.

▸ Krukenburg-Ruine
Die mächtige Ruine ist eine 1220 erbaute Kirchenburg und diente einst dem Schutz des Klosters. Erhalten sind heute der hohe Bergfried mit Aussichtsturm, einige Mauerreste und Türme. Innerhalb der Burganlage liegt auch noch die Johanneskapelle von 1126. Unterhalb der Ruine gibt es Einkehrmöglichkeiten und ein Museum.
Öffnungszeiten: Apr–Okt täglich 10–18 Uhr.

▸ Besuchersteinbruch
Der Besuchersteinbruch am Carlsplatz gibt einen Einblick in die frühere Sandsteingewinnung, Verarbeitung und Verwendung.

Museen

▸ Deutsches Hugenotten-Museum
Mitten im barocken Stadtkern in den Räumen einer ehemaligen Zigarrenfabrik findet man hier die umfassendste Sammlung zur Verfolgung der Hugenotten in Frankreich und ihr Leben im hessischen Exil.
Adresse: Hafenplatz 9a, 34385 Bad Karlshafen, ☏ 05672/1410, 🌐 www.hugenotten-museum.de. **Öffnungszeiten:** Mitte März bis Ende Okt Di–Fr 10–17 Uhr, Wochenende und feiertags 11–18 Uhr, Nov und Dez Sa und So 14–17 Uhr, Jan–Mitte März geschlossen.

▸ Heimatmuseum Helmarshausen
Das Museum befindet sich im Alten Rathaus und zeigt in der Ausstellung »Buchmalerei im Mittelalter« die Herstellung von Pergament, Farben aus Pflanzen und Mineralien sowie Gold- und Silbertinten aus der Zeit des Klosters. Zu bewundern ist auch ein Faksimile des Evangeliars Heinrich des Löwen, dessen Original in Wolfenbüttel aufbewahrt wird.
Adresse: Poststr. 40, OT Helmarshausen, Bad Karlshafen, ☏ 05672/789, 🌐 www.heimatverein-helmarshausen.de. **Öffnungszeiten:** Apr–Okt Di und Do 9–11 Uhr, Sa und So 15–17 Uhr

▸ Museum an der Krukenburg
Das Museum widmet sich der Burg- und Klostergeschichte.
Adresse: Zur Krukenburg 1, OT Helmarshausen, 34385 Bad Karlshafen, ☏ 05672/755, ✉ krukenburg@email.de. **Öffnungszeiten:** Mai–Sep Sa und So 11–13 Uhr oder nach Vereinbarung.

Natur und Freizeit

Wandern

Die Umgebung von Bad Karlshafen bietet in den wildreichen Wäldern von Solling und Reinhardswald ein reichliches Betätigungsfeld für Wanderer. Daneben gibt es sechs ausgeschilderte Nordic-Walking-Strecken. Von Helmarshausen erschließt der Eco-Pfad Archäologie als Rundwanderweg mehrere historische Stätten.

Radfahren

In den Tälern von Weser und Diemel sind bequeme Radtouren ohne nennenswerte Steigungen möglich. Bad Karlshafen liegt aber auch an den Fernradwegen R1 und R4, am Weser- und am Diemelradweg. Für Mountainbiker sind im Solling 16 Trails ausgeschildert.

Leihfahrräder: **Fahrradvermietung Weserbergland Ute Bachmann,** **Übergabe:** An der Saline 1, 34385 Bad Karlshafen, 0172/5711356, info@Fahrradvermietung-Weserbergland.de, www.fahrradvermietung-weserbergland.de.

Tankstelle Ulbricht, Mündener Str. 33, 34385 Bad Karlshafen, 05672/2014, h-ulbricht@gmx.de.

Aussichtspunkte

Neben der schon erwähnten Krukenburg bietet auch der 1913 erbaute Hugenottenturm (205 m) eine schöne Aussicht, insbesondere auf Bad Karlshafen. Nordwestlich von Bad Karlshafen ragen über dem Wesertal die Hannoverschen Klippen bis zu 75 m hoch auf. Das Gebiet steht unter Naturschutz, und die dortige Felskanzel ist einer der reizvollsten Aussichtspunkte des Wesertals.

Weser-Therme

Das Sole-Thermalbad bietet Erholungsatmosphäre mit mehreren Schwimmbecken, einer mediterranen Saunalandschaft sowie ein Wellness- und Massagezentrum.

Adresse: Kurpromenade 1, 34385 Bad Karlshafen, 05672/9211-0, info@wesertherme.de, www.wesertherme.de. **Öffnungszeiten:** täglich 9–22 Uhr, Fr und Sa bis 23 Uhr.

Die Weserpromenade von Bad Karlshafen

Kanuverleih Schumacher

Adresse: An der Saline 1, 34385 Bad Karlshafen, 05675/725905 (Hauptsitz in Trendelburg), kanu-schumacher@t-online.de, www.kanu-schumacher.de.

Schiffsfahrten

Linie 2000

Rundfahrten in Bad Karlshafen, Ostern–Okt Schiffsfahrten zwischen Bad Karlshafen und Oedelsheim, Mitte Mai–Mitte Sep.

Adresse: Hafenplatz 8, 34385 Bad Karlshafen, 05672/9999-23, Schiff 0173/7377221, info@weserschiff-hessen.de, www.weserschifflinie2000.de.

Die Flotte Weser

In der Saison täglich außer Mo Linienfahrten zwischen Bad Karlshafen und Höxter-Corvey.

Buchungen unter: 05151/939999, hameln@flotte-weser.de, www.flotte-weser.de.

▸ Freizeitanlage

Die Freizeitanlage am Zusammenfluss von Weser und Diemel bietet allerlei Abwechslung.
Adresse: An der Schlagd 4, 34385 Bad Karlshafen, ✆ 05672/922883, ✉ info@minigolf-bad-karlshafen.de, 🌐 www.minigolf-bad-karlshafen.de. **Öffnungszeiten:** März–November.

▸ Reiten

Birkenhof Thiel, Birkenhof, OT Helmarshausen, 34385 Bad Karlshafen, ✆ 05672/492, ✉ info@birkenhof-thiel.de, 🌐 www.birkenhof-thiel.de.
Reithalle Hohes Holz,
Kontakt: Reiterverein Hohes Holz, ✆ 05672/2888, 🌐 www.rv-hohesholz.de.

Veranstaltungen und Feste

▸ Kurkonzerte

Zu bestimmten Terminen im Rathausgarten während der Saison Mai–Okt.

▸ Hafenbeleuchtung

Pfingstsamstag lockt diese Veranstaltung mit Musik und Feuerwerk viele Besucher nach Bad Karlshafen. Angegliedert ist ein bunter Flohmarkt, der auch am Pfingstsonntag geöffnet ist.

Bad Sooden-Allendorf

(Landkreis Werra-Meißner)

Die Kurstadt Bad Sooden-Allendorf liegt beiderseits der Werra und grenzt direkt an Thüringen. Sie besteht neben der Kernstadt mit Bad Sooden auf der Westseite der Werra und Allendorf auf der Ostseite aus neun weiteren ländlichen Stadtteilen und zählt etwa 8500 Einwohner. Allendorf wurde urkundlich erstmals 1218 erwähnt und besaß Markt- und Stadtrechte. Im Dreißigjährigen Krieg brannten kroatische Regimenter 1637 die Stadt komplett nieder. Wegen des wirtschaftlichen Rückhaltes durch die Saline wurde die Stadt schnell wieder aufgebaut. 1881 wurde ein Badehaus eingeweiht. Bad Sooden-Allendorf zählt zu den führenden Sole-Heilbädern Deutschlands.

Touristinformation Bad Sooden-Allendorf
Landgraf-Philipp-Platz 1–2
37242 Bad Sooden-Allendorf
✆ 05652/9587-0
📠 05652/9587-109
✉ touristinfo@bad-sooden-allendorf.de
🌐 www.bad-sooden-allendorf.de

Sehenswertes

▸ Stadtführungen

Kostenlose Stadtführungen am Mo um 15 Uhr ab Söder Tor (Stadtteil Bad Sooden sowie am Fr um 14 Uhr ab Marktplatz (Stadtteil Allendorf). Daneben wird jeden zweiten Di im Monat eine kostenpflichtige historische Stadtführung um 19 Uhr ab Brauhaus angeboten (Anmeldung erforderlich). Gruppenführungen können jederzeit über die Touristinformation vereinbart werden.

▸ Brunnen vor dem Tore (Zimmersbrunnen)

Vor dem südlichen Stadttor der Allendorfer Altstadt liegt dieser Brunnen. Schon früh wurde eine Holzleitung von der Quelle am Zinnberg hierher verlegt. 1218 wurde daneben eine Linde gepflanzt. Vermutlich wurde der Dichter Wilhelm Müller auf einer Reise hier zu seinem Gedicht »Der Lindenbaum« inspiriert. In der vertonten Fassung von Franz Schubert wurde es unter dem Titel »Am Brunnen vor dem Tore« zum Volkslied.

Die heutige Linde wurde aber erst 1912 gepflanzt und das Tor 1997 wiederaufgebaut.

▸ Allendorfer Altstadt
Mit einer geschlossenen Bebauung bietet die Allendorfer Altstadt ein viel gepriesenes mittelalterliches Stadtbild mit schmalen Gassen und einer Vielzahl von prächtigen Fachwerkbauten. Dazu zählt auch das Bürgersche Haus, im Volksmund »Löwe« genannt, an der Ecke Kirchstr./Bahnhofstr.

▸ Fischerstad
Im direkt an der Werra gelegenen malerischen Viertel Fischerstad mit dichtgedrängten niedrigen Fachwerkhäuschen, von den Einheimischen auch »Klein-Venedig« genannt, lebten einst die Werra-Fischer außerhalb der mittelalterlichen Stadtbefestigung.

Das Patrizierhaus Löwe in Bad Sooden-Allendorf

▸ Rathaus
Am Marktplatz im Zentrum von Allendorf steht das historische Rathaus. Es entstand nach dem Dreißigjährigen Krieg auf den Grundmauern eines gotischen Vorgängerbaus. Der östliche Anbau, das so genannte Tuchhaus, wurde 1690 erbaut. Um 11 und um 17 Uhr versammeln sich viele Besucher am Rathaus, um dem Klang des Glockenspiels zu lauschen.

▸ St.-Crucius-Kirche mit Kirch- und Bibelgarten
Die im Süden der Allendorfer Altstadt unweit der Werra gelegene weithin sichtbare evangelische Kirche stammt von 1325 und wurde im gotischen Stil erbaut. Der trutzige Turm ist rund 100 Jahre jünger. Aus dem Inneren ist insbesondere die Barockkanzel von 1687 zu erwähnen. Im angrenzenden Garten finden sich in der Bibel erwähnte Pflanzen, Büsche, Blumen sowie Gewürze.

▸ Stadtmauer und Diebesturm
Die noch weitgehend erhaltene Stadtmauer wurde in der Mitte des 13. Jhs. erbaut, die Türme etwas später. Ein einzigartiger Aussichtspunkt für die Stadt ist heute der Diebesturm.

▸ Hospitalkapelle
Am Nordeingang zur Altstadt von Allendorf liegt die Kapelle des 1363 erstmals erwähnten Hospitals zum heiligen Geist. Sie enthält im Inneren kostbare Wandmalereien aus dem 14. Jh.

▸ Gradierwerk
Am Kurpark im Stadtteil Bad Sooden liegt das Gradierwerk, das auf 1638 zurückgeht. Es wurde 1999–2002 abgerissen und danach vollkommen neu aufgebaut. Noch heute dient es der Freiluftinhalation der Sole.

▸ Kurmittelhäuser
Bereits 1818 wurde ein Badehaus erbaut, das aber nur von Bediensteten der Saline benutzt werden durfte. Das erste öffentliche Badehaus wurde dann 1881 seiner Bestimmung übergeben, das heutige Kurmittelhaus 1989 in Betrieb genommen.

▸ Pfennigstube
Neben der Kurverwaltung steht die so genannte 1631 erbaute Pfennigstube mit einem Renaissance-Unterbau und einem Fachwerkobergeschoss. Im Eingang befand sich einst die Kasse des Salzwerks.

▸ Weinreihe

Die einzeilig bebaute Straße schmiegt sich an den Kurpark an und ist die Flaniermeile des Kurviertels. Einst pflanzten die Siedeknechte hier Rebstöcke an den Hausfassaden und nutzten das Rankwerk als natürliche Sprossenleiter, wenn die Haustür bereits versperrt war.

Der Diebesturm in Bad Allendorf (s. S. 21)

Museen

▸ Salzmuseum im Söderturm

Das 1705 erbaute Södertor in Bad Sooden war einst der einzige Zugang zur Saline. Heute befindet sich hier das Salzmuseum, das die Geschichte der früheren Salzgewinnung und des Bades sowie den Transport auf den alten Salzstraßen erzählt.

Adresse: Im Södertor, 37242 Bad Sooden-Allendorf, ✆ 05652/2556, 🌐 www.salzmuseum.heimatkunde-bsa.de. **Öffnungszeiten:** Mi (nicht Nov–März), Sa und So 14–17 Uhr.

▸ Luditzer Heimatmuseum

Das seit 1961 bestehende Museum ist der böhmischen Kreisstadt Luditz gewidmet und erinnert an die Herkunft der nach dem Zweiten Weltkrieg Vertriebenen, die hier eine neue Heimat fanden.

Adresse: Brunnenplatz 2, 37242 Bad Sooden-Allendorf, ✆ 05504/999986. **Öffnungszeiten:** am Telefon zu erfragen.

▸ Grenzmuseum Schifflersgrund

Das direkt an der ehemaligen innerdeutschen Grenze nordöstlich von Allendorf gelegene Museum erinnert in vielfältiger Art und Weise an die Geschichte der deutschen Teilung und das Leben der Menschen im ehemaligen Grenzgebiet der DDR.

Adresse: 37318 Asbach/Sickenberg, ✆ 036087/98409, ✉ info@grenzmuseum.de, 🌐 www.grenzmuseum.de. **Öffnungszeiten:** März–Okt täglich 10–17 Uhr, Nov–Feb Di–Fr 10–16 Uhr, Sa und So 11–16 Uhr.

Natur und Freizeit

▸ Wandern

Die Umgebung von Bad Sooden-Allendorf ist mit einem hervorragenden Wanderwegenetz erschlossen. So gibt es 16 markierte Rundwege in der näheren Umgebung, und der 15 km lange Premiumweg P7 erschließt den Söderwald. Daneben sind von den Bruchteichen vier Nordic-Walking-Strecken ausgeschildert.

▸ Radfahren

Durch Bad Sooden-Allendorf führt der Werratal-Radweg, einer der beliebtesten deutschen Radwege überhaupt. Die nähere Umgebung ist mit sieben Radrundtouren mit einer Gesamtlänge von 200 km erschlossen.

Fahrradverleih. **Haus Axt,** Königsberger Str. 15, 37242 Bad Sooden-Allendorf, ✆ 05652/4416, ✉ micha123@t-online.de.

Fahrradvermietung Eichenberg, Am Haintor 12, 37242 Bad Sooden-Allendorf, ✆ 05652/2900, 🌐 www.eichenbergfewos.de.

Fahrradvermietung Schülbe, Eschweger Landstr. 5, 37242 Bad Sooden-Allendorf, ✆ 05652/95580

Fahrradvermietung Radhaus, Kirchstr. 53, 37242 Bad Sooden-Allendorf, ✆ 05652/589724.

Aussichtspunkte

Der im Westen von Bad Sooden gelegene Roßkopfturm (482 m) erlaubt eine wunderschöne Sicht auf den Hohen Meißner, die nördlich von Allendorf bereits in Thüringen gelegene Teufelskanzel (452 m) einen imposanten Tiefblick auf die Werraschleife sowie Lindewerra und die Hörne (520 m) mit weiteren Aussichtspunkten im südöstlich gelegenen Naturschutzgebiet Hessische Schweiz u. a. einen fantastischen Blick über das Schloss Rothestein nach Bad Sooden-Allendorf.

Bruchteiche

Ein Naturidyll sind die zwei Bruchteiche am Südrand des Ortsteils Bad Sooden, die man zu Fuß umrunden kann.

Werratal Therme

Die moderne Werratal Therme mit 28–32 Grad warmem Solewasser hat sich zu einem Publikumsmagneten entwickelt. Sie bietet aktive Erholung, Wellness- und Beauty-Angebote sowie eine Saunalandschaft. In den Außenbereich wurde das letzte von einst 14 historischen Gradierwerken mit einbezogen. **Adresse:** Am Gradierwerk 2a, 37242 Bad Sooden-Allendorf, 05652/9587-70, info@werrataltherme.de, www.werrataltherme.de.

Freibad Bad Sooden-Allendorf

Adresse: Rothesteinstr. 40, 37242 Bad Sooden-Allendorf, 05652/4057, www.freibad-bsa.de.

Kanuverleih

Die Werra ist ein Paradies für Wasserwanderer und daneben ein gutes Angelrevier. **Bootsverleih:** Firma Krumos, Bootshaus Allendorf, Huhnengraben, Postanschrift Beethovenstr. 1, 06442/92118, für den Verleih auch 05651/3356390, info@krumos.de, www.krumos.de.

Radler- und Kanu-Rast Kleinvach, Fährgasse 6, OT Kleinvach, 37242 Bad Sooden-Allendorf, 05652/91210, thomas-Kohlstaedt@radler-und-kanu-rast-kleinvach.de, www.radler-und-kanu-rast-kleinvach.de.

Indoor-Golfanlage im Vitra Sportzentrum Werratal

Adresse: Am Bruch 1, 37242 Bad Sooden-Allendorf, 05652/918933, rezeption@vitra-kurhotel.de, www.vitra-kurhotel.de.
Öffnungszeiten: täglich 10–22 Uhr.

Kutsch- und Planwagenfahrten

Kutschfahrten Ulli Weber
Kontakt: 05652/1483.
Kutschfahrten Manfred Wanitschka
Kontakt: 05542/71493
Connemara-Gestüt Werratal
Kontakt: 05652/1849, wulf.tewes@web.de, www.connemaras-werratal.de.
Kutsch- und Planwagenfahrten Schill
Kontakt: 036075/526123, info@pferdehof-schill.de

Badespaß im Außenbecken der Werratal Therme

Reiten

Reit- und Fahrverein Sickenberger Pferdefreunde, Im Finstertal 4a, **Ansprechpartner:** Matthias Grabing, Weberstr. 37, 37242 Bad Sooden-Allendorf, 05652/1672

Reit- und Fahrverein Bad Sooden-Allendorf Am Schneiderasen, **Ansprechpartner:** Dr. Bernd-O. Kruse, Sickenberger Str. 2, 37242 Bad Sooden-Allendorf, ✆ 05652/4475

Naturhaus Alte Hainsmühle, Western- und Freizeitreiten, **Ansprechpartnerin:** Doris Stephan, Asbacher Landstr. 20, 37242 Bad Sooden-Allendorf, ✆ 05652/2047 (Doris Stephan), ✉ info@hainsmuehle.de, 🌐 www.hainsmühle.de.

Verein für Therapeutisches Reiten, Reitanlage Kalkweg 17,37242 Bad Sooden-Allendorf, ✆ 05652/918001

Connemara-Gestüt Werratal, siehe oben.

Veranstaltungen und Feste

Bad Sooden-Allendorf bietet im Laufe des Jahres zahlreiche attraktive Kulturveranstaltungen an, wobei größere Events im Kultur- und Kongresszentrum stattfinden. In der Sommersaison werden natürlich auch Kurkonzerte veranstaltet. Die Hauptveranstaltungen ziehen regelmäßig Besucher auch von weither an:

Bei der **Märchenwoche** (sieben Tage ab Oster-So) dreht sich alles um Frau Holle, begleitet von weiteren Attraktionen (🌐 www.maerchenwoche.de). Das **Brunnenfest** (Pfingsten) erinnert dagegen an die Zeit der Salzgewinnung. Viele weitere Veranstaltungen runden das Event ab. Bei **Rad total** (letzter Juli-So) gehört das Werratal zwischen Bad Sooden-Allendorf und Witzenhausen ausschließlich Radfahrern, Skatern und Fußgängern. Beim traditionellen **Erntedank- und Heimatfest** (drittes Aug-Wochenende) im Stadtteil Allendorf werden im Vorfeld die Straßen mit Girlanden geschmückt. Das auf 1858 zurückgehende Fest bietet viel Abwechslung mit Festzug, Illumination, Wasserspielen und mehr (🌐 www.erntefest.de). Beim **»Winterzauber«** (Ende Nov) weihnachtet es auf dem Marktplatz im Stadtteil Allendorf.

Der Erntedank- und Heimat-Festumzug von Bad Sooden-Allendorf

Bad Wildungen

B3

(Landkreis Waldeck-Frankenberg)

Die Kurstadt Bad Wildungen ist eines der bedeutendsten deutschen Heilbäder. Neben der Kernstadt gehören 13 weitere Stadtteile zu Bad Wildungen, das rund 17 500 Einwohner zählt. Die Stadt liegt an den Ausläufern des Kellerwaldes. Um 800 erfolgte die erste urkundliche Erwähnung einer Siedlung, die östlich der heutigen Stadt lag. Die Stadtrechte wurden 1242 verliehen. Bereits im 14. Jh. kannte man die heilenden Quellen und in der zweiten Hälfte des 19. Jhs. entwickelte sich der Kurbetrieb. Mehr als 20 Kliniken in Bad Wildungen und im Stadtteil Reinhardshausen behandeln heute die Patienten mittels modernster Therapien.

Kur- und Tourist Information
Brunnenallee 1, 34537 Bad Wildungen
✆ 05621/96567-41
☎ 0800/7910100 (gebührenfrei)
✉ info@badwildungen.net
🌐 www.bad-wildungen.de

Filiale in Reinhardshausen
Hauptstraße 2 (Kur-Centrum)
34537 Bad Wildungen
✆ 05621/963243

Sehenswertes

▸ Stadtrundfahrten
Die Termine für Stadtführungen zu Fuß oder per Bus für Einzelgäste werden im Veranstaltungskalender veröffentlicht. Für Gruppen können Termine jederzeit über die Kur- und Tourist Information vereinbart werden.

▸ Altstadt mit Stadtkirche
Die Altstadt war einst von einer einfachen Mauer umschlossen, die drei befestigte Tore hatte und mit deren Bau 1319 begonnen wurde. Im 18. und 19. Jh. wurde die Stadtmauer abgerissen, sodass heute nur noch Reste davon bestehen. Die Stadtkirche, eine dreischiffige spätgotische Hallenkirche vom 13./14. Jh., bildet ihr Zentrum. Wertvollster Kunstschatz in ihrem Inneren ist das Altarbild von 1403, aufgeklappt fast sechs Meter breit. Erwähnenswert sind ferner das Rondell am Kirchplatz, einst Magazin und heute ein beliebter Aussichtspunkt und der Wehrturm »Roter Hahn«, früher ein Gefängnis. Neben schmalen Gassen und einigen Fachwerkhäusern finden sich im Stadtkern auch etliche Gebäude im Jugendstil, darunter der Fürstenhof, eines der größten Jugendstilbauwerke überhaupt, früher Hotel und heute Sitz einer Fachklinik.

Blick über die Altstadt von Bad Wildungen

▸ Kurschatten-Brunnen
Der an der Grenze zwischen Altstadt und Kurviertel gelegene Brunnen wurde 1987 angelegt. Die angeblich frivolen Brunnenfiguren bestehen aus einer Gruppe nackter Personen, unterhalb deren die Wasserspeier angebracht sind.

▸ Stolpersteine
In der Stadt erinnern 75 so genannte Stolpersteine an das Schicksal der zur Zeit des Nationalsozialismus deportierten und ermordeten Juden.

▸ Schneewittchendorf Bergfreiheit
Die sieben Zwerge der Brüder Grimm werden im Zusammenhang mit der Kinderarbeit in den Bergwerken des Ortes genannt, und Schneewittchen soll die schöne Waldecker Prinzessin Margaretha von Waldeck gewesen sein. Daran erinnern heute eine Figurengruppe auf der grünen Wiese von 2005 und die Aufführungen auf der Naturbühne. Ein altes Bergmannshaus von 1736 dient heute als »Schneewittchenhaus«, in dem das Märchen präsentiert wird, Spiel- und Bastelnachmittage sowie Märchenerzählungen usw. stattfinden.
Adresse: Kellerwaldstr. 27, OT Bergfreiheit, 34537 Bad Wildungen, Veranstaltungstermine unter ☎ 05626/592.

Museen

▸ Stadtmuseum
Im Herzen der Fachwerk-Altstadt gelegen, präsentiert das Museum den Entwicklungsgang des frühen Menschen der Region und zeigt als Highlight ein vollständig erhaltenes Hockergrab sowie die Stadtgeschichte mit Dokumentation der wichtigsten Ereignisse.
Adresse: Lindenstr. 9, 34537 Bad Wildungen, ☎ 05621/73666. **Öffnungszeiten:** Di–So 14–17 Uhr.

Museum Schloss Friedrichstein (Staatliche Museen Kassel)

Das in den Jahren 1704–17 erbaute barocke Schloss auf dem Schlossberg (303 m) in Altwildungen geht auf eine gotische Burg zurück, Sitz des damaligen Amtes. Daran erinnert noch heute der gotische Rundturm mit Haube und Laterne, während die übrigen Bauteile aus der zuvor erwähnten Um- bzw. Neubauzeit stammen. Im Schloss befinden sich heute ein Restaurant und das Museum, dessen Schwerpunkte eine umfangreiche Ausstellung zur hessischen Militärgeschichte und eine wertvolle Sammlung alter Jagdgeräte sind. Als Ergänzung sind einige Räume dem einstigen Fürstentum Waldeck und dem Königreich Westfalen gewidmet.

Schloss Friedrichstein in Bad Wildungen

Adresse: Schlossstr., 34537 Bad Wildungen, ✆ 05621/6577, ✉ info@museum-kassel.de. **Öffnungszeiten:** Di–So 10–17 Uhr.

Lapidarium

Unterhalb vom Schloss beim Parkplatz führt ein in den Felsen gehauener Gang in ein hohes, unterirdisches Gewölbe, der zentrale Ausstellungsraum des Lapidariums. Hier werden Gesteine aus der Umgebung präsentiert. Besonders interessant sind dabei die im Stein eingeschlossenen Fossilien.
Adresse: Schlossstr., 34537 Bad Wildungen. **Öffnungszeiten:** Sa (nur bestimmte Termine, siehe örtlicher Veranstaltungskalender) 15–16.30 Uhr.

Quellenmuseum

Im Nordflügel der Wandelhalle untergebracht, informiert das Museum umfassend über die legendären Heilquellen von Bad Wildungen, ihre Geschichte, Anwendungen und Wirkungsweise bis zum heutigen Tag.
Adresse: Wandelhalle, 34537 Bad Wildungen, ✆ 05621/967960. **Öffnungszeiten:** täglich 10–18 Uhr.

Besucherbergwerk Bergfreiheit

Ausgerüstet mit Schutzhelm und gelbem Ostfriesennerz nehmen Sie an einer Führung durch die Grube Bertsch teil, wo früher Kupfererze abgebaut wurden und auch heute noch Mineralien. Die Edelsteinschleiferei Lange, im Besitz der Schürfrechte, holt hier rot-weiß gefleckten Kellerwaldachat aus dem Berg. Gruppen müssen vorher angemeldet werden!
Adresse: Kellerwaldstr., OT Bergfreiheit, 34537 Bad Wildungen, ✆ 0700/23749375. **Öffnungszeiten:** Karfreitag–Ende Okt Mi–So 14–16 Uhr (letzte Führung 15.30 Uhr).

Museum Historisches Bergamt

Das in einem Fachwerkgebäude von 1676 im Ortskern von Bergfreiheit untergebrachte Museum ergänzt das am Ortsrand gelegene Besucherbergwerk. Es stellt die wichtigsten Erze und Mineralien der Region vor. Ein Hammerwerk-Modell zeigt deren Verarbeitung, und in der rekonstruierten Schmiede finden praktische Vorführungen statt.
Adresse: Kellerwaldstr., OT Bergfreiheit, 34537 Bad Wildungen, ✆ 05626/1736. **Öffnungszeiten:** April–Okt Do 16–17 Uhr, für Gruppen auch andere Termine nach Absprache.

Lebendiges Museum Odershausen

Das Museum zeigt liebevoll ausgewählte Gegenstände aus Landwirtschaft und

dörflichem Leben in früherer Zeit. Regelmäßig werden auch die alten bäuerlichen und handwerklichen Techniken vorgeführt.
Adresse: Wildunger Str. 3, OT Odershausen, 34537 Bad Wildungen, Ansprechpartner: Heinrich Frese, Vorsitzender des Trägervereins VELT, ✆ 05621/4497, ✉ info@lebendigesmuseum.de. **Öffnungszeiten:** nach Absprache bzw. zur Zeit der Vorführungen, nämlich Mai–Okt jeden dritten So 11–17 Uhr.

Natur und Freizeit

▸ Kurpark

Bad Wildungen rühmt sich des größten Kurparks Europas. Ende der 1990er Jahre wurden zunächst die Kurparks von Bad Wildungen und vom benachbarten Reinhardhausen miteinander verbunden, womit ein Großkurpark von 50 ha entstand. Durch ihn verlaufen Kur-Wege, Joggingstrecken und Wanderwege. 2006 kamen 18 ha Landesgartenschaugelände hinzu, an dessen östlichen Ende sich unterhalb von Schloss Friedrichstein der Königsquellenpark befindet.

Die Brunnenstraße in der Fußgängerzone von Bad Wildungen

▸ Wandern

In der Umgebung von Bad Wildungen finden sich über 600 km ausgeschilderte Wanderstrecken, allein 56 markierte Rundwege und auch vom Kellerwaldsteig wird die Kurstadt berührt. Geführte Wanderungen werden angeboten. Erwähnenswert ist auch der 5 km lange ökologische Lehrpfad bei Bergfreiheit mit 17 beschilderten Stationen. Der Stadtwald um den Homberg und das Waldgebiet Richtung Odershausen ist durch drei Nordic-Walking-Strecken zwischen 2,7 und 12 km Länge erschlossen.

▸ Radfahren

Bad Wildungen liegt am Hessischen Fernradweg R5 von Willingen nach Wanfried und am 186 km langen Ederradweg. Mountainbiker finden in der hügeligen Umgebung ein reichliches Betätigungsfeld und direkt in Bad Wildungen gibt es auch einen Bikerpark. Fahrräder kann man teilweise in den Hotels leihen oder im Bikers Point.
Adresse: Bahnhofstr. 15, 34537 Bad Wildungen, ✆ 05621/91112, ✉ info@bikers-point.biz, 🌐 www.bikers-point.biz.

▸ Aussichtstürme

Ein stadtnaher Aussichtspunkt ist der Turm auf dem 518 m hohen Homberg, der 1882 aus Bruchsteinen errichtet wurde und einen schönen Blick auf Bad Wildungen und den Kellerwald bietet. Bei Braunau liegt auf 379 m Höhe die Braunauer Warte, 1350 zur Erspähung feindlicher Truppen erbaut.

▸ Freizeitanlage Heloponte

Hier sind Hallen- und Freibad, Saunen, Fitness-Studio und (im Winter) eine 30 x 60 m große Eisbahn miteinander vereint.
Adresse: Stresemannstr. 2, 34537 Bad Wildungen, ✆ 05621/1600, ✉ heloponte@t-online.de, 🌐 www.heloponte.de.

▸ Quellentherme im Kur-Centrum Reinhardshagen

Das Kur-Centrum vereint Hallenbad mit Außenbecken, Saunen, Therapie, Fitness-Bereich und Einkaufs-Galeria.

Bad Wildungen

Adresse: Hauptstr. 2, OT Reinhardshagen, 34537 Bad Wildungen, ✆ 05621/7529840, ✉ info@badwildungen.net, 🌐 www.quellentherme.de.

▸ Gleitschirmfliegen

Adresse: Fritzlaer Str. 12, OT Mandern, 34537 Bad Wildungen, ✆ 05621/9690150, ✉ info@afs-flugschule.de, 🌐 www.afs-flugschule.de.

▸ Golf

Die 9-Loch-Anlage des Golf-Club Bad Wildungen zählt zu den ältesten, aber auch schwersten Golfplätzen Deutschlands mit einem alten, unter Landschaftsschutz stehenden Baumbestand.

Adresse: Talquellenweg 33, 34537 Bad Wildungen, ✆ 05621/3767, ✉ gc-bad-wildungen@t-online.de, 🌐 www.gc-bad-wildungen.de.

▸ Hochseilgarten

Der höchste Hochseilgarten Deutschlands besteht aus einem Niedrigseilgarten, einer Kletterwand und dem eigentlichen bis 18 m hohen Hochseilgarten. Trainer führen von einer Schwierigkeitsstufe zur nächsten. **Adresse:** DRK Soziale Einrichtungen, Königsquellenweg 2a, 34537 Bad Wildungen, ✆ 05621/7892-0, ✉ service@drk-gmbh.de, 🌐 www.drk-hochseilgarten.de. **Öffnungszeiten:** Für Gruppen und Einzelpersonen gemäß Voranmeldung.

Naturpark Kellerwald-Edersee

Bad Wildungen liegt am Nordostrand des Naturparks Kellerwald-Edersee, der hier auch seinen Sitz hat. Der 2001 gegründete und 406 qm große Naturpark umfasst im Wesentlichen das Mittelgebirge Kellerwald und im Norden die Berglandschaft um den Edersee. Südlich des Edersees liegt im Nordteil des Naturparks der noch stärker geschützte 57 qkm große Nationalpark Kellerwald-Edersee (siehe unter Vöhl).
Den Besucher erwartet eine waldreiche, dünn besiedelte Landschaft mit vielen klaren Quellbächen, kleinen Rodungsinseln, alten Hutewäldern, naturnahen Buchenwäldern oder knorrigen Eichenwäldern an den Hängen des Edersees. Kulturhistorische Höhepunkte sind das Schloss Waldeck, Kloster Haina, die Ruine der Quernstkirche oder die Reste der Ringwallanlage auf dem Wüstegarten, der mit 675 m auch die höchste Erhebung des Kellerwalds ist.
Zu den Naturschönheiten innerhalb des Naturparks bei Bad Wildungen zählen das Helenental bei Odershausen mit sehenswerten Wasserfällen, der ehemalige Hutewald Halloh oberhalb von Albertshausen mit alten Buchen oder die Bilsteinklippen bei Reitzenhagen.
Der Naturpark Kellerwald-Edersee ist natürlich ein vielfältiges Wanderparadies. Zur Bekanntheit tragen insbesondere zwei Rundwanderwege bei, einerseits der 156 km lange Kellerwaldsteig, der auch durch Bad Wildungen führt (www.kellerwaldsteig.de) und der rund 70 km lange Urwaldsteig, der um den Edersee verläuft (🌐 www.urwald-steig-edersee.de). Daneben gibt es natürlich vielfältige Möglichkeiten für andere kürzere oder längere Touren. Auch Radfahrer und Reiter finden hier ein reichliches Betätigungsfeld. Es werden regelmäßig geführte Wanderungen und Ausflüge mit Naturparkführern angeboten.
Naturpark Kellerwald-Edersee
Laustr. 8, 34537 Bad Wildungen
✆ 05621/96946-0, ✉ info@naturpark-kellerwald-edersee.de, 🌐 www.naturpark-kellerwald-edersee.de ■

Reiten

Reiterverein, Reithalle am Schützenplatz, Talquellenweg 6, 34537 Bad Wildungen, ☏ 05621/5124.
Pferde- und Ferienhof Funkenmühle, Berliner Str. 1, 34537 Bad Wildungen, ☏ 05621/1714, ✉ Pferdehof.Funkenmuehlebw@t-online.de.
Therapeutisches Reiten, Thekla Pfeiffer, Mutterweg 1, 34537 Bad Wildungen, ☏ 05621/73049.

Rundflüge

Rundflüge (Sa ab 13 Uhr und So ab 10 Uhr) mit Motorseglern und Segelflugzeugen vom Segelflugplatz Bad Wildungen »Auf der Schaufel« bietet die Flugsportvereinigung Bad Wildungen. **Auskünfte unter** ☏ 05621/3802 oder ☏ 05621/92058 bzw. Flugplatz ☏ 05621/1331.

Veranstaltungen und Feste

Als Kurstadt bietet Bad Wildungen das ganze Jahre über hochkarätige Veranstaltungen. Dazu zählen das **Jazzfestival** (Ende Juni) mit über 20 Bands und über 200 mitwirkenden Musikern an mehreren Veranstaltungsorten (🌐 www.jazzfest-bad-wildungen.de), der **Kram- und Viehmarkt** (Mitte Juli), ein traditionelles Volksfest mit vielen Marktständen, Shows und mehr, das **Festival für Folk und Weltmusik** (Ende Juli) im Innenhof von Schloss Friedrichstein mit Musikern aus etwa 50 Ländern (🌐 www.folk-im-schloss.com), das **Lichterfest** (Mitte Aug) mit erstklassigem Musikprogramm und etwa 15 000 Kerzen im Kurpark sowie Feuerwerk, ferner das **Fest der Begegnung** mit Blumenkorso (erste Sep-Woche) mit 70 Ständen entlang der Brunnenallee sowie an geraden Jahren am So-Nachmittag mit prachtvollem Blumenkorso.

Naturbühne Bergfreiheit

Am Fronleichnamstag und am dritten So im Aug finden auf der Naturbühne Märchenaufführungen statt. Die Laienschauspieler treten teilweise auch zu anderen Terminen zum Beispiel im Kurhaus auf.

Bad Zwesten

B3

(Schwalm-Eder-Kreis)

Am Rand des Naturparks Kellerwald gelegen, wurde Bad Zwesten erstmals im Jahre 817 als Tuwesten urkundlich erwähnt und hat sich seinen dörflichen Charakter erhalten. 1992 wurde es offiziell als Heilbad anerkannt. In den 1970er Jahren entwickelte sich der Kurbetrieb. Bad Zwesten bietet drei leistungsstarke Kliniken, Gesundheits-, Wellness-, Sport- und Kulturangebote. Die aus fünf Ortsteilen bestehende Gemeinde zählt rund 4100 Einwohner.

Tourist-Information Bad Zwesten
Ringstr. 1 (Rathaus)
34596 Bad Zwesten
☏ 05626/773
📠 05626/999326
✉ tourismus@badzwesten.de
🌐 www.badzwesten.de

Sehenswertes

Schloss Zwesten

Das klassizistische Schloss am südlichen Ortsrand besteht aus einem Herrenhaus sowie einem Kavaliershaus und wurde 1782 als landwirtschaftliches Gut errichtet. Dem Schloss schließt sich ein kleiner Landschaftspark an. Schloss und Park sind nicht allgemein zugänglich.

Pfarrkirche St. Jakobus

Die ältesten Teile der evangelischen Pfarrkirche gehen auf das 11. Jh. zurück. Erbaut wurde sie als Wehrkirche. Der Turm und Teile der noch erhaltenen Wehrmauer weisen

Schießscharten auf. Im Inneren sind die Orgel, der Altar mit geschnitztem Kreuz und alte Grabplatten sehenswert.

▸ Sehenswürdigkeiten in den Ortsteilen
Die 1085 erstmals erwähnte Wehrkirche in Niederurff bildete mit der gegenüberliegenden Burg, die nicht zugänglich ist, eine Einheit. Der Park ist ebenfalls nicht öffentlich zugänglich. Über dem OT Oberurff-Schiffelborn thronen die Reste der Burg Löwenstein, die erstmals 1253 urkundlich erwähnt wurde. Der Turm wurde saniert und bietet eine herrliche Aussicht. Dort befindet sich auch eine Jausenstation, die bei Wanderern sehr beliebt ist. Das Jagdschloss Oberurff wurde 1860 im Stil des Neubarocks erbaut und diente Prinz Philipp von Hanau als Jagdschloss. Heute befindet sich hier ein privates Gymnasium.

Museen

▸ Heimatmuseum
Das neben dem Rathaus gelegene Heimatmuseum in einem historischen Fachwerkhaus von 1760 zeigt Wohnräume einer bürgerlichen Familie und ein altes Klassenzimmer, erinnert an das Leben der jüdischen Gemeinde, widmet sich alten Handwerksberufen und der Geschichte der Zwestener Quellen. Gezeigt werden außerdem noch hessische Trachtenpuppen und Gemälde des Malers Hans Otto (1900–1968). **Adresse:** Ringstr. 2, 34586 Bad Zwesten, ✆ 05626/925526 (Heimat- und Geschichtsverein als Träger), 🌐 www.museumbadzwesten.de. **Öffnungszeiten:** jeden ersten Do und dritten So im Monat 15–16.30 Uhr.

Das Heimatmuseum von Bad Zwesten

▸ Alte Pfarrei und ArtGarten Niederurff
In der Alten Pfarrei von 1445 finden heute wechselnde Ausstellungen unterschiedlicher Künstler, Kurse und Kulturveranstaltungen statt. Angeschlossen ist der ArtGarten, eine 2000 qm große Freiluftfläche, die unter dem Motto Kunst und Natur genutzt wird. **Adresse:** Parkstr. 3, OT Niederurff, 34596 Bad Zwesten, ✆ 06693/1619, ✉ pollmaecher@t-online.de. **Öffnungszeiten:** Zu Ausstellungszeiten Sa und So 14–19 Uhr oder nach Vereinbarung.

Natur und Freizeit

▸ Kurparkanlagen
Im Kurpark am Kurhaus erwarten Sie Fontänenteiche, Rosen-, Duft- und Kräutergarten, Klanginstallation, begehbare Sonnenuhr, Aussichtshügel und mehr. Älter ist der Kurpark am Löwensprudel mit altem Baumbestand und ebenfalls Fontänen im Teich. Hier laden außerdem die Liegehalle und das Kneippbecken ein.

▸ Wandern
In der näheren Umgebung locken über 170 km ausgeschilderte Wanderwege, die sich auf 15 Rundwanderwege verteilen. Der Kurpark am Kurhaus ist auch Ausgangspunkt des ARS-NATURA-Rundweges X8a sowie des Planetenwegs. Beliebt ist auch der Keltenweg, der Archäologische Lehrpfad zur Altenburg (433 m), mit einer sehr gut erhal-

tenen Ringwallanlage und einem Aussichtsturm. Daneben gibt es noch den Landwirtschaftlichen Lehrpfad, der alles zeigt, was für die heimische bäuerliche Landwirtschaft typisch ist. Durch das Gemeindegebiet verläuft auch der Kellerwaldsteig. Geführte Halbtagswanderungen werden ganzjährig jeden Fr angeboten. Nordic-Walking-Freunde können vom Kurhaus aus unter drei Strecken wählen.

▸ Radfahren
Es gibt 7 Radrundwege, die insgesamt 70 km lang sind, sowie Teilstrecken auf den Hessischen Fernradwegen R4, R5 und R20. Leihfahrräder erhält man bei der Akzente-Buchhandlung.
Adresse: Hauptstr. 17, 34596 Bad Zwesten, ☏ 05626/921947.

▸ Kurhaus mit Hallenbewegungsbad
Das Kurhaus vereint Trinkkurbereich, Veranstaltungsräume, Leseraum und Bücherei. Außerdem findet man hier das Hallenbewegungsbad mit einem großen Becken, einem Rundbecken, zwei Sonnenstudios, Sauna und Dampfbad sowie ein Therapiezentrum mit Massageangeboten und vielem mehr.
Adresse: Hardtstr. 7, 34596 Bad Zwesten, ☏ 05626/1077, Therapiezentrum ☏ 05626/922922.

Der Kurpark von Bad Zwesten

Veranstaltungen und Feste

Ganzjährig finden zahlreiche Feste, Konzerte, Theater- und Kaberettabende statt. Näheres im Veranstaltungskalender unter www.bad-zwesten.de.

▸ Bad Zwestener Meisterkonzerte
Die Konzertreihe, hauptsächlich mit klassischer und zeitgenössischer Musik findet im Kurhaus statt. Informationen und Termine unter www.badzwestener-meisterkonzerte.de oder www.bad-zwesten.de.

Battenberg (Eder) A3

(Landkreis Waldeck-Frankenberg)

Die Stadt Battenberg liegt zwischen dem Sauerland und dem Burgwald im Ederbergland. Obwohl das Gebiet bereits 500 v. Chr. besiedelt war, wird Battenberg erstmals 1232 erwähnt, 1234 bereits als Stadt. Zusammen mit dem benachbarten Allendorf (Eder) bildet Battenberg heute ein Mittelzentrum. Neben der Kernstadt gibt es vier weitere Stadtteile, die insgesamt etwa 5500 Einwohner zählen.

Ederbergland Touristik, s. u. Frankenberg, www.battenberg-eder.de *i*

Sehenswertes

▸ Neuburg Battenberg mit Barockgarten
Als Jagdschloss 1732 erbaut, wurde es zunächst vom Landgrafen Ludwig VIII. genutzt und ist heute Sitz der Stadtverwaltung. Nach alten Vorlagen wurden Teile der weitläufigen Gartenanlagen um das Gebäude wiederhergestellt, darunter der Rosengarten sowie andere Bereiche des 2700 qm großen Areals in Hanglage mit mehreren Terrassen, damit es wieder ein Ort der Besinnung und

Begegnung mit Konzerten, Ausstellungen und mehr wird.

▸ Kellerburg Battenberg
Die Kellerburg wurde erstmals 1227 erwähnt. Nachdem sie über 100 Jahre als unbewohnt galt, wurde sie nach 1577 abgetragen. Erhalten sind heute noch Reste der Umfassungsmauer, der Wallgraben und ein restaurierter 17 m hoher Turm mit weiter Rundsicht.

▸ Evangelische Kirche
Sehenswert ist auch die evangelische Kirche in der Kernstadt, ein frühgotischer Hallenbau aus dem 13. Jh.

Der Eingang zum Burgbergstollen in Battenberg

▸ Besucherbergwerk Burgbergstollen
Eine Vielzahl verlassener Stollen erinnert an die Bergbauaktivitäten früherer Zeit. Am Rand von Battenberg erhebt sich der kegelförmige Burgberg, in dessen Hang 1850 ein Stollen getrieben wurde, um Braunstein zu fördern, später Manganerz. Die über 150 Jahre alten Stollen und Schächte können heute im Rahmen von Führungen besichtigt werden.
Kontakt: Stadtverwaltung Battenberg, Helmut Frank, ☏ 06452/9344-18, ✉ stadtkasse@battenberg-eder.de.
Öffnungszeiten: Mai–Sep jeden ersten So im Monat 14–17 Uhr, für Gruppen ab 10 Personen nach Absprache.

▸ Hirschsteine
Landgraf Ludwig IX. (1739–1768) war ein begeisterter Jäger und ließ dort, wo er bei der Jagd auf Hirsche traf, so genannte Hirschsteine errichten. Zwei sind davon noch erhalten, beim ehemaligen Forsthaus Elbrighausen und in der Flur Lindenhardt. Auf dem Marktplatz in Battenberg steht eine Replik des Hirschsteins von Elbrighausen.

Museen

▸ Altes Rathaus mit Stadtmuseum
In diesem Fachwerkbau aus dem 17. Jh., das einst als Rathaus diente, residiert heute das Stadtmuseum. Die Sammlung umfasst alte Battenberger Ansichten und ein altes Salbuch (Verzeichnis) von 1712. Dargestellt wird auch die Geschichte der Adelsfamilie von Battenberg und beispielhaft der englische Zweig der Familie Mountbatten (= Battenberg) vorgestellt. Weitere Abteilungen widmen sich der Jagdgeschichte, dem früheren Bergbau und den Motorradrennen, die hier in den 1950er Jahren stattfanden. Im Erdgeschoss finden Wechselausstellungen und Kulturveranstaltungen statt.
Adresse: Hauptstr. 46, 35088 Battenberg (Eder), ☏ 06452/9344-15. **Öffnungszeiten:** Mai–Okt So 14–17 Uhr.

▸ Heimatmuseum Laisa
Das Museum befindet sich im ehemaligen Rathaus des Dorfes und widmet sich der bäuerlichen Wohnkultur, früheren Arbeitsgeräten und Trachten. Die alte Backstube mit zwei gemauerten Steinöfen wird bei Vorführungen noch heute zum Brotbacken verwendet.
Öffnungszeiten: nach Vereinbarung unter ☏ 06452/931830.

Das Rathaus in der Altstadt von Battenberg

Natur und Freizeit

▸ Wandern und Radfahren
Ein Netz von etwa 130 km markierten Wanderwegen lässt das Herz der Wanderer höher schlagen. Dazu gehören auch der Premium-Rundwanderweg Lindenhardt (Deutschlands drittschönster Wanderweg 2010) und der Premium-Rundwanderweg zum Gipfel des Eisenbergs, der eine grandiose Aussicht bietet. Ein Walderlebnispfad erschließt die Flora und Fauna beim Wildgehege Dodenau. Durch Battenberg führt auch der 231 km lange Ederhöhenweg. Vom Parkplatz Wildgehege im OT Dodenau sind außerdem drei Nordic-Walking-Strecken ausgeschildert. Auch Radfahrer und Mountainbiker finden auf vielen Wegen Abwechslung.

▸ Baden
Hallen- und Freibad Battenberg
Geboten wird neben dem Schwimmvergnügen auch eine Dampfsauna.
Adresse: Senonchestr. 2, 35088 Battenberg (Eder), ✆ 06452/3366, ✉ schwimmbad@battenberg-eder.de.
Freibad Dodenau, Elsoffer Str. 18, OT Dodenau, 35088 Battenberg (Eder), ✆ 06452/911163.

▸ Drachen- und Gleitschirmfliegen
In Battenberg befindet sich am Eisenberg ein Startplatz.
Adresse, Manfred Vaupel, Schräling 64 c, 35066 Frankenberg (Eder), ✆ 06451/21673.

▸ Skilanglauf
Bei entsprechender Schneelage sind vom Parkplatz beim Wildgehege in Dodenau zwei Langlaufloipen von 4 und 8 km Länge gespurt.

▸ Wildgehege Dodenau
In diesem 10 ha großen Gelände finden Sie Rot-, Dam- und Muffelwild, ferner einen Grillplatz.
Adresse: Hauptstr. 58, OT Dodenau, 35088 Battenberg (Eder), ✆ 06452/6627,
Öffnungszeiten: Ganzjährig.

Baunatal

C2

(Landkreis Kassel)

Baunatal ist eine junge Stadt mit rund 28 000 Einwohnern. Sie entstand durch den Zusammenschluss der ehemals selbstständigen Gemeinden Altenbauna, Altenritte, Kirchbauna, Großenritte, Hertingshausen, Rengershausen und Guntershausen als Folge der Ansiedlung eines Werkes der Volkswagen AG im Jahre 1957. Eingebettet in den reizvollen Habichtswald bietet Baunatal zahlreiche Sport- und Freizeitmöglichkeiten und ein vielseitiges Kulturprogramm.

Verkehrsverein Baunatal
Marktplatz 14
34225 Baunatal
✆ 0561/4992-210
Fax 0561/4992-180
✉ magistrat@stadt-baunatal.de
www.baunatal.de

Sehenswertes

▸ Brauhaus Knallhütte Rengershausen
Die Knallhütte von 1752, heute Sitz der Hütt-Brauerei, ist das Geburtshaus der Märchenerzählerin Dorothea Viehmann, die den Brüdern Grimm bei verschiedenen Begegnungen etwa 40 Märchen erzählte, die sie von durchreisenden Kaufleuten, Handwerkern und Fuhrleuten in der Gaststube ihres Vaters gehört hatte. Jeden Sa um 17.30 Uhr lädt die heutige Viehmännin zur Märchenstunde ein. Brauereibesichtigungen mit anschließendem Essen und Umtrunk für Gruppen nach Vereinbarung.
Adresse: Knallhütte 2, 34225 Baunatal, ✆ 0561/492076, ✉ info@knallhuette.de, 🌐 www.knallhuette.de. **Öffnungszeiten:** täglich ab 11 Uhr.

▸ Weitere Sehenswürdigkeiten
An die alte Zeit erinnert heute noch ein mittelalterlicher Gerichtstisch in Altenbauna neben der Friedenkirche unweit der Heinrich-Nordhoff-Straße. Im Stadtteil Kirchbauna ist die alte Wehrkirche von 1773 mit Mauer und Schießscharten einen Besuch wert, in Großenritte die Kreuzkirche, eine einschiffige Sandsteinkirche aus dem 16. Jh. Ältestes Kulturdenkmal Baunatals ist der 2,50 m hohe und 4 t schwere Menhir aus Quarzit auf dem Hünsteinplatz in Großenritte, einst Mittelpunkt einer Versammlungsstätte aus dem 3. bis 4. Jh. vor Chr.

Museen

▸ Stadtmuseum Altenritte
In einem 1825 erbauten Fachwerk-Wohnhaus residiert heute das Stadtmuseum. Es gibt Einblicke in die Geschichte Baunatals. Der Schwerpunkt liegt dabei auf der Industrialisierung und den damit verbundenen Veränderungen des ursprünglich ländlich geprägten Raums.
Adresse: Mühlenweg 4, 34225 Baunatal, ✆ 0561/4992-0 (Stadtarchiv). **Öffnungszeiten:** So 14–16.30 Uhr oder nach Vereinbarung über das Stadtarchiv.

▸ Heimatmuseum Hessenstube Altenritte
Es zeigt die Lebens- und Arbeitswelt in den Dörfern von der zweiten Hälfte des 19. Jhs. bis in die 1930er Jahre.
Adresse: Ritterstr. 1, 34225 Baunatal, ✆ 05661/4992-0 (Stadtarchiv). **Öffnungszeiten:** So 14–16.30 Uhr oder nach Vereinbarung über das Stadtarchiv.

Natur und Freizeit

▸ Rad- und Wanderwege
Baunataler Rundweg: Radweg (Strecke ca. 30 km), der durch alle sieben Stadtteile führt. Natur in Verbindung mit Kultur erwartet Rad- und Wanderfreunde auf dem Märchenlandweg sowie auf der Strecke der seit nunmehr 30 Jahren bestehenden Deutschen Märchenstraße. Mitten im Märchenland der Brüder Grimm kann man zu Fuß oder per Rad die Region erkunden, die Welt der Märchen und Sagen kennenlernen und sich dabei erholen und entspannen. Im Stadtteil Altenbauna verläuft der Weg durch den 50 ha großen Stadtpark, der mit dem Erlebnis- und Freizeitbad Aqua-Park, mit zahlreichen Spiel- und Sportmöglichkeiten und dem Skulpturenpfad mit Exponaten der modernen Kunst zum Verweilen einlädt.

▸ Aqua-Park
Der Aqua-Park ist ein kombiniertes Hallen- und Freibad mit Saunaland und weiteren Fitness- und Gesundheitsangeboten.
Adresse: Altenritter Str. 41, 34225 Baunatal, ✆ 0561/49993-0, ✉ seemeyer.olaf@aquapark-baunatal.de, 🌐 www.aquapark-baunatal.de, Sauna-Land, ✆ 0561/4916960.

Bebra

D3

(Landkreis Hersfeld-Rotenburg)

Die Stadt Bebra mit elf weiteren Stadtteilen zählt rund 14000 Einwohner, liegt an einem markanten Knick der Fulda und wird meist in Zusammenhang mit ihrer Bedeutung als Eisenbahnknotenpunkt gebracht. Ihr Name leitet sich von Biberaho (Dorf am Biberfluss) ab. Die erste urkundliche Erwähnung erfolgte 786 in einem Güterverzeichnis des Klosters Hersfeld. Bebra war bis Mitte der 1980er Jahre eine wichtige Station im innerdeutschen Grenzverkehr. Heute ist die Stadt das wirtschaftliche und kulturelle Zentrum des gesamten Umlands.

Stadtentwicklung Bebra GmbH, Touristik Service, Rathausmarkt 1, 36179 Bebra
06622/501-100
06622/501-160
touristinfo@bebra.de
www.bebra.de

Sehenswertes

Friedrichshütte
Die zwischen Ronshausen und Iba gelegene Friedrichshütte wurde von 1732 bis 1735 im Auftrag des Landgrafen Friedrich als Kupferschmelzanlage erbaut. 1886 erfolgte die Stilllegung, und die Anlage verfiel. 1920 eröffnete hier der Müllermeister Ludwig Trieselmann das Ausflugslokal Friedrichshütte, das bis heute fortbesteht.

Ehemaliges Kloster Blankenheim
Im Jahre 1220 verlegte der Hersfelder Abt Siegfried das von ihm gegründete Frauenkloster hierher. Nach der Reformation diente es u. a. als Vogtsitz. Heute ist von der früheren Klosterkirche, eine einschiffige Basilika, der östliche Teil erhalten. Das Querhaus ist mit Rundbogenfenstern ausgestattet, der Chor mit Spitzbogenfenstern.

Herrenhaus in Imshausen
Von einem Park umgeben, war das 1791 erbaute Herrenhaus lange Zeit Sitz der Familie Trott zu Solz. Dazu gehört auch Adam von Trott zu Solz, der als Freund von Claus Graf Schenk von Stauffenberg am Attentat auf Hitler am 20.7.1944 beteiligt war. Heute sind das Herrenhaus und die benachbarte ausgebaute ehemalige Scheune eine Tagungs- und Begegnungsstätte.

Kirchen
Sehenswert ist die auf einer Anhöhe stehende Kirche in Gilfershausen, die erstmals 1239 erwähnt wurde, aber älter sein dürfte und mehrfach verändert wurde. Dagegen geht die Kirche in Weiteröde auf das 13. Jh. zurück. Sehenswert ist die barocke Deckenmalerei von 1719–39 im Inneren.

Kurfürstenstollen in Iba
In Iba wurden einst Kobalterz und Schwerspat abgebaut. Der rund 200 Jahre alte Kurfürstenstollen führt auf einer Strecke von rund 100 m in den Berg und kann rund um die Uhr besichtigt werden.

Die Friedrichshütte war Aufenthaltsort für die Gebrüder Grimm.

Kunstrundweg Stadtgalerie Bebra
Seit 1995 erhalten regionale Künstler die Gelegenheit, ein Kunstwerk z. B. an einer Gebäudefläche zu präsentieren, sodass im Laufe der Zeit eine Galerie im Freien entsteht und die Innenstadt belebt. Der Kulturzug Bebra bietet Führungen an.
Adresse: Friedrichrodaer Str. 10a, 36179 Bebra, 06622/6912, kulturzug@gmx.de, www.kulturzug.de.

Museen

Eisenbahnmuseum im Wasserturm
Das technische Denkmal auf dem Solzer Berg versorgte einst u. a. 15 Wasserkräne des Bahnhofs für die Dampflokomotiven. Heute kann man sich im Inneren des Turmes über dessen historische Nutzung informieren. Das Museum zeigt ansonsten Exponate aus alter Eisenbahnzeit. Während der Öffnungszeiten verkehrt die Feldeisenbahn auf einer Strecke um das Museum und bis zum 900 m entfernten Haltepunkt Weiterode West.
Adresse: Am Wasserturm 1, 36179 Bebra, 06623/7964 (Eisenbahnfreunde Bebra, Manfred Reyer), www.ef-bebra.de.
Öffnungszeiten: Apr–Okt jeden ersten So im Monat sowie für Gruppen ab 10 Personen nach Voranmeldung. Am Nikolaustag finden nachmittags Nikolausfahrten statt.

Der Wasserturm ist das Wahrzeichen von Bebra.

Spielzeugmuseum
In einem dreigeschossigen Fachwerkhaus des 17. Jhs. in Solz befindet sich ein Spielzeugmuseum. Ausgestellt werden traditionelles Holzspielzeug aus verschiedenen Regionen, ferner typische Spielzeuge für Jungen und Mädchen.
Adresse: Burgring, 36179 Bebra, 06627/238. **Öffnungszeiten:** April–Okt So 14–17 Uhr.

Natur und Freizeit

Wandern und Radfahren
Die Umgebung von Bebra bietet Wanderern wie Radfahrern ein reichliches Betätigungsfeld. Es gibt 16 verschiedene Rundwege. Beliebt sind auch der Naturerlebnis-Weg bei Iba, ein Waldlehrpfad mit Kräutergarten in Weiterode oder der Gewässerlehrpfad mit Beobachtungsstand im Naturschutzgebiet Forbachsee. Bebra wird auch vom Fuldatal-Radweg R1 und den Radfernwegen R5 und R15 berührt.

Breitenbacher Seen
Das Naherholungsgebiet in der Fuldaaue zwischen der Kernstadt und Breitenbach mit einer Wasserfläche von 17 ha steht Besuchern und Gästen mit vielfältigen Möglichkeiten zur Freizeitgestaltung zur Verfügung. Ein gut markiertes Wegenetz macht die Breitenbacher Seen besonders für Wanderer, Radfahrer, Läufer und Inline-Skater attraktiv. Zahlreiche Wassersport-Angebote wie Kanu fahren, Segeln, Surfen und Angeln sowie ein ruhiger und verkehrsgünstig gelegener Wohnmobilstellplatz für ca. 40 Wohnmobile mit vielfältigen Einkaufsmöglichkeiten und Gastronomie in unmittelbarer Nähe runden das Gesamtprofil ab.

▸ Bootsverleih
Adresse: Kiosk »Grill am See« an den Breitenbacher Seen (Apr–Sep).

▸ Baden
Freibad Bebra, Annastr. 17, 36179 Bebra, ✆ 06622/44173.
Freibad Asmushausen, Am Reesen 1a, OT Asmushausen, 36179 Bebra.

▸ Biberino-Spielpark
Der Indoor-Spielpark bietet auf einer Fläche von 2000 qm viele Spiel- und Klettermöglichkeiten für Jung und Alt.
Adresse: Breitenbacher Weg 5, 36179 Bebra, ✆ 06622/43280, ✉ info@biberino.de, www.biberino.de, **Öffnungszeiten:** Mo–Fr 14–19 Uhr, Sa und So 10.30–19 Uhr.

Ein Highlight in Bebra ist das Drachenfest auf dem Weltschlüssel in Iba.

Veranstaltungen und Feste

Einzelheiten über die jährlichen Veranstaltungen wie Stadtfest, Fischerfest, Erntedank- und Heimatfest, Drachenfest, Weihnachtsmarkt und andere Events sind dem Veranstaltungskalender zu entnehmen, den die Stadt Bebra, Kulturamt, ✆ 06622/6912, herausgibt und der im Internet abgerufen werden kann. Im Alten Rathaus (Rotenburger Str. 12) bietet der Verein »Kulturzug Bebra« ein breites kulturelles Programm oder der Kulturverein Ellis Saal im ehemaligen Dorfsaal in Weiterorde.

Berkatal

D2

(Werra-Meißner-Kreis)

Die Gemeinde liegt im Quellgebiet der Berka im hügeligen Meißnervorland und grenzt im Norden an Bad Sooden-Allendorf. Ältester Ort ist Frankershausen, erstmals im Jahr 876 erwähnt und heute Gemeindesitz. Zu Berkatal mit insgesamt rund 1700 Einwohnern zählen daneben noch Frankenhain und Hitzerode.

www.berkatal.de *i*

Sehenswertes

▸ Kirchen
Sehenswert sind die ursprüngliche Wehrkirche in Frankershausen, in Frankenhain schließlich die im Ortskern erhöht liegende evangelische Kirche mit sehenwerten Wandmalereien (um 1400) und einer Orgel von 1843 im Inneren, ferner die evangelische Pfarrkirche in Hitzerode mit einem Chorturm, dessen Unterbau auf den Anfang des 16. Jhs. zurückgeht. Der Taufstein im Inneren wird auf 1603 datiert.

Museen

▸ Heimatmuseum Berktatal
Das im Dachgeschoss der Gemeindeverwaltung untergebrachte Heimatmuseum umfasst eine vielfältige Sammlung aus der Region.
Adresse: Berkastr. 54, OT Frankershausen, 37297 Berkatal, ✆ 05657/7178. **Öffnungszeiten:** Do 9–12 Uhr und 14–17 Uhr. Ansprechpartnerin für Führungen: Frau Mildner.

Natur und Freizeit

▸ Wandern
Das Meißnervorland bietet Wanderern ein reichliches Betätigungsfeld. Nördlich von

Frankershausen erschließen drei Rundwege das Gebiet der Kripp- und Hielöcher. Im Höllental sind ebenfalls etliche Rundwanderwege ausgeschildert. Von Frankershausen kann man auch den Premiumweg 2 Meißnerland begehen, der das östliche Vorland des Meißner erschließt.

▸ Bilstein mit Aussichtsplattform
Nördlich des Höllentals mit der Berka erhebt sich der 284 m hohe Bilstein. Hier stand einst eine gleichnamige Burg, von der nur noch wenige Reste erhalten sind. Die Aussichtsplattform bietet einen eindrucksvollen Blick zum Hohen Meißner.

▸ Kripp- und Hielöcher
Dieses Naturschutzgebiet nördlich von Frankershausen ist Nordhessens bedeutendstes Erdfallgebiet. Im Karstgebiet liegen flache, aber auch tiefe Einstürze. Durch Schafbeweidung wird die dortige Wacholderlandschaft im Ursprungszustand erhalten.

▸ Römerlager und Hünengräber bei Hitzerode
Nördlich von Hitzerode liegt am Ihringberg ein früheres Römerlager. Dabei handelt es sich um ein zwei bis drei Meter hohes Wallviereck mit einem Graben, etwa 400 m südlich davon außerdem mehrere Hünengräber.

Borken (Hessen) C3

(Schwalm-Eder-Kreis)

Zur flächenmäßig großen Kleinstadt gehören neben der Kernstadt 14 ländliche Stadtteile. Borken wurde urkundlich erstmals im Jahre 775 erwähnt und zählt heute 14 000 Einwohner. Wenngleich bereits 1317 die Stadtrechte verliehen wurden, blieb Borken (Hessen) lange ein Ackerbürgerstädtchen. Ende des 19. Jhs. erlebte Borken eine Blütephase durch Braunkohlevorkommen. Heute sind das Hessische Braunkohle-Bergbaumuseum und die Freizeitlandschaft Borkener Seenland attraktive Touristenziele.

Tourist-Info der Stadt Borken (Hessen)
Europaplatz 3
34582 Borken (Hessen)
☏ 05682/808-271
Fax 05682/801-165
✉ touristinfo@borken-hessen.de
🌐 www.borken-hessen.de

Sehenswertes

▸ Wasserturm
Der Wasserturm mit Restaurant (Kellerwaldstr. 4) auf dem 264 m hohen Blumenhain ist 41 m hoch und wurde 1969–71 erbaut. Auf 31 m Höhe befindet sich eine Aussichtsebene mit Weitsicht über das Stadtgebiet, darüber dann der eigentliche Wasserbehälter.

▸ Rathaus
Das Rathaus (Am Rathaus 7) war einst ein Gutshof und wird nicht nur von der Stadtverwaltung genutzt, sondern auch für kulturelle Veranstaltungen wie Konzerte und Ausstellungen. Informationen dazu in der Tourist-Info.

▸ Altes Amtsgericht
Das Fachwerkhaus von 1473 ist das älteste Haus der Stadt und wird heute als Kulturzentrum universell genutzt. Es beherbergt in Teilräumen auch das Hessische Braunkohle-Bergbaumuseum, siehe dort.
Adresse: Am Amtsgericht 2, 34582 Borken (Hessen), ☏ 05682/808-0, ✉ kulturverwaltung@borken-hessen.de.

▸ Evangelische Stadtkirche
Am Platz der heutigen Stadtkirche stand bereits zum Beginn des 12. Jhs. eine Kirche,

die in der Folgezeit mehrfach zerstört wurde. Der heutige Bau geht auf 1843–45 zurück. Im Kircheninneren befindet sich noch ein Taufstein aus dem Jahre 1100.

▸ Altes Kraftwerk
Das Kraftwerk wurde 1922/23 erbaut und danach ständig erweitert. Mit der zurückgehenden Förderung der Braunkohle musste auch die Kraftwerksleistung reduziert werden. 1991 wurde es stillgelegt und die Erweitungsbauten zur Verfüllung eines Teils der Grube Gombeth verwendet. Die in den 1920er Jahren errichteten Gebäude werden heute für Veranstaltungen genutzt.
Adresse: Altes Kraftwerk 1, 34582 Borken (Hessen).

▸ Wasserburg Nassenerfurth
Die Burg wurde erstmals 1338 erwähnt. Im 16. Jh. erfolgte ein Neubau, im 17. Jh. wurde sie nochmals ausgebaut und steht seit 1598 im gleichen Familienbesitz.

Ehemaliges Förderrad in Borken

▸ Schloss Dillich
Das im Privatbesitz befindliche Schloss geht bis auf das 14. Jh. zurück. Von 1575–91 erfolgte ein Neubau, der im Dreißigjährigen Krieg zerstört wurde. Von 1680 bis 1730 wurde das Schloss verändert wieder aufgebaut und 1906–10 nochmals umgestaltet.

▸ St.-Michael-Kirche Kleinenglis
Die Kirche oberhalb des alten Ortskernes war einst durch hohe Mauern mit Schießscharten geschützt, wovon heute nur noch kleine Reste erhalten sind. Beeindruckend ist der vollständig ausgemalte Innenraum aus dem 15./16. Jh. Sehenswert ist auch die wertvolle Denkmalorgel von 1832.

▸ Kaiserkreuz Kleinenglis
Am westlichen Ortsrand von Kleinenglis erinnert ein hohes Sandsteinkreuz an die Ermordung des Herzogs Friedrich von Braunschweig am 5. Juni, dessen Reisegruppe unweit von hier überfallen wurde.

Museen

▸ ☺ Hessisches Braunkohle-Bergbaumuseum
Das Museum widmet sich dem Bergbau im ehemaligen Borkener Braunkohlerevier. Zahlreiche Originalgeräte aus damaliger Zeit sind erhalten und werden im Demonstrationsbetrieb noch vorgeführt. Das Museum verfügt über vier Ausstellungsbereiche: Der Bereich Bergbaugeschichte in der Innenstadt Borkens gibt einen Überblick über die 400-jährige Geschichte des Braunkohlereviers, die Verwendung der Braunkohle und die soziale Situation der Bergleute. Kleinere Kinder und Schüler können im Kinderbergwerk die Arbeitswelt spielerisch entdecken. Im rekonstruierten Tiefbaustollen wird dagegen die unterirdische Arbeits- und Alltagswelt mit vielen alten Gerätschaften gezeigt. Der Themenpark Kohle und Energie umfasst ein 3,5 ha großes Außengelände am Rande von Borken und veranschaulicht den Tagebau mit Bergbaugeräten, Bergbaulokomotiven, großen Baggern, Kraftwerkskesseln

und mehr. Im Naturschutz-Informationszentrum Borkener See wird schließlich erläutert, wie aus den ehemaligen Tagebauen neue Landschaften und Seen entstehen. Im Mittelpunkt steht natürlich der Borkener See mit seinem Naturschutzgebiet. Durch eine »Museumsstraße« mit sieben Skulpturen und drei technischen Denkmalen sind der Besucherstollen und der Themenpark miteinander verbunden.
Adressen: Am Rathaus 7, 34582 Borken (Hessen), ✆ 05682/808-271, Bereich Bergbaugeschichte/Besucherstollen: Am Amtsgericht 2–4, 34582 Borken (Hessen), Themenpark und Naturschutz-Informationszentrum, Am Freilichtmuseum 1, 34582 Borken (Hessen), Gedenkstätte Stolzenbach: an der L 3152 zwischen Dillich und Stolzenbach, Mineralogische Ausstellung: Mühlenweg, OT Singlis, 34582 Borken (Hessen). **Öffnungszeiten:** Bergbaugeschichte/Besucherstollen: So vor Ostern–Ende Okt Di–Sa 14–17 Uhr, So 12–17 Uhr, Nov–erster So vor Ostern Di–So 14–17 Uhr, Gruppenführungen ab 15 Personen nach Vereinbarung; Themenpark und Naturschutz-Informationszentrum So vor Ostern bis Ende Okt Di–Sa 14–17 Uhr, So 12–17 Uhr, Gruppenführungen ab 15 Personen nach Vereinbarung, Nov–So vor Ostern für Einzelgäste geschlossen, für Gruppen ab 15 Personen eingeschränkte Führungen nach Vereinbarung, Mineralogische Ausstellung Mi 15–17 Uhr, Gedenkstätte jederzeit frei zugänglich.

Natur und Freizeit

▸ Wandern

Für Wanderer sind sechs örtliche Wege ausgewiesen. Jedoch gibt es zahlreiche andere markierte Wanderwege im Gemeindegebiet, u. a. den Archäologischen Wanderweg Altenburg.

▸ Radfahren

Die Umgebung bietet Radfahrern ein reichliches Betätigungsfeld. Bekannt ist der Braunkohle-Rundweg, der auf 32 km Länge als Lehrpfad durch das ehemalige Revier führt. Leihfahrräder erhält man bei nachfolgender **Adresse:** Radsport Bock, Bahnhofstr. 29, 34582 Borken (Hessen), ✆ 05682/2361, 🌐 www.radsport-bock.de.

▸ Naturschutzgebiet Borkener Seen

Kern des insgesamt 350 ha großen Naturschutzgebietes ist der Borkener See mit 139 ha Wasserfläche. Im Borkener See selbst ist Baden verboten, denn er ist eine Oase für Tiere und Pflanzen, die von den Wegen oder Aussichtspunkten beobachtet werden können.

▸ Naturbadesee Stockelache

Der 10 ha große Naturbadesee lockt im Sommer die Wasserfreunde, im Winter, wenn er zugefroren ist, die Schlittschuhläufer. Die Besucher erwartet alles, was ein Natur-Freibad bieten sollte.

Der Naturbadesee Stockelache ist im Sommer und im Winter ein beliebtes Freizeitziel.

Öffnungszeiten: Mai–Sep täglich 9–19.30 Uhr.

▸ Singliser See
Der 74 ha große Singliser See hat einen weithin bekannten Namen als Surfparadies. Daneben gibt es eine Aquagolfanlage, und am Südufer liegt das ehemalige Küstenwachboot KW 18 der Bundesmarine, das nach Absprache besichtigt werden kann. Ein Rundweg erschließt die Naturbereiche des Sees.

▸ Gombether See
Der Gombether See wird ab 2011 die Borkener Seenlandschaft vervollständigen und eine Wasserfläche von rund 80 ha haben. Die Nutzungsschwerpunkte werden Wassersport, Segeln und Baden sein.

▸ Hallenbad
Zum Hallenbad gehört u. a. auch eine Sauna.
Adresse: Westrandstr. 40, 34582 Borken (Hessen), ☏ 05682/2512.

▸ Aquagolf
Zum Aquagolfplatz gehören auch Tretbootverleih und Biergarten.
Adresse: Am Singliser See, 34582 Borken (Hessen), ☏ 0172/6025833 oder ☏ 0561/220073 (Büro in Eschwege), ✉ info@aquagolf-singliser-see.de, 🌐 www.aquagolf-singliser-see.de.

▸ Reiten
Reitverein am Steinhof, Am Steinhof 17, Großenglis, 34582 Borken (Hessen), ☏ 05682/1807 (1. Vors. Petra Neubelt), ✉ vorsitzender@reitverein-am-steinhof.de, 🌐 www.reitverein-am-steinhof.de.

▸ Surfen am Singliser See
Informationen beim Borkener Surfclub, Vorsitzender Dirk Zülich.
Adresse: Hauptstr. 2, 34582 Borken (Hessen), ☏ 05682/6309, ✉ bsc@surflake.de, 🌐 www.surflake.de.

▸ Tretbootverleih
In der Aquagolf-Anlage am Singliser See (siehe dort) und am Naturbadesee Stockelache.

Veranstaltungen und Feste

Die Stadt Borken (Hessen) bietet eine Vielzahl von Kulturveranstaltungen, u. a. regelmäßig Konzerte im Rathaus.

▸ Weitere größere Veranstaltungen:
Borkener Ostermarkt (am So drei Wochen vor Ostern), **Borkener Stadtfest** (Juni) als abwechslungsreiches Familienfest, **Borkener Heimatfest** (zweites Wochenende im Sep), **Schwalm-Eder Brat- und Wurstmarkt** (letzter Sep–So), bei dem es überwiegend um die heimische Ahle Wurst geht, **Borkener Kunsthandwerkermarkt** (erster So im Nov) sowie der **Borkener Weihnachtsmarkt** (am dritten Advents-Wochenende).

Breitenbach am Herzberg

C4

(Landkreis Hersfeld-Rotenburg)

Breitenbach am Herzberg liegt am Südrand des Knüllgebirges zwischen Rimberg und Gibgeskuppe. In fünf Ortsteilen leben rund 1800 Einwohner. Die erste urkundliche Erwähnung war 1290, die Gegend ist aber vermutlich früher besiedelt worden.

Touristik-Service der Gemeinde Breitenbach am Herzberg,
Machtloser Str. 5
36287 Breitenbach am Herzberg
☏ 06675/551
📠 06675/552
🌐 www.breitenbach-am-herzberg.de

Sehenswertes

▸ Burg Herzberg
Eingebettet in eine hügelige, waldreiche Mittelgebirgs-Landschaft, liegt die Burg Herzberg, die größte Höhenburg Hessens und das Wahrzeichen der Gemeinde. Sie ist umgeben von Wäldern und Feldern, wehrhaft, gewaltig und doch romantisch und sonnig auf einem 508 m hohen Basaltkegel der Hirschberges. Die in ihren Ursprüngen im 13. Jh. durch die Herren von Romrod begründete Burg erfuhr ab 1472 unter Hans von Dörnberg eine großzügige Erweiterung, die sie zu einer der stärksten Landesfestungen machte. Sie zeigte sich in allen Kriegen bis zum Ende des 18. Jahrhunderts als uneinnehmbar, was sicherlich den Festungsbaukünsten und Erfahrungen ihres Baumeisters Hans-Jakob von Ettlingen zu verdanken ist. Bei einer Besichtigung gibt es heute viel zu entdecken, z. B. den 1563 ausgestatteten Rittersaal. Außerdem kann man auf der Burg auch heiraten oder mittelalterlich tafeln.
Adresse: Burg Herzberg, 36287 Breitenbach am Herzberg, ✆ 06675/1401, ✉ stiftung@burg-herzberg.de, 🌐 www.burg-herzberg.de.
Öffnungszeiten: Do–Di ab 11 Uhr bis zum Einbruch der Dämmerung.

Natur und Freizeit

▸ Wandern
Wanderer erfreuen sich eines ausgedehnten markierten Wegenetzes. Schöne Aussichten genießt man vom Schloss Herzberg und von der Kuppe des Rimbergs (592 m) nördlich der Autobahn A5.

▸ Freizeitanlage Silbersee
Am 1,2 ha großen See liegt ein Campingplatz mit Gaststätte. Außerdem kann man dort vielen Freizeitaktivitäten nachgehen.
Adresse: Freizeitanlage Silbersee, 36287 Breitenbach am Herzberg, ✆ 06675/471, 🌐 www.silbersee.net.

Veranstaltungen und Feste

▸ Ritterspiele Burg Herzberg
Jedes Jahr im Juni erwacht die Vergangenheit in und um die Burg. Alte Handwerkskünste wie das Schmieden, Spinnen oder Hornschnitzen leben dann wieder auf. Mehr als 1000 Akteure versammeln sich zum größten mittelalterlichen Lager nördlich der Alpen.
Informationen: Das Artefakt, Bruno Jung, Meicheser Str. 9, 36318 Schwalmtal, ✆ 06630/919273, 🌐 www.ritterspiele-burg-herzberg.de.

▸ Burg Herzberg Festival
Dieses Open-Air-Festival zieht jedes Jahr Tausende von Besuchern aus ganz Europa an und findet Mitte Juli statt.
Informationen: Herzberg Festival, Karlstr. 17, 36037 Fulda, ✆ 0661/25055525, ✉ info@burgherzberg-festival.de, 🌐 www.burgherzberg-festival.de.

Breuna

(Landkreis Kassel)

Die Gemeinde Breuna liegt am Nordwestrand des Naturparks Habichtswald und umfasst fünf Ortsteile, in denen insgesamt 3700 Menschen leben. Ältester Ortsteil ist Rhöda, das erstmals 840 erwähnt wurde, der Hauptort Breuna fand 1257 erste Erwähnung.

🌐 **www.breuna.de**

Sehenswertes

▸ Kirchen
Die Kirche in Breuna wurde 1422 grundlegend umgebaut und auch später noch mehrfach verändert. Erwähnenswert sind das Taufbecken von 1200 und die Kanzel aus

dem Jahre 1561. Ältester Bauteil der Kirche in Oberlistingen ist der Turm von 1393. Aus dem Inneren sind die Kanzel und die Orgel erwähnenswert. Die St. Andreas Kirche in Wettesingen zählt zu den schönsten Dorfkirchen Nordhessens und geht vermutlich auf den Anfang des 12. Jhs. zurück. Eine Kostbarkeit im Inneren sind die Wandmalereien aus dem 15. Jh. im Chor.

Natur und Freizeit

▸ Wandern und Radfahren
Die nähere Umgebung ist durch acht Rundwanderwege erschlossen. Auch einige überregionale Wanderwege führen durch das Gemeindegebiet. Bei Niederlistingen erschließt der Streuobstpfad eine reizvolle Landschaft mit 1000 Obstbäumen. Nördlich von Breuna liegt der Lauf- und Walkpark mit drei Lauf- bzw. Nordic-Walking-Routen, außerdem eine Halbmarathon-Strecke.

▸ Märchenlandtherme Breuna
Hier erwarten Sie Schwimmbad mit Solarium sowie Wellness-Bereich mit Saunen, Kosmetik- und Massageangeboten.
Adresse: Schulstr. 5, 34479 Breuna, ☏ 05693/1660, 🌐 www.maerchenland-thermebreuna.de.

Veranstaltungen und Feste

Ausstellungen, Lesungen, Kabarett, Kleinkunst und Feiern finden in der Kulturscheune im Zentrum von Breuna statt.

Bromskirchen

A3

(Landkreis Waldeck-Frankenberg)

Die Gemeinde mit fünf Ortsteilen liegt ganz im Südwesten des Landkreises direkt an der Grenze zu Nordrhein-Westfalen. 70 % der Fläche entfallen auf Wald. Bromskirchen ist durch zwei größere Betriebe ein wichtiger Wirtschaftsstandort. Die Gemeinde wurde 1238 erstmals erwähnt. Heute zählt Bromskirchen rund 1900 Einwohner.

Ederbergland Touristik, s. u. Frankenberg, 🌐 www.bromskirchen.de

Sehenswertes

Zu den Sehenswürdigenkeiten zählen das Fachwerk-Rathaus, von 1619 bis 1621 erbaut und mit ornamentalen Schnitzereien versehen. Daneben gibt es im Ortskern von Bromskirchen weitere Fachwerkhäuser, die vom Stil her schon den sauerländischen Einschlag erkennen lassen. Erwähnenswert ist ferner die St. Martins-Kirche, ursprünglich eine romanische, dreischiffige Pfeilerbasilika, die erstmals 1296 erwähnt und 1574–85 umgebaut wurde. Ältester Gegenstand aus

Wunderschöner Blick auf Bromskirchen

dem Inneren ist das gotische Altarkreuz von 1430. Die Oberlinspher Mühle ist schließlich das Überbleibsel der ehemaligen Siedlung. Das Fachwerkgebäude geht auf 1571 zurück und wird als Tagungshaus genutzt.

Natur und Freizeit

▸ Wandern und Radfahren
Die waldreiche Mittelgebirgslandschaft um Bromskirchen ist eine ideale Wanderregion. Besonders zu empfehlen ist die Extratour »Oberlinspher Weg«, ein 13 km langer Rundwanderweg, der 2009 mit dem Deutschen Wandersiegel ausgezeichnet wurde. Weitere Informationen unter 🌐 www.traumhaftes-wandermaerchen.de.

Burgwald

A3

(Landkreis Waldeck-Frankenberg)

Die Gemeinde Burgwald liegt südlich von Frankenberg (Eder) am Nordwestrand des namensgebenden Burgwaldes, das mit 20 000 ha Fläche das größte geschlossene Waldgebiet Hessens ist. In den fünf Ortsteilen leben insgesamt 4900 Einwohner. Fast die Hälfte der Gemeindefläche wird landwirtschaftlich genutzt.

✉ **info@burgwald.de** *i*

Sehenswertes

▸ Wiesenfeld
Der kleinste Ortsteil wurde erstmals 1238 erwähnt und hat seinen Ursprung in einer Komturei des Johanniter-Ordens. Nach der Reformation wurde das Klostergut zunächst verpachtet und 1755 an zehn französische Hugenottenfamilien übergeben. Daneben zog dort auch eine Waldenserkolonie aus Italien ein. Die idyllischen Fachwerkhäuser bilden noch heute den Dorfkern und werden überragt vom Wehrturm der ehemaligen Johanniterkirche, ein einschiffiger Bau aus der Zeit um 1260. Nach dem Zweiten Weltkrieg wurden noch katholische, ungarndeutsche Heimatvertriebene aufgenommen. Heute ist der ehemalige Kräutergarten des Klosters wieder angelegt, in das ehemalige Komturhaus zog eine Kunsthandlung mit Galerie ein und in einem der Klosterkeller wird die Geschichte des Dorfes mit einer Ausstellung von archäologischen Scherbenfunden dokumentiert (Kontakt Herr Völker, ✆ 06457/478) und in der Hugenottenstube (Johanniterstr. 5, Kontakt Herr Clement ✆ 06457/8448) befindet sich eine kleine Ausstellung zur Geschichte der Hugenotten.

Der Kräutergarten der Johanniterkirche in Wiesenfeld ist nicht nur für Kinder ein spannendes Erlebnis.

Museum

▸ Heimatmuseum Birkenbringhausen
Das kleine Museum zeigt in der Kulturscheune Einrichtungsgegenstände aus den 1950er Jahren sowie Kunstschmiedearbeiten. In der Alten Schmiede sind nach Absprache Schmiedevorführungen möglich. **Adresse:** Buchwaldstr. 2, OT Birkenbringhausen, 35099 Burgwald, **Kontakt:** Heimatverein, Frau Wickenhöfer, ✆ 06451/6849 bzw.

für die Schmiede Herr Ahlborn, ✆. 06451/3473. **Öffnungszeiten:** nach Vereinbarung.

Natur und Freizeit

▸ Wandern

Das große Waldgebiet des Burgwaldes, aber auch das Tal der Eder bieten unendliche Wandermöglichkeiten. Sehr beliebt ist der Burgwaldpfad, der von Frankenberg (Eder) durch den Burgwald nach Marburg führt. Von der Großsporthalle im OT Ernsthausen starten auch drei Nordic-Walking-Strecken.

▸ Radfahren

Auch Radfahrer finden zahlreiche ausgeschilderte Wege, darunter den Lahn-Eder-Radweg, der in Frankenberg (Eder) seinen Ausgangspunkt hat. Westlich von Birkenbringhausen verlaufen der Hessische Radfernweg R8 und der Ederauen-Radweg, östlich von Bottendorf führt der Hessische Radfernweg R6 durch den Burgwald.

▸ Naturdenkmal Stedefelsen

Diese markanten Klippen aus Buntsandstein ziehen sich bei Birkenbringhausen etliche Kilometer am südlichen Hang der Eder hin.

▸ Planwagen- und Kutschfahrten

Heuhotel Armin Nolte, Rotlehm 18, OT Bottendorf, 35099 Burgwald, ✆ 06451/23604, ✉ info@heuhotel-burgwald.de, 🌐 www.heuhotel-burgwald.de.

Calden

C2

(Landkreis Kassel)

Calden liegt etwa 13 km nordwestlich von Kassel und ist durch seinen Flughafen bekannt. Die sechs Ortsteile zählen insgesamt rund 7500 Einwohner. Als ältester Ortsteil wird Ehrsten urkundlich im Jahr 817 erstmals erwähnt, die Gegend war jedoch schon zur Steinzeit bewohnt. Im OT Westuffeln gewinnt man aus drei Mineralbrunnen das Mineralwasser der Wilhelmsthaler Mineralbrunnen GmbH.

🌐 **www.calden.de**

Sehenswertes

▸ Johanneskirche Calden

Die ev. Kirche ist der Nachfolgebau einer schon am Anfang des 16. Jhs. errichteten Fachwerkkirche. Sie wurde 1845–49 als spätklassizistischer Sandsteinbau mit Frontturm errichtet und lag damals außerhalb des Ortskerns.

▸ Sternwarte Calden

Die am nördlichen Ortsrand von Calden gelegene Sternwarte wird vom Astronomischen Arbeitskreis Kassel betrieben und verfügt über ein festes Aufenthalts- und Vortragsgebäude sowie zwei stabile Kuppeln.
Adresse: Zur Gradhöhe, 34379 Calden, ✆ 05674/7276, 🌐 www.astronomie-kassel.de, Anmeldungen von Gruppen bei K.-P. Haupt, ✆ 0561/311116, ✉ kphaupt@aol.com. **Öffnungszeiten:** Jeden Sa bei klarem Himmel, Führungen im Sommer ab 21.30 Uhr, im Winter ab 20.30 Uhr, zusätzlich in jeder geraden Woche 13–14 Uhr Beobachtungen der Sonne, ebenfalls nur bei klarem Himmel.

▸ Flughafen Kassel

Der Flughafen, von dem ab 2013 größere Flugzeuge zu Ferienregionen starten sollen, ist die richtige Adresse für Flugsportbegeisterte, die bei einer Führung einen Blick hinter die Kulissen werfen möchten.
Kontakt: ✉ info@flughafenkassel.de, 🌐 www.flughafenkassel.de. **Führungen:** Bernd Brotkorb, ✆ 05674/997716, ✉ bernd.brotkorb@online.de.

Jüdischer Friedhof Meimbressen
Der jüdische Friedhof erinnert an die früheren jüdischen Mitbewohner, wurde zeitweise überregional genutzt und ist heute ein Ort ständiger Erinnerung und Mahnung.

Predigerhäuschen Westuffeln
Die offene Aussegnungshalle mit separatem Predigerhäuschen von 1694 ist eine der wenigen erhaltenen Anlagen dieser Art.

Museen

Museum Schloss Wilhelmsthal
Eines der schönsten Rokokoschlösser Deutschlands liegt etwa 2 km südlich von Calden in einem 36 ha großen Park. Die Dreiflügelanlage wurde zwischen 1747 und 1761 erbaut. In den Museumsräumlichkeiten werden eine reichhaltige Sammlung ostasiatischer und europäischer Porzellane gezeigt, französische Lackmöbel und andere Einrichtungsgegenstände. Eine Attraktion ist auch die Hauptküche mit einer alten Bratenwendemaschine. Erwähnenswert ist auch die Schönheiten- und Ahnengalerie. Der einstige Rokokopark mit Sichtachsen und symmetrisch angelegten Wegen wurde 1880 in einen englischen Landschaftsgarten umgewandelt, in dem in den Sommermonaten Wasserspiele stattfinden.
Adresse: Lindenallee, 34379 Calden, 05674/6898, www.museum-kassel.de. **Öffnungszeiten:** Führungen durch das Schlossmuseum März–Okt Di–So 10–17 Uhr, Nov sowie Jan und Feb Di–So 10–16 Uhr, Dez Sa und So 10–16 Uhr. Der Park ist ganzjährig frei zugänglich.

Kanngießers Heimatmuseum
Gezeigt werden alte Gerätschaften von Bauern und Handwerkern sowie alte Möbel und Haushaltsutensilien.
Adresse: Kirchgasse 16, 34379 Calden, 05674/7583. **Öffnungszeiten:** So 14–18 Uhr oder nach Vereinbarung.

Natur und Freizeit

Wandern und Radfahren
Ein beliebtes Ausflugsziel von Wanderern und Radfahrern ist der Tiergarten, ein Waldgebiet südlich von Calden, in dem einst viel Wild lebte und das zu Jagdzwecken angelegt wurde. Ein sechs km langer Ecopfad verbindet Schloss Wilhelmsthal und Tiergarten. Vom Parkplatz Lindenrondell sind weiterhin zwei Rundwege durch den Tiergarten ausgeschildert. Außerdem führt durch Calden der Märchenlandweg.

Galeriegräber und Erdwerk
Am südwestlichen Ortsrand von Calden liegt ein Großgrab von 12 m Länge und 2 m Breite (Galeriegrab I), aus tonnenschweren Steinblöcken errichtet. Es ist die Grabkammer von mindestens 40 Toten. Südlich vom Flughafen liegen das 14 ha große Erdwerk, das von einem Doppelgrabensystem begrenzt wird und das Galeriegrab II.

Koppenstein
Bei Fürstenwald am Weg zum Dörnberg liegt der Koppenstein, eine 5 m hohe Basaltsäule und ein stehengebliebener Basaltschlot.

Waldschwimmbad
Adresse: Waldschwimmbad, 34379 Calden, info@waldschwimmbad-calden.de, www.waldschwimmbad-calden.de.

Ballonfahrten
Vom Flughafen Calden können Sie auch mit dem Ballon starten. Einzelheiten erfahren Sie bei den Anbietern.
Ballonteam Hotel Air, Wilhelm von Canstein, Baumgartenstr. 43, 34130 Kassel, 0561/6026500, info@ballonteam-kassel.de, www.ballonteam-kassel.de.

Luftmeerreisen, Rainer Stebisch, Berlepscher Str. 7, 37249 Neu-Eichenberg, 05502/9107830, info@luftmeerreisen.de, www.luftmeerreisen.de.

Fallschirmspringen

Bereits nach 20-minütiger Vorbereitung ist für jedermann ein Tandemsprung möglich. Auch werden richtige Lehrgänge angeboten.
Adresse: Aero Fallschirmsport, Flughafen, 34379 Calden, info@skydive.de, www.skydive.de.

Rundflüge

Verschiedene Unternehmen bieten Rundflüge vom Flughafen Kassel an.
Charterflug Kassel, Steinhöferstr. 8 B, 34131 Kassel, 0171/6456583 oder 0177/4062741, info@charterflug-kassel.de, www.charterflug-kassel.com.
Fly Now GmbH Flugschule Kassel, Hauptgebäude, Flughafen Kassel, 0561/3162274, info@flugschule-kassel.de, www.flightacademy.aero.
Light-Wings Flugschule Kassel, Flughafen Kassel, 34379 Calden, 05674/4941, info@ultraleicht.de, www.ultraleicht.de.

Veranstaltungen und Feste

Konzertscheune Calden

In der historischen Scheune finden Events aller Art statt. Höhepunkte sind das Caldener Wintervarieté und das Caldener Ostervarieté.
Adresse: Meimbresser Str. 10, 34379 Calden, 05677/9597-12, info@konzertscheune.de, www.konzertscheune.de.

Märchenmamis

Die Gruppe von acht Laiendarstellerinnen führen Märchenmusicals frei nach Grimms Märchen auf und können auf Bestellung gebucht werden.
Kontakt: Gabriela Babel, Zum Lindenrondell 10, 34379 Calden, 05674/923999, gabriela.babel@vr-web.de.

Schloss Wilhelmsthal

Die Moritzen und Junior Moritzen

Die Theatergruppen des TV Westuffeln bieten ein abwechslungsreiches, unterhaltsames und lustiges Programm.
Kontakt: Hermann Kampe, Kasseler Str. 30, Westuffeln, 34379 Calden, hermann-kampe@t-online.de, www.die-moritzen.de.

Flugplatzfest

Alle 2 Jahre findet auf dem Flughafen im Sommer ein Flugplatzfest statt. Näheres über die Flughafengesellschaft.

Cornberg

D3

(Landkreis Hersfeld-Rotenburg)

Die kleinste Gemeinde des Landkreises nördlich von Bebra wurde durch den früheren Abbau von Sandstein und den hierbei gefundenen Saurierfährten bekannt. Sie zählt in drei Ortsteilen knapp 1600 Einwohner. Während Rockensüß bereits 1274 und Königswald 1351 urkundlich erwähnt wurden, ist Cornberg selbst eine junge Siedlung und wurde erst 1938–1941 von der Reichsheimstätte als Bergarbeitersiedlung für den Kupferschieferbergbau angelegt.

Sehenswertes

▸ Kloster Cornberg
Von 1296 bis 1526 gab es in Cornberg ein Benediktinerinnenkloster. Von den ursprünglichen Gebäuden ist nur noch das gotische Klostergeviert erhalten. Die gotische Klosterkirche, ein zweischiffiger Bau mit der noch erhaltenen Nonnenempore wird heute als Kulturbühne genutzt. In zwei weiteren Flügeln befinden sich das Bürgerhaus und das Museum, im östlichen Flügel ist ein Hotel-Restaurant untergebracht.
Kontakt: ☏ 05650/969715, ✉ info@kulturverein-kloster-cornberg.de.

▸ Schloss Rittershain Rockensüß
Das Waldschloss Rittershain wurde 1854 im Jugendstil erbaut und hat im Laufe des letzten Jahrhunderts mehrfach seinen Besitzer gewechselt. Es wurde zeitweise als Schlosshotel bewirtschaftet. Von 1986 bis 2011 waren das Schloss, die Wirtschaftsgebäude und 7 ha landwirtschaftliche Fläche an den »Verein zur Förderung der Forschung und Ausbildung auf dem Gebiet der Pflanzenzucht« verpachtet. Die ehemaligen Rundwanderwege um das Schloss und der kleine private Waldfriedhof stellen heute noch ein anschauliches Zeugnis der wechselvollen Vergangenheit dar.
Kontakt: ☏ 05650/203, ✉ info@schloss-rittershain.de

Museen

▸ Sandsteinmuseum
Im Sandsteinmuseum um Kloster Cornberg erfahren Sie Details über den Cornberger Sandstein, die Saurierfährte, die Bergbausiedlung und die Geschichte des Klosters.
Adresse: Am Markt 8, 36219 Cornberg, ☏ 05650/9697-0, ✉ info@cornberg.de, 🌐 www.kloster-cornberg.de. **Öffnungszeiten des Museums:** März–Nov So und an Feiertagen 13–17 Uhr. Sonderführungen ganzjährig nach Vereinbarung möglich.

Veranstaltungen und Feste

Die schon erwähnte Kulturbühne auf dem Klostergelände wird für vielfältige kulturelle Veranstaltungen genutzt. Das Kloster Cornberg ist auch Spielstätte des »Kultursommers Nordhessen«.
Informationen und Karten: Kulturverein Kloster Cornberg e. V., Am Markt 8, 36219 Cornberg, ☏ 05650/969715, ✉ info@kulturverein-kloster-cornberg.de, 🌐 www.kulturverein-kloster-cornberg.de.

Diemelsee

A2

(Landkreis Waldeck-Frankenberg)

Die Gemeinde liegt nördlich von Korbach und Willingen im hessischen Teil des Sauerlandes, das hier »Upland« genannt wird. Mit ausgedehnten Laub- und Nadelwäldern, Bächen und einer abwechslungsreichen Berg- und Tallandschaft, in der besonders der Diemelsee mit seiner Sperrmauer ein Freizeitmagnet ist, zieht die Gemeinde viele Gäste an. In 13 ländlichen Ortsteilen leben rund 5150 Menschen. Gemeindesitz ist Adorf, gleichzeitig die größte Ortschaft.

Tourist-Information Diemelsee, Kirchstr. 6, OT Heringhausen, 34519 Diemelsee
☏ 05633/91133
📠 05633/91134
✉ info@diemelsee.de
🌐 www.diemelsee.de

Sehenswertes

Kirchen
Die mächtige dreischiffige romanische Basilika in Adorf, einst eine Wehrkirche, stammt aus der zweiten Hälfte des 12. Jhs. und verfügt über einen quadratischen Westturm. Flechtdorf hatte einst Bedeutung durch ein Benediktinerkloster. Daran erinnert noch heute die im romanischen Stil erbaute Abteikirche mit zwei wuchtigen Doppeltürmen. Die auf die Zeit um 1100 zurückgehende und der heiligen Barbara geweihte romanische Kirche in Heringhausen wurde aus Bruchsteinmauerwerk errichtet. Die älteste Glocke geht auf 1673 zurück.

Diemeltalsperre
Die 194 m lange und 42 m hohe Sperrmauer des Diemelsees liegt in Nordrhein-Westfalen. Sie wurde 1912–23 erbaut und diente seinerzeit der Wasserregulierung von Weser und Mittellandkanal, dem Hochwasserschutz und der Stromerzeugung. Um den See entwickelte sich ein ein lebhafter Fremdenverkehr. Heringhausen ist anerkannter Luftkurort und das touristische Zentrum der Gemeinde direkt am Diemelsee.

Museen

Besucherbergwerk Grube Christiane mit Bergwerksmuseum
Bei einer Führung unter Tage sehen Sie verlassene Stollen, Strecken und Abbaustätten und erfahren von den alten Abbautechniken innerhalb der 800-jährigen Tradition des hiesigen Erzbergbaus. In der ehemaligen Aufbereitungsanlage werden noch alte Gerätschaften gezeigt. Oberhalb des Roherzbunkers gibt es in der Prof.-Heinz-Bottke-Stube noch eine umfangreiche Gesteinssammlung und persönliche Utensilien von Prof. Bottke zu sehen, der als Geologe mit Adorf sehr verbunden war.

Adresse: Bredelarer Str. 30 (L 3076), 34519 Diemelsee (2 km nördlich von Adorf), 05633/5955, www.grube-christiane.de.
Öffnungszeiten: Apr–Okt Mi 14–17 Uhr, Sa 13–17 Uhr und So 10–17 Uhr, für Gruppen ab 10 Pers. Auch nach Terminvereinbarung.

Das Bergarbeiter-Denkmal in Diemelsee

Natur und Freizeit

Wandern
Der Diemelsteig mit seinen 63 km Weglänge ist ein zertifizierter Weitwanderweg, zu dem von den einzelnen Ortsteilen Zubringerwege führen. Darüber hinaus steht ein ausgedehntes Wanderwegenetz zur Verfügung. Wichtige überregionale Wanderwege (E1, X1, X16) durchqueren die Gemeinde.

Radfahren
Auf 13 km Länge lässt sich der Diemelstausee umrunden, längere Touren sind beispielsweise der Diemel-Radweg oder eine 3-Seen-Rundtour durch das Waldecker Land. Auch eine anspruchsvolle Tour für Mountainbiker führt von Willingen zum Diemelsee und zurück. Neben normalen Fahrrädern können Sie auch so genannte E-Bikes ausleihen, bei denen ein lautloser Elektromotor den Tritt in die Pedale unterstützt.
Adresse: Best Western Hotel Diemelsee, Seestr. 17, OT Heringhausen, 34519 Diemelsee, 05633/9931-0, info@hotel-diemelsee.de, www.hotel-diemelsee.de.

Gemeinde. Zahlreiche Landschafts- und Naturschutzgebiete laden zur Erkundung ein, ebenso die keltischen Hügelgräber im Gebiet von Ammenhausen und Dehausen.

Freibäder
Walmebad Rhoden, Walme, OT Rhoden, 34474 Diemelstadt, ☏ 0170/8789043.
Steinbergbad Wrexen, Steinberg, OT Wrexen, 34474 Diemelstadt, ☏ 05642/988277.

Segelfliegen
Angeboten werden Schnupperflüge vom Flugplatz Dehausen.
Kontakt: Bernd Müller, Helmighäuser Str. 26, 34474 Diemelstadt, ☏ 05694/1797, ✉ info@klv-waldeck.de, 🌐 www.klv-waldeck.de.

Edermünde

C2

(Schwalm-Eder-Kreis)

Die Gemeinde liegt ganz im Norden des Landkreises zwischen dem Naturpark Habichtswald im Westen und der Eder im Osten, die hier in die Fulda mündet. Die vier Ortsteile haben rund 7300 Einwohner.

🌐 **www.edermuende.de**

Sehenswertes

Kirchen
Oberhalb eines alten Felsenkellers und eines Bunkers aus dem Zweiten Weltkrieg beherrscht die ehemalige Wehrkirche das Ortsbild von Besse. Sie geht auf eine Kapelle zurück, die um 1200 errichtet wurde und später durch einen Chor erweitert wurde. Der Kirchturm entstand 1517/18, das heutige Kirchenschiff mit Fachwerkgiebel unter Verwendung alter Steine 1716. Die evangelische Kirche in Grifte gilt als Wahrzeichen des Orts. Der Turm wurde als spätgotischer Wehrturm 1524 erbaut. Das heutige Kirchenschiff, ein klassizistischer Saalbau, stammt von 1813.

Museen

Heimatmuseum Haldorf
Das in einem ehemaligen Hirtenhaus aus Fachwerk untergebrachte Museum zeigt Gegenstände des früheren bäuerlichen Lebens und Arbeitens sowie Fotos aus früherer Zeit.
Adresse: Dissener Str. 2, OT Haldorf, 34295 Edermünde, **Kontakt:** Kultur- und Heimatverein Haldorf, ☏ 05665/6191 (Adolf Paul) oder ☏ 05665/6155 (Ingrid Rittger).
Öffnungszeiten: Nur nach Vereinbarung oder zu Zeiten von Sonderausstellungen.

Dorfmuseum Holzhausen
Das Museum im Dorfgemeinschaftshaus zeigt Exponate zur Dorfgeschichte.
Adresse: Guntershäuser Str. 6, OT Holzhausen, 34295 Edermünde, Kontakt über den Verein Kultur und Geschichte Holzhausen, ☏ 05665/5704 (Wilfried Mihr). **Öffnungszeiten:** nach Vereinbarung.

Natur und Freizeit

Basaltkuppe Hahn
Die 256 m hohe Basaltkuppe Hahn erhebt sich über Holzhausen und bietet eine herausragende Aussicht auf die Umgebung.

Freibad Holzhausen
Adresse: Frankfurter Str. 12, OT Holzhausen, 34295 Edermünde, ☏ 05665/5421.

Segelfliegen
Schnupperflüge und natürlich auch längere Lehrgänge sind vom Segelflugplatz nördlich von Grifte möglich.
Kontakt: Niederhessischer Verein für Luftfahrt e. V., Baunatalweg, OT Grifte, 34295 Edermünde, ☏ 05665/5911,

✉ Segelfliegen@nvfl-grifte-sporton.de,
🌐 www.sporton.de.

Veranstaltungen und Feste

Folgende Attraktionen hat Edermünde übers ganze Jahr verteilt zu bieten: **Karneval,** die **Edermünder Runde** mit dem Besser Dorffest ist ein Profiradrennen mit angegliedertem Dorffest, wobei das **Dorffest** nur alle zwei Jahre stattfindet (Ende Juni–Anfang Juli), **Rock am Hahn-Festival** (Wochenende im Aug oder Sep).

Edertal

B3

(Landkreis Waldeck-Frankenberg)

Die Gemeinde liegt im Tal der Eder mit dem Affolderner See und grenzt im Norden an das Südufer des Edersees bzw. an seine Staumauer. Die Gemeinde zählt neben dem Nationalpark Kellerwald-Edersee auch den Naturpark Kellerwald-Edersee zu seinen Naturschätzen. In den 13 Ortsteilen wohnen rund 6600 Menschen. In der Nacht vom 16./17. Mai 1943 wurde die Staumauer des Edersees bei einem britischen Bombenangriff schwer beschädigt. Die Wassermassen zerstörten Dörfer und kosteten viele Menschen das Leben.

Edersee Touristic GmbH, Hemfurther Str. 14, OT Affoldern, 34549 Edertal
☎ 05623/9998-0
📠 05623/9998-30
✉ edersee-info@t-online.de
🌐 www.edersee.com

Sehenswertes

▸ Martinskirche in Bergheim
Erstmals 1085 erwähnt, ist vom ursprünglichen Bau das zweischiffige romanische Langhaus erhalten. 1331 wurden Chor und Turm neu errichtet und Teile des Kirchenschiffs erneuert.

▸ Kirche in Gellershausen
Vom Ursprungsbau auf einer Anhöhe nördlich des Dorfes vom Anfang des 13. Jhs. sind nur noch die Chormauern erhalten. Das Kirchenschiff geht vermutlich auf das 14. Jh. zurück. 1581 wurde der Bau grundlegend erneuert. Das Innere birgt einige Kunstschätze aus dem 17./18. Jh.

▸ Kirche und Pfarrhaus in Kleinern
Die Barockkirche mit dem markanten Turm wurde 1681–94 erbaut. Im Inneren gibt es einen sehenswerten Lindenholzaltar von 1521 aus dem ehemaligen Kloster Meitersdorf, eine prachtvolle Holzkanzel und eine Orgel von 1869. Das Pfarrhaus in der Heimbachstraße ist ein schöner Fachwerkbau von 1747.

Die Staumauer der Edertalsperre

▸ Staumauer
Nördlich von Hemfurth liegt die gekrümmte, 47 m hohe Staumauer, die 1908–14 erbaut wurde und deren Krone frei zugänglich ist. Der drittgrößte Stausee Deutschlands dient der Wasserregulierung des Mittellandkanals, der Eder, Fulda und Weser. Vollstau hat der Edersee zwischen März und Juli, vom Spätsommer bis zum Herbst sind weite Teile des Sees trocken, und auf dem Seeboden entwi-

ckelt sich dann eine grüne Vegetation mit Sumpfgräsern. Bei extremem Niedrigwasser werden auch die Überreste alter Dörfer sichtbar. Unterhalb der Dammkrone befindet sich eine Anlegestelle für die Personenschifffahrt, und die Edersee Touristic unterhält hier eine Außenstelle, die unter ☎ 05623/999850 erreichbar ist.

▸ Kavernenkraftwerk

Am Nordende des Affolderner Sees liegt südlich von Hemfurth ein Kavernenkraftwerk, das als Pumpspeicherwerk für Spitzenzahlen bei der Stromerzeugung sorgt. Die Kaverne ist etwa 100 m lang, 54 m hoch und 33 m breit. Besichtungen sind möglich.
Adresse: E.ON Wasserkraft, Infozentrum Edersee, Kraftwerkstr. 10, 34549 Edertal, ☎ 05623/948390, ✉ info@eon-energie.com.
Öffnungszeiten: Apr–Okt Di–Sa 8–16 Uhr.

▸ Standseilbahn Peterskopf

Zwischen dem Kraftwerk und den Hochspeicherbecken auf dem Peterskopf verkehrt neben den Druckrohren eine Standseilbahn, die 300 Höhenmeter Anstieg erspart.
Betriebszeiten: Karfreitag–Ende Okt Bergfahrt stündlich 10–17 Uhr, Talfahrt 15 Min. später.

Natur und Freizeit

▸ Wandern

Der Naturpark Kellerwald-Edersee bietet unendliche Wandermöglichkeiten. Von Parkplätzen sind Rundwege ausgeschildert. Weithin bekannt sind der Urwaldsteig, der den gesamten Edersee umrundet und der Kellerwaldsteig, der durch die schönsten Teile des Kellerwalds führt. Empfehlenswert ist insbesondere auch der Rundweg um den Sengelsberg bei Böhne.

▸ Radfahren

Weithin bekannt ist der 50 km lange Ederseerundweg. Vier Wegschleifen ermöglichen eine Erweiterung des eigentlichen Seerundweges. Mehrere Fernradwege berühren die Ederseeregion und können auf Teilstrecken benutzt werden. Auch Mountainbiker finden ein ausreichendes Betätigungsfeld in der Berglandschaft.
Fahrradvermieter: **Pension Talblick,** Zur Sperrmauer 45, OT Edersee, 34549 Edrtal, ☎ 05623/1734, ✉ info@talblick-edersee.de, 🌐 www.talblick-edersee.de.
Erlebnistouren Odenhardt, Altwildunger Str. 11, Anraff, 34549 Edertal, ☎ 05621/74391, ✉ info@eder-kanu.de.
Räderei oh Nass is, Am Mühlengraben 6, Affoldern, 34549 Edertal, ☎ 05623/2944, 🌐 www.edertal-kanu.de.

▸ ☺ Aquapark Hemfurth

An der Sperrmauer gelegen, bietet dieser »Wasserspielplatz« viel Vergnügen für Groß und Klein. Sie erleben den Edersee im Kleinformat, sowie u. a. Wassertreppe, Wasserrutsche, Wasservorhänge, Wasserräder und mehr.
Adresse: An der Staumauer, Hemfurth, 34549 Edertal. **Öffnungszeiten:** Ostern–Ende Okt.

Hemfurth vom Urwaldsteig aus gesehen

▸ Baumkronenweg (TreeTopWalk)

Hessens erster Baumkronenweg am Eschelberg führt auf 230 m Länge und bis zu 30 m Höhe für Menschen aller Altersklassen durch die Baumkronen und bietet einmalige Einblicke in das oberste Stockwerk des Waldes. **Adresse:** Brühlfeld 1, OT Hemfurth, 34549 Edertal, 05623/9737977, info@treetopwalk.de, www.baumkronenweg.de. **Öffnungszeiten:** In der Hauptsaison täglich 10–19 Uhr, in der Vor- und Nachsaison eingeschränkte Öffnungszeiten auf Anfrage.

Freizeitanlage Spicke

Südlich von Kleinern liegt am Wesebach diese Spiel- und Freizeitanlage mit viel Abwechslung.

Goldwaschen

An der Eder werden im Sommer Goldwaschkurse angeboten, und Sie können Ihr eigenes Flussgold gewinnen. Termine: jeden ersten So von Juni–Aug, zusätzlich jeden dritten So im Juli und Aug, jeweils um 14 Uhr, Mindestteilnehmerzahl 7 Pers., für Gruppen auch nach Vereinbarung.
Ort: Parkplatz an der Ederbrücke, Waldecker Straße, OT Mehlen, 34549 Edertal. Anmeldungen: Veit-Enno Hoffmann, Kuhbergstr. 4, 34131 Kassel, 0163/4054970, info@goldwelten.de, www.goldwelten.de

Wildpark Edersee

Der im Bericher Holz bei Hemfurth gelegene Wildpark zeigt einheimische Tierarten. Ein Höhepunkt ist die im Park gelegene Greifenwarte.
Adresse: Wildpark Edersee, Hemfurth, 34549 Edertal, 05623/4370 (Kasse) bzw. 05623/933592 (Büro), Greifenwarte 05623/2230. **Öffnungszeiten:** Mai–Okt 9–18 Uhr, Nov–Feb 11–16 Uhr, März und Apr 10–18 Uhr, Greifvogelschau März–Mitte Nov täglich außer Mo um 11 und 15 Uhr.

Kletterpark Edersee

Der Kletterpark, eingebettet in 15 000 qm Buchenwald, bietet Abenteuer, bestehend aus Seilen, Tauen, Balken und Netzen in einer Höhe zwischen 3 und 11 m.
Adresse: Am Eschelsberg 1, Hemfurth, 34549 Edertal, 01577/3828000, Büro 0561/4503570, info@kletterpark-edersee.de, www.kletterpark-edersee.de. **Öffnungszeiten:** Juni–Aug täglich 10.30–19 Uhr, April–Mai und Sep–Okt täglich außer Mo 13–19 Uhr, für Gruppen ab 20 Personen auch nach Vereinbarung.

Baden im Edersee

Badestrände gibt es an der Ostseite der Sperrmauer, in Rehbach und in Bringhausen unterhalb der so genannten Endstation.

Wassersportangebote und Bootsverleih

Bootsverleih Edership, Ostseite der Sperrmauer, Steg, OT Edersee, 34549 Edertal, 05623/1666, www.edership.de.
Erlebnistouren Odenhardt, s. u. Radverleih
Moni's Bootsverleih, Ostseite der Sperrmauer, Steg 4595, OT Edersee, 34549 Edertal, 05623/4708, info@monis-bootsverleih.de, www.monis-bootsverleih.
Räderei oh Nass is, s. u. Radverleih
Wassersportcenter Sun & Fun, Randstr. 3, Steg, OT Edersee, 34549 Edertal, 05623/4901, skipp@sun-fun.de, www.sun-fun.de
Windsurfing Edersee, Seestr., OT Bringhausen, 34549 Edertal, 05623/2582, www.windsurfing-edersee.com.

Fähre Rehbach–Scheid

siehe unter Waldeck

Mineralbrunnen in Kleinern

Die bekannten Heilquellen von Bad Wildungen treten auch in Kleinern zu Tage. Allgemein zugänglich sind der Dorfbrunnen im südlichen Teil von Kleinern, der Mühlenbrunnen an der Wiesenmühle im südwestlichen Teil des Ortes und die Bathilidisquelle im südöstlichen Teil. Daneben gibt es drei weitere bisher nicht eingefasste Mineralquellen in Kleinern.

▸ Reiten, Kutsch- und Planwagenfahrten

Hempelmann's Rosenhof, Grundweg 10, OT Wellen, 34549 Edertal, ☏ 05621/960487, ✉ info@reiterhof@hempelmann.de, 🌐 www.reiterhof-hempelmann.de.

Talhof, Obere Stiegel 9, OT Wellen, 34549 Edertal, ☏ 05621/2682, ✉ talhofwellen@aol.com, 🌐 www.talhof-edertal.de.

Eschwege

E2

(Werra-Meißner-Kreis)

Die Kreisstadt liegt in einer weitläufigen Flussniederung der Werra am Fuß der Leuchtberge und zählt in der Kernstadt und in sieben Stadtteilen rund 20 000 Einwohner. Erstmals erwähnt wurde sie im Jahre 974 in einer Urkunde Kaiser Otto II., besiedelt war die Gegend vermutlich schon früher. Marktrechte erhielt man 1188, 1249 folgten die Stadtrechte. Bis in diese Zeit gehen auch die Anfänge der bis in die Neuzeit reichenden florierenden Tuch- und Ledererzeugung zurück, Grundlage für die Entwicklung zu einer wichtigen Handelsstadt. Zeitweise war Eschwege auch Residenz der jeweils herrschenden Landgrafen. Heute ist die Fachwerkstadt ein Regionalzentrum.

Tourist-Information
Eschwege-Meinhard-Wanfried
Hospitalplatz 16
37269 Eschwege
☏ 05651/331985/6
📠 05651/50291
✉ tourist-info@werratal-tourismus.de
🌐 www.eschwege.de und
🌐 www.werratal-tourismus.de

Der Marktplatz von Eschwege

Sehenswertes

▸ Stadtführungen

Von Mai bis Okt finden für Einzelgäste und kleine Gruppen bis 10 Personen öffentliche Stadtführungen statt, Di und So um 10 Uhr ab Tourist-Information. Infos über Stadt-Erlebnis-Führung mit Kostüm unter 🌐 www.werratal-tourismus.de.

▸ Altstadt

Die Innenstadt von Eschwege bietet noch ein geschlossenes historisches Straßenbild mit mehr als 1000 Fachwerkbauten, die größtenteils aus der Zeit nach dem Stadtbrand von 1637 stammen. Einige wenige sind älter. Man erkennt diese an der so genannten Wildemann-Konstruktion im Fachwerk, figürliche Verzierungen der Eckpfosten und die Verzierung der Füllhölzer mit geschnitzten Schiffskehlen.

▸ Marktplatz mit Rathauskomplex und Glockenspiel
Der Marktplatz bietet ein eindrucksvolles Bild geschlossener Fachwerkhausbebauung. An seiner Westseite steht das Alte Fachwerk-Rathaus mit Schnitzereien von 1650/60 sowie das angebaute Neue Rathaus von 1845. Zwischen beiden Gebäuden hängt das Eschweger Glockenspiel, das täglich verschiedene Melodien spielt.

▸ Marktkirche St. Dionys
Die ältesten Teile der Pfarrkirche der Altstadt, bis 1340 alleinige Stadtkirche, stammen vermutlich aus dem 9./10. Jh. Der Kirchturm stammt größtenteils aus dem 13. Jh., die gotische dreischiffige Halle und der Chor teilweise aus dem 15./16. Jh. 1637 wurde die Kirche zerstört und danach wieder neu aufgebaut. **Öffnungszeiten** täglich 10–18 Uhr.

▸ Schwarzer Turm
Das älteste Baudenkmal im Norden der Altstadt auf dem Cyriakus- oder Schulberg aus dem 12. Jh, ist auch als Karlsturm bekannt und der Rest des ehemaligen Kanonissenstifts St. Cyriakus, das von etwa 1000 bis 1527 bestand.

▸ Hochzeitshaus
Das vermutlich an der Stelle eines alten fränkischen Königshofes 1578 errichtete Hochzeitshaus (Vor dem Berge 3) diente für Hochzeitsfeiern, als Treffpunkt der Gilden und Zünfte und war vorübergehend auch Rathaus. Der zweigeschossige stattliche Bau mit Innenhof, jetzt Lichthof, vermittelt noch heute den herrschaftlichen Eindruck eines alten Profanbaus.

▸ Raiffeisenhaus
Das viergeschossige Fachwerkhaus von 1679 mit Krüppelwalmdach (Stad 44) diente als Wohnhaus eines Lohgerbermeisters und auch als Gasthof.

▸ Gasthaus Zur Krone
Das 1853 oder 1875 erbaute Fachwerkhaus (Stad 9) hat eine lange Tradition als Gasthof.

▸ Neustädter Kirche
Die St.-Katharinen-Kirche im Südteil der Altstadt ist eine spätgotische Hallenkirche, die von 1374 bis 1520 erbaut wurde. Der quadratische Westturm wird von einer neugotischen Turmspitze gekrönt. Im Inneren ist die Steinkanzel von 1509 sehenswert. **Öffnungszeiten** täglich 10–17 Uhr.

▸ Hospitalkapelle
Die Kapelle St. Elisabeth gegenüber der Tourist-Information ist der Rest des früheren Augustinerklosters, das von 1278 bis 1527 bestand.

▸ Nikolaiturm
Der Nikolaiturm (Nikolaiplatz 13), auch als Klausturm bekannt, war einst der Kirchturm der nicht mehr vorhandenen Godehardi-Kirche. Der Turm geht auf 1455 zurück, die hölzerne Turmspitze wurde im Dreißigjährigen Krieg zerstört und 1733 wieder aufgebaut. 151 Stufen führen hinauf zum Laubengang mit einmaligem Blick über die Stadt. **Öffnungszeiten** März–Okt 10–18 Uhr.

▸ Dünzebacher Torturm
Zu den wenigen Resten der früheren Stadtmauer zählt auch der Dünzebacher Torturm vom 16. Jh. (Brühl). Er diente auch lange Zeit als städtisches Gefängnis. 1657 saß hier die letzte als Hexe angeklagte Frau ein.

▸ Landgrafenschloss
Das Schloss, heute Landratsamt, am Nordwestrand der Altstadt steht auf den Resten einer Burg von 1386. Der heutige Bau stammt weitgehend aus dem 16. bis 18. Jh. Im turmartigen Anbau des Gebäudes ist in der Dachlaterne eine Kunstuhr mit der Eschweger Symbolfigur, dem Dietemann, un-

tergebracht. Dieser tutet noch heute zu jeder vollen Stunde vom Schlossturm in sein Horn.

▸ Schäferhalle
Der Pavillon mit acht dorischen Säumen am Westabhang des großen Leuchtberges wurde 1913 erbaut. Die Halle wurde nach den Plänen das Stadtbaumeisters Großklaus zu Ehren von Gustav Schäfer errichtet.

▸ Stolpersteine des Künstlers Gunter Demnig
So genannte Stolpersteine vor dem letzten Wohnhaus früherer NS-Opfer erinnern an verschiedenen Stellen in der Stadt an eine schlimme Vergangenheit.

Museen

▸ Stadtmuseum Eschwege
Das Museum zeigt u. a. zahlreiche Funde zur Archäologie und Naturgeschichte.
Adresse: Vor dem Berge 14a, 37269 Eschwege, ✆ 05651/304281. **Öffnungszeiten:** April–Okt Di, Sa und So 14–17 Uhr.

▸ Eschweger Zinnfigurenkabinett
In der historischen Kemenate, von den Mönchen als heimliche Gemächer genutzt, befindet sich diese Ausstellung mit historischen Einzelfiguren und Dioramen zur Kulturgeschichte, zu Eschwege. Ein Großdiorama zeigt Eschwege 1637.
Adresse: Hospitalstr. 7, 37269 Eschwege, ✆ 05651/331986. **Öffnungszeiten:** Mi, Sa und So 14–17 Uhr.

▸ Eisenbahnmuseum
Das Museum der »Freunde der Eisenbahn« zeigt alte Bilder und Gegenstände aus dem Eisenbahnbetrieb.
Adresse: Pommertor 3, 37269 Eschwege, ✆ 05651/21301. **Öffnungszeiten:** März–Okt jeden zweiten und vierten So im Monat 9.30–11.30 Uhr.

Natur und Freizeit

▸ Wandern
Wanderer finden ein sehr gut markiertes Wegenetz von 12 Premium-Rundwanderwegen im Werra-Meißner-Kreis. Der Süden von Eschwege ist durch den Premium-Rundwanderweg P3 erschlossen, der u. a. zur Blauen Kuppe, auf den Lotzenkopf und über die Leuchtberge führt. Eschwege wird von den Weitwanderwegen Dietemannpfad und Werra-Burgen-Steig sowie dem Fernwanderweg E6 durchquert. Der Nordic-Walking-Park bietet drei unterschiedlich schwierige Routen über die Leuchtberge.

▸ Radfahren
Das Werratal ist ein Paradies für Radfahrer mit Rundtouren von 7 bis 95 km Länge oder Sie befahren Teilabschnitte des Werratal-Radweges, des Hessischen Fernradweges R5, des Herkules-Wartburg-Radweges oder des Rundkurses Werra-Fulda. Durch das Hügelland führt auch eine 38,6 km lange Mountainbike-Tour (Route 10).
Fahrrad- und E-Bikevermieter:
Fahrradhaus Mangold, Hinter der Mauer 2, 37269 Eschwege, ✆ 05651/754020, ✉ man.go@online.de, 🌐 www.dasfahrrad.de. **Öffnungszeiten:** Di–Fr 9–18 Uhr, Sa 9–13 Uhr.
Zweiradhaus Ebert, Forstgasse 2 a, 37269 Eschwege, ✆ 05651/50590, ✉ zweiradhaus-ebert@t-online.de.

▸ Bismarckturm
Der quadratische Bismarckturm steht auf dem Großen Leuchtberg (319 m), ist 26 m hoch und wurde 1903 zu Ehren des Fürsten Otto von Bismarck erbaut. Von seinem Rundgang aus bietet sich eine schöne Fernsicht.

▸ Blaue Kuppe
Im Süden am Weg zum Schlierbachwald liegt dieser erkaltete Vulkanschlot inmitten eines

Buntsandsteingebietes, der früher als Steinbruch genutzt wurde und heute unter Naturschutz steht. Es erwarten Sie eindrucksvolle Gesteinstürme und vom Rundgang aus eine herrliche Aussicht.

▸ Botanischer Garten

Im Süden wird die Altstadt durch den Botanischen Garten begrenzt. Hier verlief einst die Stadtmauer. Heute ist es ein Park für Jung und Alt mit botanischem Anspruch, wertvollen Bäumen, Blumenflächen, einer naturbezogenen Spiellandschaft und mehr.

▸ Sophiengarten

Der Sophiengarten (Vor dem Berge) steht in Verbindung mit dem nahen Sophienplatz und dem ehemaligen Kanonissenstift bzw. der Gründerin Sophia von Gandersheim. Der obere Teil des heutigen Gartens erinnert an einen Klostergarten mit Kräutern und Blumen.

Die Werra bei Eschwege

▸ Werratalsee

Unweit von der Altstadt entfernt, ist der Werratalsee mit einer Größe von etwa 100 ha eine Oase für Erholungssuchende und ein Eldorado für Wassersportler. Um den See führt ein 7 km langer Rad- und Fußweg. Badestrände mit Freizeitmöglichkeiten gibt es am Südufer bei Eschwege und am Ostufer.

▸ Espada Freizeitbad

Das Freizeitbad gliedert sich in ein Freibad mit vielen Extras, ein Hallenbad für den Winter und eine jahreszeitlich unabhängige Saunaanlage. Ganzjährig zugänglich sind auch die 80 m lange Rutsche mit Licht- und Soundeffekten, eine kleinere Kinderrutsche und der Kinder-Erlebnisbereich.
Adresse: Goldbachstr. 55, 37269 Eschwege, ✆ 05651/807-289, 🌐 www.espada.de.

▸ Schiffsfahrten

Auf dem Werratalsee unternimmt die Werranixe einstündige Rundfahrten.
Infos zu Abfahrtszeiten unter 🌐 www.werranixe.de.

▸ Ballonfahren

Ballonflüge vom Sport- und Bolzplatz in Oberdünzebach nach Vereinbarung.
Ballonclub Werra-Meißner Eschwege, Beate und Mario Neusüß, Hauptstr. 26, OT Oberdünzebach, 37269 Eschwege, ✆ 05651/5522, ✉ info@ballonclub-eschwege.de, 🌐 www.ballonclub-eschwege.de.

▸ Kanufahrten auf der Werra und auf dem Werratalsee

Kanurado Manfred Weick, Mangelgasse 30 a, 37269 Eschwege, ✆ 05651/2290515, ✉ kanurado@kanurado.de, 🌐 www.kanurado.de,
Ausleihstation Camp Seepark Werratal Ostufer in Schwebda.
Krumos Aktivreisen & Events, Torwiese 4–5, 37269 Eschwege, ✆ 05651/3356390, ✉ info@krumos.de, 🌐 www.krumos.de.

▸ Segelfliegen

Rundflüge mit Segelflugzeugen oder mit einem Motorsegler werden vom Eschweger Luftsportverein ab Segelflugplatz Eschwege angeboten.
Kontakt: ✆ 05651/13939, ✆ 05651/3811 oder ✆ 05651/3460, 🌐 www.elv-esw.de.

▸ Reiten und Kutschfahrten
Reit- und Fahrverein Eschwege, Postweg, 37269 Eschwege, ✆ 05651/76810, ✉ info@reitverein-eschwege.de, 🌐 www.reitverein-eschwege.de.
Birkenhof Eltmannshausen, Im Herlesgrund 1, OT Eltmannshausen, 37269 Eschwege, ✆ 05651/13140, ✉ birkenhof.henkelmann@t-online.de, 🌐 www.birkenhof-eltmannshausen.de. Planwagenfahrten für Einzelgäste und Gruppen.

Veranstaltungen und Feste

Eschwege bietet das ganze Jahr über Kulturveranstaltungen und Märkte. Veranstaltungstermine unter 🌐 www.werratal-tourismus.de. Einige größere Veranstaltungen werden nachfolgend genannt.
Das **Johannisfest** (Juni/Anfang Juli mit Altstadtfest am Fr) ist das traditionelle Heimatfest der Eschweger. Auf dem **Open Flair Festival** (Mitte Aug) treffen sich auf dem Festplatz Werdchen Pop- und Rockbands, ergänzt um ein abwechslungsreiches Rahmenprogramm. Auf dem **Wurschtfest** (Mitte Sep) dreht sich alles um die »Ahle Wurscht«, eine nordhessische Spezialität. Dazu gehören aber auch Live-Musik und Attraktionen für Kinder. Während der **Puppenfesttage** und dem **Bärenhöhlenfest** Anfang Nov präsentieren internationale Künstler ihre Puppen und Teddys, ergänzt um weitere Attraktionen, z. B. einen Markt.

Espenau

(Landkreis Kassel)

Espenau ist eine Wohngemeinde nördlich von Kassel mit einem umfangreichen Sport-, Kultur- und Freizeitangebot durch die örtlichen Vereine. In den vier Ortsteilen leben rund 4900 Menschen. Der Gemeindename leitet sich von dem Bach »Espe« ab, einem Zufluss der Fulda. Über 400 Jahre wurden hier Eisen- und Manganerze abgebaut, woran heute noch einige Hinweistafeln an ehemaligen Grubenfeldern und Stollen erinnern.

🌐 **www.espenau.de** *i*

Sehenswertes

▸ Wehrkirche Hohenkirchen
Auf einem Basaltkegel gelegen, einst eine heidnische Kultstätte, liegt weithin sichtbar die alte Wehrkirche aus dem 12. Jh. von Hohenkirchen.

Museen

▸ Heimatmuseum
Es zeigt alte Gegenstände aus Haus und Haushalt, Werkzeuge alter Handwerksberufe sowie Gerätschaften vom Bauernhof aus früheren Zeiten.
Adresse: Am Kirchberg 4, 34314 Espenau.
Kontakt: Siegfried Lange, ✆ 05673/7916.
Öffnungszeiten: Jeden ersten So im Monat 14.30–17.30 Uhr oder nach vorheriger Absprache.

Natur und Freizeit

▸ Wandern
Durch Espenau verläuft der Märchenlandweg.

Veranstaltungen und Feste

▸ Amateurbühne Espenau 82
Die Laienspielgruppe tritt an unterschiedlichen Spielstätten auf und führt jedes Jahr ein bis drei unterhaltsame Theaterstücke für Erwachsene oder Kinder auf.
Kontakt: Frank Matscheko, Mönchehofer Str. 53, 34314 Espenau, ✆ 05673/912768,

✉ f.matscheko@freenet.de, 🌐 www.amateurbuehne-espenau.de.

Felsberg

C3

(Schwalm-Eder-Kreis)

Im Jahr 1286 wurde Felsberg erstmals als Stadt genannt. Heute bildet Felsberg zusammen mit Gensungen das Zentrum der Stadtgemeinde. Felsberg umfasst insgesamt 16 Stadtteile mit etwa 10 600 Einwohnern. Die Stadt wird auch Drei-Burgen-Stadt genannt, denn auf ihrem Gebiet liegen die Ruinen der Felsburg im historischen Felsberg, der Altenburg im gleichnamigen Stadtteil und der Burg Heiligenberg oberhalb von Gensungen.

🌐 **www.felsberg.de**

Sehenswertes

▸ Altstadt Felsberg

In der mittelalterlichen Altstadt von Felsberg finden sich noch viele alte Fachwerkhäuser, idyllische Plätze und mehr. Noch heute wird dieser Stadtkern auf einer Länge von etwa 830 m von einer Stadtmauer umgeben.

▸ Felsburg

Das Wahrzeichen, die Burgruine Felsburg, thront auf einem etwa 200 m hohen schroffen Basaltfelsen über der Altstadt und ist bereits aus weiter Ferne erkennbar. Die ältesten Teile der Felsburg gehen auf das 11. Jh. zurück. Erhalten sind noch die Ringmauer mit Burgkapelle und der Bergfried. Der 1338 errichtete Turm wird im Volksmund auch als »Butterfass« bezeichnet und ist mit 30 m Höhe einer der höchsten Burgtürme Hessens.

Informationen: Burgverein Felsberg 1885, Heinrich Maifarth, Obertor 12, 34587 Felsberg, ✆ 05662/6121, ✉ heiner.maifarth@gmx.de, 🌐 www.burgverein-felsberg.de.

Öffnungszeiten: Oster-So–Ende Okt So 13–17 Uhr.

Blick auf Felsberg

▸ Burg Heiligenberg

Östlich von Gensungen liegt auf 393 m Höhe die Burg Heiligenberg. Sie wurde 1180–86 erbaut und diente als Vorposten des erzbischöflichen Territoriums. Der zum Teil wieder aufgebaute Bergfried der heutigen Ruine ist frei zugänglich und ermöglicht einen herrlichen Rundblick.

▸ Nikolaikirche Felsberg

Nach einem Brand im Jahr 1640 wurde die heutige Kirche am Marktplatz wieder neu aufgebaut und mehrfach umgestaltet. Vorgängerbauten datieren jedoch aus den Jahren 808 und 1320. Die älteste Glocke stammt von 1532.

▸ Jakobskapelle Felsberg

Die turmlose und heute gotische Kapelle an der Lohrer Straße wurde um 1230 erbaut, ist das älteste erhaltene Gebäude der Stadt und dient heute als Friedhofskapelle.

Museen

▸ Museum Gensungen
Das Museum befindet sich in einem Hauptgebäude mit angrenzendem Museumshof, der von einem Backhaus, einem Laubengang und der Museumsscheune umrahmt wird. Hinzu kommt noch ein altes Tagelöhnerhaus. Die Ausstellung zeigt Exponate zur Vor- und Frühgeschichte aus dem Altkreis Melsungen sowie zum Kloster Eppenberg-Kartause und zur Geschichte der Burgen in Felsberg.
Adresse: Bahnhofstr. 12, OT Gensungen, 34587 Felsberg. **Kontakt:** ✆ 05662/3344, ✆ 05683/7792 oder ✆ 05662/1573. **Öffnungszeiten:** Apr–Nov Sa und So 15–17 Uhr.

▸ Bienenkundezentrum Alte Kartause
Das zwischen Gensungen und Heßlar gelegene Museum im Torhaus des ehemaligen Klosters gibt Informationen zur Imkerei, zum Leben und Nutzen der Honigbiene und vermittelt eine kleine Honigkunde. Durch den alten Klostergarten verläuft ein Bienenlehrpfad.
Kontakt: Herbert Hohmann, Emstalstr. 38, 34587 Felsberg, ✆ 05662/809693. **Öffnungszeiten:** nach vorheriger Vereinbarung.

▸ Heimatmuseum Heßlar
Das Museum umfasst eine volkskundliche Sammlung, alte Gerätschaften der Handwerker sowie zum Brauchtum und Trachten ab dem 18. Jh.
Adresse: Gänsemarkt 7, OT Heßlar, 34587 Felsberg. **Öffnungszeiten:** Nach Vereinbarung über Klaus Winter, Zum Steinfeld 1, OT Heßlar, 34587 Felsberg, ✆ 05662/4628.

▸ Heimatstuben Wolfershausen
Die Ausstellung zeigt u. a. alte Trachten und Haushaltsgeräte, handwerkliche Gerätschaften aus dem 18. Jh., eine Schusterwerkstatt und Erinnerungsstücke von Heimatvertriebenen.
Adresse: Wäschepfad 27, OT Wolfershausen, 34587 Felsberg. **Öffnungszeiten:** April–Okt an jedem ersten So im Monat 14–16 Uhr oder nach Vereinbarung über Herbert Schützenmeister, Birkenstr. 6, OT Wolfershausen, 34587 Felsberg, ✆ 05665/800601.

Natur und Freizeit

▸ Wandern und Radfahren
Felsberg bietet in der näheren Umgebung etwa 150 km markierte Wanderwege, verschiedene Fernwanderrouten, 50 km Radwege sowie 14 km Wasserwanderwege und ist somit ein idealer Ausgangspunkt für Ausflüge in die unberührte Natur. Weitere Infos erhält man im Bürgerbüro.

▸ Böddiger Berg
Zwischen Böddiger und Neuenbrunslar liegt der nördlichste Weinberg Hessens. Das 2 ha große Terrain wird von einem Förderverein bewirtschaftet. Jedes Jahr auf dem Marktplatz- und Weinfest, das meist im Juni stattfindet, wird die Felsberger Weinkönigin gekürt.

▸ Riesenstein Wolfershausen
Auf einer Anhöhe am Rand von Wolfershausen liegt die Quarzitplatte mit einem stattlichen Gewicht von etwa 1500 Zentnern. Um den erstmals 1615 erwähnten Stein ranken sich verschiedene Sagen.

▸ Ernst-Schaake-Bad Felsberg (Freibad)
Adresse: Untere Birkenallee 27, Ernst-Schaake-Platz, 34587 Felsberg, ✆ 05662/400994, ✉ freibad@felsberg.de.

▸ Kanuverleih
Die Eder ist ein beliebtes Revier für Kanuten. Boote können von Abfahrtsstellen in Felsberg angemietet werden bei folgenden Firmen:

Kanu Touristik Mitte, Schöneberger Str. 1, 37085 Göttingen, ✆ 0551/7909191, ✉ service@kanutouristik-mitte.de, 🌐 www.kanutouristik-mitte.de.
Erlebnistouren Odenhardt, s. u. Edertal.

▸ Kletterwand

Die Kletterwand in der Kleinen Turnhalle kann nach vorheriger Anmeldung mit oder ohne Betreuung genutzt werden.
Adresse: Untere Birkenallee 23, 34587 Felsberg. **Kontakt:** Stadtjugendpflege, ✆ 05662/400467.

▸ Reiten und Kutschfahrten

Reithalle 4 You Quarter Horses, Zur Reithalle 2, 34587 Felsberg, ✆ 05662/931693, ✉ horses4you1@msn.com.
Forstmühle Niedervorschütz, Zur Forstmühle 1, OT Niedervorschütz, 34587 Felsberg, ✆ 0163/1452239.
Reiten am Sunderbach, Müllergasse 1, 34587 Felsberg, ✆ 0175/6389453 (Jürgen Schmekel).

Veranstaltungen und Feste

Über 100 Vereine bieten Einwohnern und Gästen zahlreiche Freizeitaktivitäten und veranstalten z. B. **Oster- und Sonnenwendfeuer, Maifeiern, Weihnachtsmärkte** oder auch ein **Marktplatz- und Weinfest.** Außerdem finden in regelmäßigen Abständen Kleinkunst- und Kabarettveranstaltungen sowie Theateraufführungen statt.

Blick über Frankenau

Frankenau

B3

(Landkreis Waldeck-Frankenberg)

Die Stadtgemeinde besteht aus der Kernstadt und fünf weiteren Ortsteilen mit insgesamt rund 3400 Einwohnern. Sie liegt an der Westseite des Naturparks Kellerwald-Edersee und am Südrand des gleichnamigen Nationalparks nordöstlich von Frankenberg. Urkundlich wurde Frankenau erstmals 1266 als Stadt erwähnt, ist vermutlich aber älter.

Magistrat der Stadt Frankenau
Ehlingshäuser Straße 1, 35110 Frankenau
🌐 www.frankenau.de

Sehenswertes

▸ Kirche Frankenau

Die heutige Kirche schmückt in ihrer Pracht die Stadtmitte und wurde nach dem großen Stadtbrand im neugotischen Stil erbaut und 1878 eingeweiht.

▸ Informationszentrum KellerwaldUhr

Das Informationszentrum für Waldgeschichte, Waldökologie und Kulturlandschaft informiert in moderner Form zu den einzelnen Themen. Außerdem geben Nationalpark-Ranger Auskünfte. Es werden auch Veranstaltungen und Exkursionen angeboten.
Adresse: Am Sternberg, 35110 Frankenau, ✆ 06455/759541. **Öffnungszeiten:** April–Okt täglich 10–17 Uhr, Nov–März Mi, Sa und So 10–17 Uhr.

▸ Quernstkapelle

Am Weg von Frebershausen nach Altenlotheim liegen auf 535 m Höhe sowohl die Ruine der alten Quernstkirche, ein altes Pilgerziel wie auch die neue Quernstkapelle, inmitten der Natur, ein Ort der Stille und Besinnung.

Altes Backhaus Allendorf am Hardtberg
Einst nutzten die Bürger Allendorfs das Alte Backhaus gemeinsam zum Backen von Broten, Kuchen und mehr. Heute kann man hier die alte Backkunst erlernen oder das Backhaus auch mieten. Alle zwei Jahre findet zudem ein Backhausfest statt.
Informationen: 06455/517 (Dirk Michel) oder 06455/8269 (Walter Mütze).

Museen

Heimatmuseum Allendorf am Hardtberg
In der umgebauten Ulrichsscheune bietet das Museum allen Interessierten einen Überblick über die Geschichte dieses Stadtteils. **Öffnungszeiten:** Nach Vereinbarung, 06455/7248 (Willi Berg) oder 06455/8269 (Walter Mütze).

Hülsenbeckmuseum Frankenau
Der hier geborene Schriftsteller und Psychoanalytiker Richard Hülsenbeck wurde als Mitbegründer des Dadaismus im Jahre 1916 weltberühmt. Die heutige Sammlung erinnert an seine Lebens- und Wirkungsgeschichte und seine Bedeutung für den Dadaismus, der Aufstandsbewegung von schöpferischen Menschen gegen Vermassung und Mechanisierung.
Adresse: Alte Apotheke, Lindenstr. 16, 35110 Frankenau. **Öffnungszeiten:** Nach Vereinbarung, 06455/8595 (Gerhard Keute).

Museum Schulscheune Louisendorf
Louisendorf geht auf französische Glaubensflüchtlinge zurück, die hier ihre Fachwerkhäuser nach hessischen Plänen errichteten. Nur die Schulscheune aus Feldlesesteinen könnte auch in Frankreich stehen, dient als heimatkundliches Museum und auch als Standesamt.
Öffnungszeiten: Nach Vereinbarung über die Interessengemeinschaft Schulscheune, 06455/8227.

Natur und Freizeit

Wandern
Die Umgebung Frankenaus ist ein Paradies für Wanderer. Neben diversen örtlichen Rundwanderwegen und Lehrpfaden können auch verschiedene Fernwanderwege begangen werden. Von Frankenau aus starten außerdem drei Nordic-Walking-Strecken.

Radfahren
Auch Radfahrer finden in der Umgebung von Frankenau zahlreiche Radrouten in abwechslungsreicher Mittelgebirgslandschaft.
Fahrradverleih: Radsport Mehring, Am Knappe 14, Altenlotheim, 35110 Frankenau, 06455/759628.
Ferienpark Frankenau, s. u. Lagunenbad.

Goethe-Anlage
Der wohl kleinste Park Hessens liegt am Ortsausgang von Frankenau Richtung Löhlbach und wurde 1949 zum 200-jährigen Gedenken an Johann Wolfgang von Goethe angelegt.

Lagunenbad im Ferienpark
Das Bad bietet Hallenschwimmbad, Sauna, Solarium und Sportmöglichkeiten.
Adresse: Ferienpark Am Sternberg Frankenau, Am Sternberg 1, 35110 Frankenau, 06455/919-0, info@ferienpark-frankenau.de, www.ferienpark-frankenau.de.

Reiten und Kutschfahrten
Fuhrhalterei Ralf Finke, Arche-Hof Kellerwald, 35110 Frankenau, 0172/3590807, planwagenfahrt-finke@web.de, www.arche-hof-kellerwald.de.

Wintersport
Bei guten Schneeverhältnissen werden in der Umgebung von Frankenau einige Loipen gespurt.

Frankenberg (Eder) A3

(Landkreis Waldeck-Frankenberg)

Die Kleinstadt ist ein wirtschaftliches Mittelzentrum und war bis 1973 Sitz des gleichnamigen Kreises. Sie zählt heute neben der Kernstadt zwölf weitere Stadtteile, in denen insgesamt 18 900 Menschen leben. Der Berg, auf dem sie errichtet wurde, spielte aufgrund seiner strategischen Lage an einer Furt über die Eder schon früh eine wichtige Rolle. Die heutige Stadt wurde 1233/34 auf Veranlassung von Landgraf Konrad von Thüringen erbaut.

Tourist-Information Frankenberg
Stadthaus, Obermarkt 7–13
35066 Frankenberg (Eder)
☎ 06451/505-0
Fax 06451/505-100
✉ info@frankenberg.de
www.frankenberg.de

Ederbergland Touristik (Informationen für Frankenberg und umliegende Orte)
Untermarkt 12
35066 Frankenberg (Eder)
☎ 06451/717672
Fax 06451/717674
✉ info@ederbergland-touristik.de
www.ederbergland-touristik.de

Sehenswertes

▸ Stadtführungen
Für Einzelgäste werden von März bis Okt jeden Sa um 10.30 Uhr vom historischen Rathaus 1,5 Std. dauernde Stadtführungen kostenlos angeboten.
Für Gruppen können jederzeit Termine vereinbart werden, ☎ 06451/505-113, ✉ krumpholz.astrid@frankenberg.de.

Dieses Fachwerkhaus in Frankenberg entstand um 1730.

▸ Historische Innenstadt
Sowohl in der Alt- wie auch in der Neustadt sind zahlreiche Häuser des 16. bis 19. Jhs. erhalten geblieben. Erwähnenswert sind u. a. die Häusergruppe Pferdemarkt 10–16, Geismarer Str. 3 (Fachwerkhaus aus dem 16. Jh.), Neue Gasse 5 (Fachwerkbau aus der Zeit um 1500), Neustädter Str. 35 (dreigeschossiges Giebelhaus des 17. Jhs.), Steingasse 17 (eines der ältesten Fachwerkgebäude der Stadt) und Ritterstr. 6–8 (mit einem Gebäude, das um 1520 errichtet wurde). Von der mittelalterlichen Stadtbefestigung bestehen nur noch geringe Reste sowie als letzter von ursprünglich 20 Wehrtürmen der Hexenturm mit 3 m dicken Mauern aus dem 13. Jh.

▸ Liebfrauenkirche
Überragt wird die Stadt von der Liebfrauenkirche, die in ihren ältesten Teilen auf 1286 zurückgeht und um 1380 fertig gestellt wurde. 1476 brannte sie vollkommen aus, wurde

wieder instand gesetzt und das Gewölbe mit gotischer Rankenmalerei ausgeschmückt. Ein spätgotisches Schmuckstück ist die angebaute Marienkapelle.

▸ Ehemalige Spitalkirche

Der einschiffige Kirchenbau mit Holzgewölbe von 1865 geht auf 1513–15 zurück. Im Inneren befindet sich noch eine alte Kanzel vom 17. Jh.

▸ Historisches Rathaus

Das spätgotische Rathaus zwischen Ober- und Untermarkt hatte zwei Vorgängerbauten, wurde 1509–14 errichtet und gilt als eines der schönsten Fachwerkrathäuser überhaupt. Die zehn Erker-Türme repräsentieren die damals ortsansässigen Zünfte. Im Erdgeschoss befindet sich eine eindrucksvolle Rathaushalle, die heute neben Empfängen und anderen Veranstaltungen samstags für den Wochenmarkt genutzt wird. Im Obergeschoss an der Nordseite befindet sich ein mit wertvollen Möbeln ausgestattetes Trauzimmer. Das Glockenspiel von 1999 ertönt täglich um 11.45 Uhr und 15.45 Uhr.

▸ Steinhaus

Das Steinhaus (Pferdemarkt 20) wurde vermutlich um 1240 errichtet, urkundlich erstmals 1319 erwähnt und ist das älteste Gebäude der Stadt, welches den Brand von 1476 weitgehend unbeschädigt überstand. Danach erfolgte eine Umgestaltung der Fassade im Stil der Renaissance. Es wird heute als Stadtbücherei genutzt.

Museen

▸ Kreisheimatmuseum im ehemaligen Kloster St. Georgensberg

Das ehemalige Zisterzienserinnenkloster erlebte mehrere Bauphasen von 1249 bis ins 17. Jh. Am eindrucksvollsten ist zweifelsohne der Nordflügel, an dessen Ostseite sich die spätromanische Klosterkapelle St. Mauritus befindet. Heute sind hier Kreisämter und das Museum. Die Sammlung zeigt u. a. Volkskundliches aus dem Frankenberger Raum, Gegenstände aus der Liebfrauenkirche sowie Arbeiten von Philipp Soldan, einheimischer Holzschnitzer, Steinbildhauer und Meister der Ofenplatte.

Adresse: Bahnhofstr. 8–10, 35066 Frankenberg (Eder), ✆ 06451/743-672, ✉ museum@landkreis-waldeck.de. **Öffnungszeiten:** Di + Fr 10–12 Uhr, Mi 15–17 Uhr und So 13–17 Uhr.

Das Rathaus von Frankenberg

▸ Thonet-Museum

Die Firma Thonet gilt weltweit als Pionier des Möbeldesigns. Ab 1819 produzierte man Bugholzmöbel, in den 1930er Jahren kamen Stahlrohrmöbel hinzu. Heute fertigt die Firma neben diesen Klassikern auch neue Produkte an. Das Museum zeigt die Entwicklungsgeschichte der Firma mit ihren Höhen und Tiefen.

Adresse: Michael-Thonet-Str. 1, 35066 Frankenberg (Eder), ✆ 06451/508-119, 🌐 www.

thonet.de. **Öffnungszeiten:** Fr 14–17 Uhr sowie jeden ersten Sa im Monat 14.30–16.30 Uhr.

Dampfmaschinenmuseum
Im Museum befinden sich unterschiedliche dampfbetriebene Maschinen, darunter die größte Dampfmaschine ihrer Art in Deutschland. **Adresse:** Unternehmenspark Nord, Otto-Stoelcker-Str., 35066 Frankenberg (Eder), www.dampfmaschinenmuseum-frankenberg.de. **Öffnungszeiten:** Nur nach Vereinbarung, 06451/713203.

Die Neustädter Straße ist die Fußgängerzone von Frankenberg.

Natur und Freizeit

Wandern und Radfahren
Frankenberg und die Umgebung bieten ein riesiges markiertes Wanderwegenetz. Sie können wählen unter fünf örtlichen Rundwegen und zahlreichen ausgezeichneten Premiumwanderwegen. Für Nordic-Walking-Freunde gibt es vom Parkplatz am Schwedensteinweg drei Strecken von unterschiedlicher Länge durch den Stadtwald. Die Stadt liegt an den hessischen Fernradwegen R6 und R8 sowie am Eder-Radweg.

Wildpark Frankenberg
Der im Stadtwald gelegene Wildpark, ein beliebtes Ausflugsziel, ist die Heimat von etwa 70 Tieren, die sich auf 10 verschiedene Arten verteilen. Ein erhöhter Aussichtspunkt erlaubt eine Sicht über das Gelände. Jeden Tag gibt es um 14 Uhr eine Schaufütterung. **Adresse:** Wildparkweg, 35066 Frankenberg (Eder). **Öffnungszeiten:** Ganzjährig frei zugänglich.

Baden
Ederberglandbad
Das Bad umfasst Hallen- und Freibad, ferner einen Saunabereich mit Solarium und den Fitnesspark Charisma. **Adresse:** Teichweg 17-19, 35066 Frankenberg (Eder), 06451/7550, www.wfr-frankenberg.de.
Freibad Rengershausen, In der Aue 8, OT Rengershausen, 35066 Frankenberg (Eder), 02984/2846.

Reiten
Reit- und Fahrverein Frankenberg, Röddenauer Str. 29, 35066 Frankenberg (Eder), 06451/9278.

Veranstaltungen und Feste

Der Kulturring veranstaltet das ganze Jahr über Theatervorstellungen, Kabarett und Konzerte in der Ederberglandhalle. Daneben gibt es etliche, immer wiederkehrende Veranstaltungen, so beispielsweise Stadtfeste im Mai und Herbst. Eines der größten Volksfeste Nordhessens ist der **Pfingstmarkt** (Fr vor bis Di nach Pfingsten) auf dem Festplatz Wehrheide mit Tausenden von Besuchern. Beliebt ist auch das **Park- und Lichterfest** (letzter Aug-So in ungeraden Jahren) in den Teichanlagen mit Musik, folkloristischen Veranstalungen und Höhenfeuerwerk.

Friedewald (Hessen) D4

(Landkreis Hersfeld-Rotenburg)

Die Gemeinde liegt zwischen dem Seulingswald im Norden und der Kuppenrhön im Süden und grenzt im Westen direkt an Bad Hersfeld. In den insgesamt vier Ortsteilen leben knapp 2500 Einwohner. Friedewald wurde erstmals 1312 erwähnt.

Tourist-Infomation Waldhessisches Werratal, s. u. Heringen
www.gemeinde-friedewald.de

Sehenswertes

Wasserburg bzw. Schloss Friedewald
Eine Abtsburg gab es hier vermutlich schon im 11. oder 12. Jh. Später nutzten die hessischen Landgrafen die Burg als Verwaltungssitz und Jagdschloss. Die Wasserburg wurde dann im Siebenjährigen Krieg 1762 teilweise zerstört und ist heute mit ihren vier Wehrtürmen aus Sandstein eine eindrucksvolle Ruine. Westlich vorgelagert entstanden ab 1580 die Schlossgebäude mit dem prächtigen Drei-Schalen-Brunnen von 1605. Im Südflügel befindet sich heute das Heimatmuseum, der West- und Nordflügel, teils ein Neubau, wird als Schloss-Hotel genutzt. Auch ein stilvolles Trauzimmer steht zur Verfügung.
Adresse: Schloss Friedewald Verwaltung, Schlossplatz 2, 36289 Friedewald, 06674/729. **Öffnungszeiten:** März–Okt Di–So 9–12 Uhr und 15–17 Uhr.

Nadelöhr und Zollstock
An der Straße Friedewald–Hönebach liegt das Nadelöhr, ein Bogen, der aus drei Sandsteinen zusammengesetzt ist und wo im südlichen Giebel die Initialen »MLZH« für Moritz Landgraf zu Hessen sowie im nördlichen »Nadelöhr 1561« eingemeißelt sind. 3 km weiter steht der Zollstock mit Steinmal, eine alte hessische Zollstätte an der mittelalterlichen Grenze zwischen Hessen, Thüringen und dem Grabfeld.

Blick auf die Kuppenrhön bei Friedewald

Museen

Heimatmuseum
Das Museum widmet sich den Themen Landwirtschaft, Wohnen und Bräuche in früherer Zeit sowie dem Abbau der Kalisalze und der Weiterveredlung zu Kalidünger.
Adresse: Am Schlossplatz 2, 36289 Friedewald, Kontakt 06674/8459, www.museum-friedewald.de. **Öffnungszeiten:** März–Okt Di–So 13–17 Uhr.

Natur und Freizeit

Wandern
Die Umgebung ist durch etliche Wanderwege erschlossen. Durch die Gemeinde führt auch der Fernwanderweg E6. Erwähnenswert ist auch der Panorama-Rundwanderweg, der durch das Naturschutzgebiet Dreienberg führt und auch zur Ruine der Dryggenburg. Am Wanderweg zwischen Friedewald und Heimboldshausen liegen die Ruine der Walterskirche und der Dorfbrunnen der früheren Siedlung Waldradeberg. Westlich von Friedewald findet sich am Weg nach Kathus die Ruine der Gißlingskirche.

Frielendorf

C3

(Schwalm-Eder-Kreis)

Eingebettet in eine sanft hügelige Mittelgebirgslandschaft im nordwestlichen Vorland zum Knüllgebirge umfasst die Großgemeinde neben dem gleichnamigen, 1197 erstmals urkundlich erwähnten Hauptort 15 weitere ländliche Ortsteile mit insgesamt rund 8300 Einwohnern. Bis Ende der 1960er Jahre prägte der Braunkohlebergbau Frielendorf. Aus dem Tagebauloch entstand der beliebte Silbersee. Frielendorf ist heute ein staatlich anerkannter Luftkurort.

Verkehrsverein Frielendorf am Silbersee
Hauptstr. 51, 34621 Frielendorf
05684/7827
05684/7927
tourismus@frielendorf.de
www.frielendorf.de und
www.tourismus-frielendorf.de

Sehenswertes

Kirche St. Johannes Spieskappel
Die einstige Klosterkirche gehörte zum um 1143 gegründeten Prämonstratenser-Chorherrenstift Cappel. Die 1255 eingeweihte romanische Basilika birgt im Inneren eine reichverzierte Rokoko Orgel aus der Zeit um 1770.

Johanneskapelle Todenhausen
Nachfolger eines älteren Vorgängerbaus ist die Mitte des 19. Jhs. erbaute Johanneskapelle, ein wunderschöner Fachwerkbau mit einem als Glockenturm genutzten Dachreiter.

Spießturm
Der an der Kreisstraße von Spieskappel nach Obergrenzebach gelegene mittelalterliche Wartturm steht an einem Kreuzungspunkt alter Handelsstraßen zwischen Ober- und Niederhessen, an dem im 15. und 16. Jh. sogar hessische Landtage abgehalten wurden. Heute genießt man dagegen die beeindruckende Aussicht.

Museen

Museumsladen Frielendorf
Der alte Kolonialwarenladen erinnert an Großmutters Zeiten. Gleich nebenan kann man sich über früher ansässige Handwerksbetriebe und das Leben auf dem Land informieren. Schließlich erzählt eine Ausstellung die Geschichte des früheren Braunkohlebergbaus. In diesem auch als Kulturscheune bezeichneten Gebäude befinden sich auch der Verkehrsverein und die Gemeindebücherei.
Adresse: Hauptstr. 51, 34621 Frielendorf, weitere Infos über das Verkehrsbüro, siehe dort. **Öffnungszeiten:** Di und Do 15–17 Uhr, für Gruppen nach Vereinbarung.

Dorfmuseum Verna
Das kleine, aber sehr informative Dorfmuseum informiert über dörfliche Wohnkultur und handwerkliche Geräte des ländlichen Raums.
Adresse: Frankfurter Str. 41, Verna, 34621 Frielendorf. **Öffnungszeiten:** Auf Anfrage über die benachbarte Bücherei (geöffnet nur Di 17–18 Uhr) oder das Verkehrsbüro.

Natur und Freizeit

Wandern
In und um die Frielendorfer Ortsteile gibt es 168 km gut markierte Wanderwege, insbesondere 10 km am Silbersee. Dort verläuft vom Parkplatz aus auch ein Bergbau- und Natur-Lehrpfad, der über das frühere Braunkohlerevier und seine Rekultivierung informiert.

▸ Radfahren

Durch die Ortsteile führen die Radwege R14 und R15.

Fahrradverleih im Ferienwohnpark, Ferienwohnpark Silbersee, 34621 Frielendorf, ☎ 05684/7472, 🌐 www.ferienpark-silbersee.de.

▸ Silbersee

Der aus einem Tagebergbaugelände entstandene und von Wald umgebene, etwa 9 ha große See, eines der saubersten Gewässer Hessens, bietet im Sommer Badespaß pur sowie Tretbootfahrten.

▸ Wellness-Paradies am Silbersee

Direkt am Silbersee gelegen, bietet das Wellness-Paradies neben Schwimmbecken für Groß und Klein eine vielseitige Saunawelt mit Dampfbad, Soft-Sauna, finnischer Sauna sowie einer Panorama-Trockensauna inmitten des Silbersees. Im Wellnessbereich werden Gesichtsbehandlungen, Massagen u.v.m angeboten. Ein Bistro lockt mit ausgewogenen und gesunden Köstlichkeiten. **Adresse:** Silbersee 333, 34621 Frielendorf, ☎ 05684/92264-0, ✉ info@wellnessparadies-silbersee.de, 🌐 www.wellnessparadies-silbersee.de.

Wellness-Paradies bei Nacht

▸ Baden

Freibad Frielendorf, Am Triesch 30 (Sportplatz), 34621 Frielendorf, ☎ 05684/7749.

Freibad Großropperhausen, Schwimmbadstr., Großropperhausen, 34621 Frielendorf, ☎ 05684/7154.

▸ ☺ Frieloland

Die Kinderspielhalle bietet auf 2200 qm überdachter Fläche unzählige Highlights für die Kleinen: Trampolinanlagen, Hüpfburgen, Kartbahn, Ballschussanlage, Riesenklettergerüst, Kletterberg und Kletterwald, Minigolfanlage, Billardtische, Tischtennis, einen Kleinkinderspielbereich sowie eine Partyfläche für Kindergeburtstage und mehr.
Adresse: Silbersee 300, 34621 Frielendorf, ☎ 05684/1503, ✉ info@frieloland.de, 🌐 www.frieloland.de.
Öffnungszeiten: Di–Fr 14–19 Uhr; Sa, So, Feiertage 12–19 Uhr; in den hessischen Schulferien täglich 12–19 Uhr; Mo Ruhetag.

▸ Reiten

Familie Stiebeling, Frankfurter Str. 25, Verna, 34621 Frielendorf, ☎ 05684/8616.

▸ ☺ Silbersee-Bob mit Trampolin und Bootsverleih

Die moderne Allwetterrodelbahn bietet auf 750 m Abfahrt 9 Steilkurven, 5 Bögen, 2 Brücken und drei Sprünge. Die Geschwindigkeit regelt jeder Fahrer selbst. Außerdem werden für Fahrten auf dem Silbersee Boote vermietet. **Adresse:** Am Silbersee 1, 34621 Frielendorf, ☎ 05684/922999, Büro ☎ 06631/74932, ✉ kontakt@silbersee-bob.de, 🌐 www.silbersee-bob.de.

Veranstaltungen und Feste

Am Tag vor und an Himmelfahrt selbst findet alljährlich der **Himmelfahrtsmarkt** statt. Ende Juli/Anfang August gibt es den **Rotkäppchentag.** Anfang August findet das traditionelle **Sonnenwendfeuer** am See statt. Am **Silbersee-Triathlon** nehmen jährlich 150 Sportler teil.

Fritzlar

C3

(Schwalm-Eder-Kreis)

Die Gründung der Stadt steht im engen Zusammenhang mit dem Wirken des Heiligen Bonifatius, eines angelsächsischen Missionars. Bonifatius fällte 724 das Heiligtum der Chatten, eine ihrem Gott Donar geweihte Eiche, errichtete aus ihrem Holz eine Kirche und gründete ein Benediktinerkloster. Es entwickelte sich die Stadt Fritzlar, die durch die Lage an einem Kreuzungspunkt wichtiger Straßen und einer Kaiserpfalz zu einem bevorzugten Aufenthaltsort für die deutschen Könige und Kaiser in Hessen wurde. Seit 1867 ist Fritzlar Garnisonsstadt und bildet heute mit Kernstadt und zehn Stadtteilen ein Mittelzentrum, in dem rund 14 500 Menschen leben.

Touristinformation Fritzlar
Zwischen den Krämen
34560 Fritzlar
05622/988643
05622/988626
touristinfo@fritzlar.de
www.fritzlar.de

Sehenswertes

▸ Stadtführungen
Von Mitte März bis Ende Okt werden ab Rathaus ständig Stadtführungen für Einzelgäste angeboten, von Di bis Sa um 10.30 Uhr und So und feiertags um 11 Uhr, für Gruppen jederzeit nach Vereinbarung.

▸ Altstadt mit mittelalterlicher Stadtbefestigung
Die restaurierte Altstadt wird noch heute von einer 2,5 km langen Stadtmauer mit zahlreichen Türmen umgeben. Außerdem locken unzählige sehenswerte Fachwerkhäuser und ein vielseitiges Gastronomie- und Einkaufsangebot und natürlich das Wahrzeichen der Stadt, der St.-Peter-Dom. Am Busbahnhof – am Nordrand der Altstadt – stehen der Rosen- und der Grebenturm. Sie sind die ältesten Befestigungstürme in Hessen, nach der Zerstörung 1232 wurden sie wieder aufgebaut. Der 38 m hohe, hufeisenförmig erbaute, so genannte Graue Turm im Westen der Altstadt ist der größte erhaltene städtische Wehrturm Deutschlands. Er ist von April bis Okt von 9–12 Uhr und 15–17 Uhr geöffnet und beherbergt Ausstellungen u. a. zur Hexenverfolgung in Fritzlar. Er bietet einen wunderschönen Blick über die Stadt.

Der Graue Turm von Fritzlar

▸ Marktplatz mit Fachwerkhäusern und Rolandsbrunnen
Im Zentrum der Altstadt liegt der beeindruckende Marktplatz mit seinem einzigartigen geschlossenen Fachwerkensemble. Erwähnenswert sind u. a. das Haus der Michelsbruderschaft von 1480 (Marktplatz 4), eines

Der Marktplatz von Fritzlar von der Ostseite aus gesehen

der ältesten und interessantesten Fachwerkhäuser Fritzlars und aus der Häuserzeile auf der Nordseite das Haus Seibel (Marktplatz 22), ein beispielhafter Ständerbau des Spätmittelalters von 1580. Ein Beispiel für Steinbauten bietet das so genannte HNA-Haus von 1276 (Marktplatz 24). Es erhielt Ende des 17. Jhs. ab dem zweiten Obergeschoss den heutigen Fachwerkaufbau. Auf dem Marktplatz weithin sichtbar, der Rolandsbrunnen von 1564, Wahrzeichen der städtischen Gerichtsbarkeit.

▸ Dom St. Peter

Als bedeutendstes Bauwerk der Stadt gilt der im romanisch-gotischen Stil gebaute Dom. Eine erste Steinkirche ersetzte 732/33 den ursprünglichen Holzbau des Heiligen Bonifatius. Nach der Zerstörung Fritzlars im Jahr 1079 begann man ab 1085 mit dem Bau einer dreischiffigen, flach eingedeckten Basilika, eine der ersten Zweiturmkirchen nördlich des Mains überhaupt. Zum ältesten Teil gehören im Inneren die Krypten. Weltbekannt ist das große romanische Altar- und Vortragekreuz, auch Heinrichskreuz genannt. Viele Kunstgegenstände befinden sich heute in der Schatzkammer des Dommuseums, siehe dort. **Öffnungszeiten** des Doms: Mo–Fr 8–18 Uhr, Sa und So 9–19.30 Uhr.

▸ Rathaus

Gegenüber dem Dom steht das älteste Amtshaus Deutschlands. Ursprünglich als Verwaltungssitz des Erzbischofs von Mainz erbaut, wurde es erstmals 1109 urkundlich erwähnt und dient seit 1274 als Rathaus. Auf einem steinernen Untergeschoss mit teilweise erhaltenem romanischem Mauerwerk steht ein gotischer Fachwerkaufbau mit Giebel- und Ecktürmchen, der nach einem Brand Mitte des 15. Jhs. aufgesetzt wurde.

▸ Spitzenhäuschen

Das nördlich an das Rathaus angrenzende, um 1415 in Ständerbauweise errichtete

Blick auf den Fritzlarer Dom

Spitzenhäuschen gilt als ältestes Fachwerkgebäude der Stadt und wurde mehrfach umgebaut. Erwähnenswert sind die Deckenmalereien im ersten Obergeschoss. Heute findet man hier die Tourismus-Information und das Stadtarchiv.

Evangelische Stadtkirche

Die im Osten der Altstadt an der Gießener Straße gelegene heute evangelische Stadtkirche geht auf das Franziskanerkloster zurück, das mit Unterbrechung von 1237 bis 1804 in Fritzlar bestand. Errichtet wurde die anderthalbschiffige gotische Hallenkirche zu Beginn des 14. Jhs. Es folgten weitere Renovierungen und Umbauten nach Übergang in evangelisches Eigentum.
Öffnungszeiten: Sa 10.30–11.00 Uhr, So nach Gottesdienst bis 11 Uhr, ansonsten Schlüssel gegen Pfand in Jodlers Einkaufstübchen gegenüber der Kirche.

Katharinenkirche

Ein um 1145 gegründetes Armenhospital wurde rund hundert Jahre später in ein Augustinerinnenkloster umgewandelt. 1538 wurde das Kloster aufgelöst. Anfang des 18. Jhs. erwarben die Ursulinen die ehemalige Klosteranlage und erbauten 1713–19 ein neues Konventgebäude. In der Folgezeit diente sie wieder als Klosterkirche. Die Katharinenkirche ist nicht öffentlich zugänglich.

Kurie in der Fischgasse

In der Fischgasse steht eine vor 1410 erbaute Kurie, die ein bemerkenswertes Beispiel eines mittelalterlichen Steinhauses ist. Es ist das einzige von früher achtzehn Wohngebäuden der Stiftsherren, das in seinem ursprünglichen Zustand erhalten geblieben ist.

Warten

Rings um Fritzlar stehen in jeder Himmelsrichtung Türme aus der zweiten Hälfte des 14. Jhs., die einst der Überwachung der Straßen und der Vorfelder dienten. Ihre Eingänge waren nur über eine Leiter zu erreichen. Sie boten einen ersten Schutz bei Überfällen.

Schloss Garvensburg Züschen

Das Jagdschloss wurde Ende des 19. Jhs. erbaut. Reste einer ehemaligen Burg wurden integriert, Möblierung und Innenausstattung stilvoll ausgeführt. Dazu gehört auch eine 47 000 qm große Parkanlage mit romantischem Gartentempel. Heute wird das Schloss als Hotel mit Restaurant und als Sitz anderer Unternehmen genutzt.
Adresse: Obertor 13, Züschen, 34560 Fritzlar, 05622/798230, info@garvensburg.de, www.garvensburg.de.

Büraberg mit Brigidenkirche

Südwestlich von Fritzlar erhebt sich der Büraberg. Die auf dem höchsten Punkt stehende Kirche stand im Zentrum einer großen frühmittelalterlichen Befestigung. Konservierte Ausgrabungen und mehrere Hinweistafeln erläutern Geschichte und Bedeutung der Burg. Die Brigidenkirche zählt zu den ältesten Sakralbauten Deutschlands, denn ihre Grundmauern werden in die Mitte des 6. Jhs. datiert. Sie wurde mehrfach umgebaut, im Dreißigjährigen Krieg teilweise zerstört und 1692 wieder aufgebaut. Vom Büraberg hat man eine wunderschöne Aussicht.

Museen

Dommuseum

Im Dommuseum gibt es Gemälde, Skulpturen, liturgische Geräte und Zeugnisse der Stiftsgeschichte zu sehen. Besonders kostbar ist der Domschatz, u. a. mit Gold- und Silberarbeiten aus dem 11. bis 13. Jh., z. B. dem Kaiser-Heinrich-Kreuz. Im Lapidarium befinden sich noch mittelalterliche Grabsteine und Steinsärge, zurückgehend auf das 8. Jh. Öffnungszeiten können in der Touristinformation erfragt werden.

Regionalmuseum
Das Museum residiert in zwei historisch interessanten Fachwerkhäusern. Das Hochzeitshaus, ein dreigeschossiger Fachwerkbau von 1580–90, wurde auf dem steinernen Unterbau eines klösterlichen Wohn- und Wirtschaftsgebäudes errichtet und gilt als größtes Fachwerkhaus Nordhessens. Zum Museumskomplex gehört auch noch das benachbarte Patrizierhaus von 1520. Das Museum umfasst Sammlungen zur Vor- und Frühgeschichte von Gusseisenöfen und Dachziegeln. Daneben gibt es die Bereiche Stadtgeschichte, Keramik, Landwirtschaft und Mineralogie/Geologie.
Adresse: Am Hochzeitshaus 8, 34560 Fritzlar, ✆ 05622/798597, ✉ regionalmuseum-fritzlar@gmx.de, 🌐 www.regionalmuseum-fritzlar.de. **Öffnungszeiten:** Di–Sa 10–12 Uhr und 15–17 Uhr, Sa aber nur Mai–Okt, außerdem So 15–17 Uhr.

Natur und Freizeit

Wandern und Radfahren
Fritzlar ist ein beliebtes Etappenziel zahlreicher markierter Wander- und Radwege. Wanderer erreichen Fritzlar beispielsweise auf dem Barbarossaweg von Bad Wildungen aus kommend oder gelangen auf dem Kunstwanderweg Ars Natura nach Felsberg oder Bad Zwesten. Durch Fritzlar verlaufen u. a. der R4, R5, R10 (Ederauenweg) oder R21 (Chattengauweg). Radverleih s. u. Reiten.

Steinkammergrab Züschen
Nordöstlich von Züschen fand man Ende des 19. Jhs. ein so genanntes Steinkammergrab von 20 m Länge und 3,50 m Breite, aus dem 3. Jahrtausend v. Chr. und damit eines der bedeutendsten Bodendenkmäler Mitteleuropas, in dem Menschen samt Totenbeigaben bestattet wurden.

Eder-Auen-Erlebnis-Bad
Adresse: Pipprichsweg, 34560 Fritzlar, ✆ 05622/79829-0

Reiten, Planwagenfahrten und Radverleih
Reit- und Ferienhof Emstal, Jürgen Appel, In der Lücke 4, Wehren, 34560 Fritzlar, ✆ 05622/1724, ✉ timobettge@aol.com. Fuhrhalterei Döring, Gippes 6, 34590 Wabern, ✆ 05683/8312, 🌐 www.fuhrhalterei-doering.de.
Radverleih: Freizeittechnik H. Krug, Gießener Str. 46, 34560 Fritzlar, ✆ 05624/2395, 🌐 www.freizeittechnik-krug.de.

Veranstaltungen und Feste

Fritzlar bietet zahlreiche kulturelle Veranstaltungen. Hier eine Auswahl:

Scala Varieté
In einem historischen Gebäude bietet das Scala Varieté am Wochenende (Fr–So) ein abwechslungsreiches Programm, überwiegend Varieté, aber auch Comedy, Konzerte, Kabarett, Theater und ausgewählte Filme.
Adresse: Spitalsgasse 9, 34560 Fritzlar, ✆ 05622/790882, ✉ info@scala-variete.de, 🌐 www.scala-variete.de.

Weitere Veranstaltungen
Mit mehr als 500 Mitwirkenden und über 20 000 Besuchern ist der Fritzlarer Rosenmontagsumzug der größte in ganz Nordhessen. Der Pferdemarkt (zweites Juli-Wochenende) ist ein tradionelles Volksfest, bei dem es nicht nur um Pferde geht. Das Stadtfest (drittes Aug-Wochenende in ungeraden Jahren) bietet ebenfalls viel Abwechslung, auch für Kinder. Am gleichen Wochenende findet an geraden Jahren das Kaiserfest statt. Dann beherrschen Mittelaltermarkt, Ritter, Minnesänger und mehr die Stadt. Höhepunkt der Vorweihnachtszeit ist schließlich der Weihnachtsmarkt (erstes Dez-Wochenende).

Fuldabrück

C2

(Landkreis Kassel)

Fuldabrück schließt an die südöstliche Stadtgrenze von Kassel an und verfügt in verkehrsgünstiger Lage über ein ausgedehntes Gewerbegebiet, liegt aber auch in waldreicher Umgebung am Fuße der Söhre. In den vier Ortsteilen leben etwa 8600 Menschen. Sitz der Gemeinde ist Dörnhagen.

www.fuldabrueck.de

Sehenswertes

Kirche Dörnhagen
Der Kirchenbau stammt noch aus der Zeit vor der Reformation. Auf der Nordwestseite sind noch vermauerte Rundbogenfenster eines älteren romanischen Baus zu sehen. Im Inneren befindet sich ein restauriertes, reichlich verziertes Deckengemälde.

Natur und Freizeit

Wandern und Radfahren
Die waldreiche Umgebung ist durch viele markierte Wege erschlossen. Entlang der Fulda verläuft der Radfernweg R1.

Fuldatal

C2

(Landkreis Kassel)

Die Gemeinde liegt nordöstlich von Kassel und versteht sich als Tor zum Reinhardswald. Die Ortsteile Wahnhausen und Wilhelmshausen liegen direkt an der Fulda, die durch eine große Staustufe bei Wahnhausen zu einem langgestreckten und durch eine kleine bei Wilhelmshausen zu einem kleineren See aufgestaut wird. Gemeindesitz ist Ihringshausen. Die sechs Ortsteile zählen rund 11 800 Einwohner.

www.fuldatal.de

Sehenswertes

Marienbasilika Wilhelmshausen
Die um 1145 erbaute dreischiffige Kirche romanischen Ursprungs gehörte einst zum hier gegründeten Kloster, das bis 1554 bestand. Sie hat zahlreiche Umbauten und Renovierungen erlebt. Der heutige Glockenturm stammt erst vom Ende des 19. Jhs. Im Inneren findet man einen mittelalterlichen Reliefstein und einen achteckigen, figürlich verzierten Taufstein.

Volkssternwarte Rothwesten
Die Volkssternwarte liegt auf dem Häuschensberg auf der Spitze eines Aussichtsturms. Unter der Kuppel stehen drei Teleskope zur Verfügung.
Adresse: Angelika Spitzer, Brüder-Grimm-Str. 24, Rothwesten, 34233 Fuldatal, 05607/7712, info@volkssternwarte-rothwesten.de, www.volkssternwarte-rothwesten.de. **Öffnungszeiten:** Bei klarem Himmel jeden Sa-Abend, Führungen Nov–März um 20 Uhr, April sowie Sep und Okt um 21 Uhr.

Wassererlebnishaus Fuldatal
Das Wassererlebnishaus im idyllischen Rohrbachtal bietet in einem überschaubaren Naturraum eine Vielzahl von Lernorten mit unterschiedlichsten Erfahrungs- und Erlebnismöglichkeiten rund um das Lebenselement Wasser.
Adresse: Junghecksweg 9, Simmershausen, 34233 Fuldatal, 0561/9812346, info@wassererlebnishaus-fuldatal.de, www.wassererlebnishaus-fuldatal.de.
Öffnungszeiten: Ende März–Ende Nov mit

Ausnahme einer Sommerpause jeden Di von 14–17 Uhr Familiennachmittag und nach Voranmeldung.

Museen

Heimatmuseum Fuldatal
Neben einer großen volkskundlichen Abteilung gehören ein naturkundlicher und ein kleiner geologischer Bereich zum Museum, daneben mehrere Außenstellen. Dazu zählen die Historische Schmiede von 1891, in Wilhelmshausen die Obermühle von 1904 und die angrenzende Museumsscheune mit Gegenständen aus der bäuerlichen Geschichte.
Adresse: Haus der Vereine, Teichstr. 8, Simmershausen, 34233 Fuldatal, Historische Schmiede in der Karlstr., ferner die Obermühle und Museumsscheune Kötnerei 14, Wilhelmshausen, 34233 Fuldatal, www.gum-fuldatal.de. **Öffnungszeiten:** Heimatmuseum jeden ersten Di im Monat 17–19 Uhr und jeden zweiten So im Monat 14.30–17 Uhr oder nach Vereinbarung 05607/7069 (Willy Pötter), Historische Schmiede nach Vereinbarung 0561/812202 (Teofil Herrmann), Historische Obermühle mit Museumsscheune April–Okt jeden ersten So im Monat 14.30–17.30 Uhr oder nach Vereinbarung 0561/811704 (Fritz Betz).

Natur und Freizeit

Wandern und Radfahren
Durch die Gemeinde führen verschiedene markierte Wanderwege und der Fernradweg R1, der entlang der Fulda führt. Empfehlenswert ist u. a. der Eco-Pfad Knickhagen-Wilhelmshausen, der verschiedene kulturgeschichtliche Stätten verbindet. Eine weitere lehrreiche Route ist der Eco-Pfad »Siedlungsgeschichte in Fuldatal Simmershausen – Ein historischer Spaziergang zur Siedlungsgeschichte im dörflichen Raum«. Der Wanderweg X3 führt von Simmershausen bis nach Kassel.

Burg bei Knickhagen
An der Stelle des heutigen Friedhofs befand sich im Mittelalter eine Burg. Erhalten ist heute noch der Wall im Osten mit einem vorgelagerten Graben.

Waldschwimmbad Ihringshausen
Adresse: Weserstr. 40, Ihringshausen, 34233 Fuldatal, 0561/813248.

Gemünden (Wohra) B3

(Landkreis Waldeck-Frankenberg)

Die Kleinstadt wurde erstmals im 8. Jh. urkundlich erwähnt und bereits 1253 als Stadt genannt. Sie liegt zwischen dem Burgwald und dem Naturpark Kellerwald-Edersee. In der Kernstadt und den sechs ländlichen Stadtteilen leben rund 4300 Menschen.

www.gemuenden-wohra.de

Sehenswertes

Evangelische Stadtkirche
Vom Bau aus dem Jahre 1431 ist nur noch der Westturm erhalten, einer der höchsten Schiefer-Turmhelme Deutschlands. Das Kirchenschiff wurde von 1803 bis 1806 im Barockstil verändert. Von 2006–2009 wurde die Kirche umfassend saniert. Bei archäologischen Ausgrabungen wurden Grundmauern von vier Vorgängerkirchen gefunden. Die Älteste stammt aus dem 8. Jh. Artefakte aus der mittleren oder jüngeren Steinzeit (7000 v. Chr.) und der vorrömischen Eisenzeit (450 bis 100 v. Chr.) geben Hinweise auf frühe Ansiedlungen in Gemünden.

▸ Rathaus und Marktplatzbrunnen
Das mit zahlreichen Fenstern versehene Fachwerkrathaus (Marktstr. 10) stammt von 1823/24 und birgt im Inneren ein Gefängnisgewölbe von 1546. Erwähnenswert ist auch noch ein großer Brunnen auf dem Marktplatz, der »Kump«.

Das Rathaus von Gemünden

▸ Ältestes Haus
Im Steinweg 25 liegt ein Haus, das mit Baudatum von 1500 als das älteste Haus der Stadt angesehen werden kann.

Natur und Freizeit

▸ Wandern und Radfahren
In der näheren Umgebung lockt der 900 ha große Stadtwald und bietet Möglichkeiten zum Wandern, Joggen oder Radeln. Ein kulturhistorischer Rundgang führt zu den Sehenswürdigkeiten in der Kernstadt. Auf dem 2 km langen Erlebnispfad (Start/Ziel Alter Bahnhof 1/Auestraße 28, Parkmöglichkeiten) begegnen Sie Stationen zum Thema Natur, Geschichte, Spiel, Sport und Kunst – z. B. Beachvolleyball, Kräutergarten, Sinnesfelder, Wassertretbecken und vieles mehr. Südwestlich von Gemünden (Wohra) verläuft der Premiumwanderweg »Extratour Galgenberg« mit teils fantatischen Aussichten. Zahlreiche weitere Wege warten auf ihre Erkundung durch Wanderer oder Radfahrer.

▸ Freibad mit Wasserfall
Adresse: Auestr. 28, 35285 Gemünden (Wohra), 06453/1010.

Veranstaltungen und Feste

▸ Weihnachtsmarkt Gemünden
Jedes Jahr am 2. Adventswochenende findet in der Gemündener Altstadt ein Markt mit weihnachtlicher Atmosphäre statt. www.weihnachtsmarkt-gemuenden.de.

▸ Weitere Veranstaltungen
Karnevalsveranstaltungen, Musikalischer Frühschoppen am 1. Mai, Sonnenwendfeuer, Reitturnier.

Gilserberg

B3

(Schwalm-Eder-Kreis)

Als westlichste Gemeinde des Kreises liegt Gilserberg gleichzeitig am südlichen Ende des Naturparks Kellerwald-Edersee. In den elf ländlichen Ortsteilen der Großgemeinde leben rund 3300 Menschen. Der Sitz der Gemeinde Gilserberg wurde erstmals 1262 urkundlich erwähnt, die Gilserberger Ortsteile Appenhain bereits im Jahre 1196 und Itzenhain in 1197.

www.gilserberg.de

Sehenswertes

▸ Burgruine Schönstein
Südöstlich von Schönstein erhebt sich die gleichnamige Burgruine von 1331–50 als beliebtes Wanderziel. Ein steiler Wallgraben sichert sie ringsherum ab. Bis zu ihrer Zerstörung fanden hier Gerichtstage statt.

Die Burgruine Schönstein bietet eine schöne Kulisse für Rotkäppchen Maren und ihre Großmutter in traditionellen Trachten.

Museen

▸ Museumsscheune im OT Sebbeterode
Die Wiesmannscheune, ein altes Fachwerkhaus und früher ein Speicher, wird heute als Dorfmuseum genutzt mit Gegenständen aus Handwerk und Dorfgeschichte, alten Fotografien und einem historischen Klassenzimmer.
Öffnungszeiten: Nach Vereinbarung über die Gemeinde, Bahnhofstr. 40, 34630 Gilserberg, ✆ 06696/9619-16, ✉ anita.stremme@gilserberg.de, 🌐 www.gilserberg.de.

Natur und Freizeit

▸ Wandern und Radfahren
Die Umgebung ist ein Eldorado für Wanderer. Drei lokale Rundwege, bei denen man in Schönstein oder Schönau startet, führen im Rahmen der »Stätte-Tour« u. a. zur Burgruine Schönstein und zum Rommershäuser Hammer. Höchste Erhebung auf Gemeindegebiet ist der Jeust (585 m), der u. a. von Schönstein oder Moischeid aus erwandert werden kann.

▸ Kellerwaldturm auf dem Wüstegarten
Der Wüstegarten, mit 675 m die höchste Erhebung des Kellerwalds, ist von Schönstein aus leicht zu besteigen. Auf dem Gipfel steht ein Aussichtsturm mit Schutzhütte im Erdgeschoss, der eine weite Rundsicht ermöglicht. Beim Gipfel liegen die Überreste einer alten Ringwallanlage, etwas tiefer am Weg noch der Exhelmerstein.

▸ Freizeitanlagen
Kleinere Freibäder gibt es in Lischeid und Moischeid. Weiterhin stehen eine Sport- und Mehrzweckanlage, Sport- und Tennisplätze sowie Wassertretbecken zur Verfügung.

▸ Planwagen-Fahrten
Kontakt: Erwin Gruber, Schönsteiner Str. 10, Moischeid, 34630 Gilserberg, ✆ 06696/354.

Veranstaltungen und Feste

▸ Kellerwald-Bikemarathon
Dieses überregional bedeutsame Sportereignis findet jedes Jahr an einem So Mitte April statt.
Information unter: 🌐 www.kellerwald-bikemarathon.de.

Beim Kellerwald-Bikemarathon ist der Andrang der Biker groß.

Grebenstein

C1

(Landkreis Kassel)

Die erstmals 1311 erwähnte Stadt liegt westlich vom Reinhardswald und grenzt im Norden an Hofgeismar. Neben der Kernstadt gehören drei weitere ländliche Stadtteile mit insgesamt etwas über 6000 Einwohnern zur Gemeinde.

www.stadt-grebenstein.de

Sehenswertes

Historische Altstadt
Die zahlreichen historischen Fachwerkhäuser in der Altstadt sind im diemelsächsischen Stil erbaut, stammen aus der Wiederaufbauphase nach dem Dreißigjährigen Krieg und somit aus dem 17. und 18. Jh. Erwähnenswert sind u. a. das Haxthausenhaus, ein dreigeschossiger Fachwerkbau, ferner das um 1800 erbaute Hochzeitshaus (Untere Schnurstr. 2), das Hospital von 1786 (Friedrichsthaler Str. 12), der Kindergarten Haus 3 (Obere Strohstr. 9), und die Kulturwerkstatt (Hochzeitsberg 3).

Stadtbefestigung mit Türmen
Grebenstein ist heute noch fast ganz von einer Stadtmauer umgeben, zu der im Mittelalter dreizehn Wehrtürme mit Verliesen gehörten. Heute gibt es noch fünf davon, darunter der begehbare 40 m hohe Jungfernturm mit schöner Aussicht. Von Mitte Juni bis Mitte Sep werden hier Kinderkunstwerke ausgestellt.
Adresse: Jungfernturm, Marktstraße, 34393 Grebenstein. **Öffnungszeiten:** Mai–Okt Sa und So 14–15 Uhr sowie nach Vereinbarung 05674/4402 (S. Markt), 05674/6737 (H. Gebert) oder 05674/330 (P. Schmidt).

Evangelische Stadtkirche
Mit dem Bau der dreischiffigen gotischen Hallenkirche mit Kreuzrippengewölbe wurde um 1320 begonnen, er wurde aber erst Mitte des 15. Jhs. vollendet. Turm, Chor und Sakristei stammen vermutlich aus der Zeit um 1350, das Langhaus entstand wohl zwischen 1420 und 1450. Erwähnenswert aus dem Inneren sind u. a. Taufstein, Kanzel, Lesepult von 1638 und die Orgel von 1732–36.
Öffnungszeiten: April–Okt 8–18 Uhr, Nov–März 9–17 Uhr.

Die Altstadt von Grebenstein

Historisches Rathaus
Das ursprünglich gotische Rathaus (Am Markt 1) wurde im 17. Jh. erneuert und ist heute ein freistehender Steinbau mit Fachwerkobergeschoss und einem barocken Portal.

Burgruine
Im Süden liegt auf dem Burgberg die Ruine der Burg Grebenstein, die um 1265 erbaut wurde. Nach 1525 war die Burg nicht mehr bewohnt und wurde im Dreißigjährigen Krieg weitgehend zerstört. Von der Aussichtsplattform blickt man hinab zur historischen Altstadt und über den Reinhardswald.

‣ Staatsdomäne Burguffeln
Die ehemalige Staatsdomäne ist eine ehemalige Burg mit einer zum Teil erhaltenen gotischen Kirche. Sie wird heute zu Wohnzwecken genutzt. Hier tritt auch die Kleine Bühne 77 auf.

‣ Rittergut Schachten
Das heutige Herrenhaus geht auf das 19. Jh. zurück. Zum dazugehörigen Gutshof zählen das Wohnwirtschaftsgebäude aus dem 17. Jh., das Verwaltergebäude vom 19. Jh. und eine Scheune aus der Zeit um 1910.

‣ Kirche Udenhausen
Der 1735 im Stil des Frühbarocks errichtete dreischiffige Bau mit Holzgewölbe und zwei Portalen besitzt im Inneren eine Orgel von 1735/36.

Museen

‣ Ackerbürgermuseum
Im Haus Leck, einem Fachwerkbau von 1431 und einem der ältesten Fachwerkhäuser Nordhessens überhaupt, residiert das Museum. Es zeigt Exponate zu den Themen Wohnen und Arbeiten der Ackerbürger im 19. Jh. sowie zur Stadtgeschichte.
Adresse: Schachtener Str. 11 (Haus Leck) bzw. Schachtener Str. 4 (Alte Meierei), 34393 Grebenstein. **Öffnungszeiten:** Haus Leck Mitte Mai–Ende Sep So 15–17 Uhr, Alte Meierei Mitte Nov–Mitte März So 15–17 Uhr, für Gruppen nach Vereinbarung mit dem Museumsleiter Wolfgang Tölle, Riethweg 4, 34393 Grebenstein, ✆ 05674/1354, 🌐 www.toelle-grebenstein.privat.t-online.de.

Natur und Freizeit

‣ Wandern und Radfahren
Im Süden der Altstadt führen drei Denklehrpfade mit verschiedenen Stationen entlang der Esse und auf den Burgberg. Auch der Märchenland-Wanderweg führt durch Grebenstein. Auf Radfahrer warten etliche Feldwege, auf denen man auch Anschluss an die Hessischen Fernradwege bekommt.

‣ Freibad Sauertal
Adresse: Überm Sauertal, 34393 Grebenstein, ✆ 05674/6644.

Das Freibad Sauertal lockt bei schönem Wetter mit einer großen Wasserrutsche.

Veranstaltungen und Feste

‣ Grebensteiner Vieh- und Jahrmarkt
Dieses traditionsreiche Volksfest geht auf 1875 zurück. Es lockt am zweiten Wochenende im Juli mit vielen Attraktionen.
🌐 www.jahrmarkt-grebenstein.de.

‣ Kleine Bühne 77
Das weithin beliebte Amateurtheater führt im Laufe eines Jahres mehrere Stücke für Jung und Alt in der ehemaligen Staatsdomäne Burguffeln auf.
Adresse: Kleine Bühne 77, Schulstr. 2, Burguffeln, 34393 Grebenstein, ✆ 05674/5257, oder 4469, ✉ mail@KleineBühne77.de, 🌐 www.kleinebuehne77.de. **Kartenvorverkauf:** Stadtsparkasse Grebenstein oder Getränkeabholmarkt Müllner in Burguffeln.

Großalmerode

D2

(Werra-Meißner-Kreis)

Großalmerode wurde erstmals 1386 erwähnt, erhielt 1775 Stadtrechte und zählt heute neben der Kernstadt in sechs weiteren ländlichen Stadtteilen insgesamt rund 7 200 Einwohner. Inmitten des Naturparks Meißner-Kaufunger Wald im Gelstertal gelegen, erheben sich im Norden der Bilstein, mit 642 m die höchste Erhebung des Kaufunger Waldes und im Südosten der Meißner, der seinen höchsten Punkt mit 754 m erreicht.

Tourist-Information
Marktplatz 18
37247 Großalmerode
05604/9335-26/-56
05604/9335-47
touristinformation@grossalmerode.de
www.grossalmerode.de

Sehenswertes

▸ Evangelische Pfarrkirche
Die Anfänge der Kirche liegen im 16. Jh. Das heutige Langhaus wurde nach 1916 an den spätgotischen Kirchturm mit Chor angebaut. Die Kanzel im Inneren stammt noch von 1514.

▸ Kirche Trubenhausen
Die ursprünglich romanische Wehrkirche reicht bis in die Zeit um 1100 zurück, wurde 1597 erweitert und mit einem gotischen Westturm versehen.

Der Bilsteinturm in Großalmerode

Museen

▸ Glas- und Keramikmuseum
Das Museum vermittelt einen Eindruck von der hiesigen Industriegeschichte im Zusammenhang mit den Ton-, Sand- und Braunkohlevorkommen und berichtet auch aus der Alltagswelt der Bergleute. Die Galerie im Dachgeschoss zeigt Bilder des Heimatmalers Heinrich Pforr (1880–1970).
Adresse: Kleiner Kirchrain 3, 37247 Großalmerode. **Öffnungszeiten:** April–Okt So 14–17 Uhr, Führungen und zusätzliche Öffnungstermine nach Vereinbarung
u.h.harder@t-online.de.

Natur und Freizeit

▸ Wandern
Dem Wanderer steht ein rund 200 km langes markiertes Wegenetz zur Verfügung. Beliebt sind u. a. eine Kurztour ins idyllische Fahrbachtal mit der Ausflugsgaststätte Waldschlösschen, der Rundwanderweg G1 auf den Aussichtspunkt Hoher Kopf (539 m) und der Premiumwanderweg P8 von Weißenbach. Ferner eine Tour vorbei an den Exbergseen, die der Braunkohlebergbau hinterlassen hat, zur Exberghütte, die für ihre Hüttenabende bekannt ist.

▸ Bilsteinturm
Auf der Basaltkuppe des Bilsteins, der höchsten Erhebung des Kaufunger Waldes, liegt der gleichnamige Turm mit kleinem Gastronomiebetrieb von 1890/91. Prominenteste Besucherin war 1907 Königin Auguste Victoria. 1960 wurde der Steinturm

durch Stahlaufbau auf 20 m Turmhöhe aufgestockt. Von der Aussichtsplattform bietet sich ein einzigartiger Rundblick.
Öffnungszeiten: April–Okt Mi–So ab 11 Uhr bis Einbruch der Dunkelheit, Nov–März Sa und So ab 11 Uhr bis Einbruch der Dunkelheit.

▸ Radfahren
Für Radfahrer sind der Herkules-Wartburg-Radweg durch Großalmerode und der Gelstertal-Radweg zwischen Witzenhausen und Großalmerode auf alter Bahntrasse interessant. Auf Mountainbiker warten ebenfalls ausgeschilderte Stecken. Dazu gehört auch die 58 km lange Strecke vom Bilstein Bike Marathon.

▸ Freischwimmbad (Panoramabad)
Adresse: Heinrich-Koch-Straße, 37247 Großalmerode, ☏ 05604/1459, ✉ Panoramabad@gmx.de.

▸ Männerspielplatz
Der Männerspielplatz zwischen Großalmerode und Epterode lockt mit 18 Stationen, an denen Jeep, Quad, diverse Bagger, Lkw-Ladekran, Raupen, Rüttelmaschinen und Traktor auf ihre Benutzer warten. ☺ Für Kinder gibt es Elektroautos, Bobbycars und einen Kinderquadparcours. Vorausbuchung erforderlich!
Kontakt: Gerhard & Heike Toby, Gerichtsstraße 13 A, 37247 Großalmerode, ☏ 05604/6020, ✉ info@toby-events.de, 🌐 www.toby-events.de. **Öffnungszeiten:** April–Okt jeden dritten Sa im Monat 10–17 Uhr oder nach Vereinbarung.

▸ Reiten
Reiterhof Hirschberg, Ansprechpartner Robert Simon, ☏ 05604/6412, ✉ info@reiterhof-hirschberg.de, 🌐 www.reiterhof-hirschberg.de.
Reitbetrieb Eibenhof, Fabrikweg 8, Trubenhausen, 37247 Großalmerode, ☏ 05604/5295.

▸ Wintersport
Bei ausreichender Schneelage gibt es ab Parkplatz Kohlenstraße eine 5 und eine 10 km lange Langlaufloipe am Bilstein.

Veranstaltungen und Feste

▸ Bilstein Bike Marathon
Der alljährlich im Sommer, meist Juni, stattfindende Bike Marathon ist ein überregionales Sport-Event. Der Startplatz liegt oberhalb von Großalmerode, von dort geht es durch den Kaufunger Wald und natürlich auch hinauf zum Bilstein.

Gudensberg

C2/3

(Schwalm-Eder-Kreis)

Die Kleinstadt und Großgemeinde liegt im geschichtsträchtigen Chattengau, der schon in der Jungsteinzeit besiedelt war, zu Füßen des Burgbergs mit der Obernburgruine und der darunter gelegenen Wenigenburg. Erstmals 1121 urkundlich erwähnt und 1254 als Stadt genannt, gehören neben der Kernstadt noch sechs ländliche Stadtteile zur Großgemeinde, die insgesamt knapp 9100 Einwohner zählt.

Magistrat der Stadt Gudensberg
Tourismusauskunft
Kasseler Str. 2, 34281 Gudensberg
☏ 05603/933-128
📠 05603/933-222
✉ m.faupel@gudensberg.de
🌐 www.gudensberg.de

Sehenswertes

▸ Ruine Obernburg
Die Ruine liegt oberhalb des Stadtzentrums von Gudensberg. Sie wurde erstmals 1121 im Zusammenhang mit der Grafschaft

Maden erwähnt und zu einem Bollwerk gegen das Erzbistum Mainz ausgebaut. Der Bergfried wurde etwa 1312 errichtet, der Palas um 1336. Um 1500 wurde dann vor der Nordmauer ein Zwinger angelegt. Nach dem Tod von Landgraf Wilhelm II. verfiel die Burg zusehends, 1806/07 wurde sie dann von Franzosen fast vollständig zerstört. Heute hat man von ihr einen herrlichen Ausblick.

▸ Gefangenenturm und Stadtmauer
Gudensberg wurde früher von einer Stadtmauer mit vier Toren umgeben. Am alten Friedhof und am Gefangenenturm wurden die Mauerreste jüngst saniert. Der Gefangenenturm zwischen Obernburg und Wenigenburg ist heute der letzte erhaltene Wehrturm der einstigen Stadtbefestigung. Im Inneren gibt es ein Verlies mit einem so genannten Angstloch im Kuppelgewölbe. Der Turm diente im 17. und 18. Jh. als Gefängnis.

▸ Historische Gebäude im Stadtkern
Im Stadtzentrum von Gudensberg liegen auch heute noch zahlreiche historische Gebäude, meist Fachwerkbauten. Dazu gehören die reich verzierten Fachwerkhäuser Rosenstraße 7 und 9, die aus der Zeit um 1589 stammen und als älteste Häuser der Stadt gelten. Das Ackerbürgerhaus an der Fritzlarer Straße stammt von 1596 und war vermutlich Sitz der Hospitalsverwaltung. Gegenüber dem Haus liegen die Hospitalskapelle und das ehemalige Hospital. Sehenswert sind auch das alte Amtshaus von 1612, die alte Pfarrei, ein Fachwerkhaus von 1642 und der Renthof von 1643. Die ehemalige Synagoge in der Hintergasse, errichtet von 1840 bis 1843, beherbergt heute die Musikschule Schwalm-Eder Nord und ist Veranstaltungsort in der Altstadt.

▸ Evangelische Stadtkirche
Die ältesten Teile der Kirche, die den Alten Markt überragt, gehen auf das späte 13. Jh. zurück. Aus dieser Zeit stammt heute noch der Chor. Vermutlich wurden das Kirchenschiff und der Turm 1336 vollendet. Das Ostfenster ist im Stil der Frühgotik gehalten, die übrigen Fenster wurden im spätgotischen Stil ausgeführt. Um 1500 wurde an der Chornordseite eine Sakristeikapelle angebaut. Das Kirchenschiff wurde in der Folge mehrfach verändert. Die einstige Kirchturmspitze wurde 1736 durch eine Barockhaube ersetzt. Im Inneren befinden sich zwei sehenswerte Wappenepitaphe von 1575 und 1596, ferner eine neugotische Orgel von 1851–55. An der Kirchenmauer ist ein sagenumwobener Stein eingebaut, der die Geschichte von der Entstehung des Glißborns bei Dissen zur Grundlage hat.

Natur und Freizeit

▸ Wandern und Radfahren
Der Gudensberger Kulturpfad, der am Rathaus beginnt, führt zu verschiedenen Sehenswürdigkeiten der Kernstadt. Ein Panoramawanderweg bietet unterschiedliche Schwierigkeitsgrade und Streckenlängen. Mit der Gudensberger Runde »Blaue Blume« ist die Stadt an den ARS NATURA angebunden. 17 Kunstwerke sind auf der 17 km langen Strecke zu sehen. Der Ederauenradweg R10 und auch der Chattengauweg R21 führen durch Gudensberg.

▸ Odenberg
Der nördlich von Gudensberg bzw. westlich von Dissen gelegene Odenberg mit seinen zwei Basaltkuppen ist bekannt durch die Reste seiner zwei Ringwallanlagen und den Holz-Aussichtsturm mit weiter Aussicht. Rund um den Odenberg führt ein Waldlehrpfad mit Erläuterungen zur heimischen Fauna und Flora.

▸ Scharfenstein
Diese Basaltkuppe mit markanten Felsstrukturen liegt zwischen Gudensberg und Dissen

und kann auf markierten Wegen umrundet werden.

▸ Wartberg

Der zwischen Gudensberg und Gleichen gelegene Basalthügel bietet eine weite Rundsicht. Bekannt ist diese Kuppe durch die Wartbergkultur, eine urgeschichtliche Kultur der späten Jungsteinzeit, mit Hauptfundort hier in Hessen. Kein Wunder, dass der in Gleichen ansässige Verlag sich nach dem Wartberg benannt hat.

▸ Wotanstein

Der Menhir befindet sich am Ortseingang von Maden und steht in Verbindung mit einer Sage. Die erste Erwähnung der 2 m hohen Quarzitplatte geht auf 1407 zurück.

▸ Terrano–Bad

Das Natur- und Hallenbad wechseln sich in der Öffnung jahreszeitlich bedingt ab. **Adresse:** Schwimmbadweg 32, 34281 Gudensberg, ✆ 05603/9199850 oder 9199852.

▸ Golfpark Gudensberg

Der zwischen Gudensberg und Obervorschütz gelegene Golfplatz mit 7 Löchern steht allen offen, die Golf spielen möchten. **Adresse:** Ziegelei 1, Obervorschütz, 34281 Gudensberg, ✆ 05603/9307-30, ✉ info@golfpark-gudensberg.de, 🌐 www.gudensberg.de. **Öffnungszeiten:** Ganzjährig Mo–Sa ab 9 Uhr, So ab 10 Uhr bis Open End.

Veranstaltungen und Feste

Das abwechslungsreiche Kulturprogramm Gudensberg ist weit über die Grenzen des Chattengaus hinaus bekannt. Ein Teil der Veranstaltungen findet im Bürgerhaus statt, andere beispielsweise in privaten Gewölbekellern, bekannt als Kellerkonzerte, in der ehemaligen Synagoge von 1840–43 in der Hintergasse oder auf der Freilichtbühne im Stadtpark. Unter den jährlich wiederkehrenden Veranstaltungen sind erwähnenswert:
Der **Ostermarkt** (vier Wochenenden vor Ostern) bringt eine bunte Palette von Handarbeiten rund um das Ei. Beim **Stadtfest** (zweites Juni-Wochenende) treffen sich Jung und Alt aus der Umgebung. Dann verwandelt sich die Fußgängerzone in eine Vergnügungs- und Partymeile. Zum **Viehmarkt und Heimatfest** (erstes Sep-Wochenende) werden die Bürger durch den Spielmanns- und Fanfarenzug geweckt. Dazu gehören aber auch Fahrgeschäfte, Buden, Festzelt u. v. m. Auf dem **Weihnachtsmarkt** zeigt sich Gudensberg von seiner märchenhaften Seite. Gelegen an der Deutschen Märchenstraße, gehören die Symbolfirgur des Trommlers aus dem Märchen der Brüder Grimm, Marktstände und ein buntes Bühnenprogramm dazu.

Clowns beim Stadtfest am Wasserlauf von Gudensberg

Guxhagen

C2

(Schwalm-Eder-Kreis)

Guxhagen, südlich von Kassel an der Fulda gelegen, wurde urkundlich erstmals 1352 erwähnt, das frühere Kloster Breitenau aber bereits 1113 gegründet. Die idyllisch am Fuß der Söhre gelegene Großgemeinde zählt heute insgesamt rund 5300 Einwohner in sechs Ortsteilen.

www.guxhagen.de

Sehenswertes

▸ Kloster Breitenau

Das ehemalige Benediktinerkloster liegt gegenüber dem Zentrum am Ortsrand und gilt als dessen eigentliche Keimzelle. Von dem früheren Kloster ist noch die mächtige Kirche, eine dreischiffige Basilika im romanischen Stil erhalten. Mit dem Bau wurde 1120 begonnen, Chor und Querschiff wurden dann 1145 fertig gestellt. 1527 wurde das Kloster aufgelöst, danach umgebaut, unterschiedlich genutzt, im Dreißigjährigen Krieg schwer zerstört und später teilweise wieder genutzt. Heute ist es ein psychiatrisches Wohnheim. In der ehemaligen Zehntscheune erinnert eine Ausstellung an die Geschehnisse während der NS-Zeit, als die Gebäude als Konzentrationslager genutzt wurden, ergänzt um wechselnde Ausstellungen.
Adresse: Brückenstr. 12, 34302 Guxhagen, 05665/3533. **Öffnungszeiten:** Mo–Fr außer feiertags 9–13 Uhr und 14–16 Uhr, So 13–17 Uhr, kostenlose Führungen, Gruppen bitte vorher anmelden!

▸ Ehemalige Synagoge

Ursprünglich Anfang des 19. Jhs. als Synagoge und Schulhaus mit Lehrerwohnung erbaut, war das aufwendig sanierte Fachwerkhaus in der Untergasse 9 einst der Mittelpunkt der jüdischen Gemeinde. Heute ein Wohnhaus, hat man im ehemaligen Altar- und Betraum alte Fresken freigelegt Auch werden hier am 8./9. Nov. Gedenkveranstaltungen durchgeführt, die daran erinnern, dass die Einrichtung in der Nacht 1938 von SA- und SS-Angehörigen zerstört wurde, www.synagoge.guxhagen.net.

Museen

▸ Schmiedemuseum

Im kleinen Museum werden frühere Arbeitsmittel und Werkzeuge eines Schmiedes gezeigt.
Adresse: Sellestr., 34302 Guxhagen,
Kontakt: Kurt Oetzel, Schwalbenweg 6, 34302 Guxhagen, 05665/2940.
Öffnungszeiten: April–Okt täglich 9–19 Uhr.

Natur und Freizeit

▸ Wandern und Radfahren

Die waldreiche Umgebung ist durch gut markierte Wanderwege erschlossen. Über Guxhagen führen auch der Ederhöhenweg und der Fuldahöhenweg. Auch Radfahrer finden etliche ausgewiesene Radwege. Der hessische Fulda-Radweg R1 berührt neben Guxhagen auch noch die Ortsteile Büchenwerra und Grebenau.

▸ Freibad

Adresse: Unter den Eichen, 34302 Guxhagen, 05665/406311.

▸ Kanuverleih

Auf Fulda und Eder sind Kanutouren möglich. Kanus können ab Guxhagen geliehen werden, s. u. Edertal, Erlebnistouren Odenhardt.

Habichtswald

C2

(Landkreis Kassel)

Die Gemeinde liegt westlich von Kassel im gleichnamigen Naturpark und wird durch einen breiten Waldgürtel von der nordhessischen Metropole getrennt. Sie entstand 1972 durch Vereinigung der Gemeinden Dörnberg und Ehlen und zählt heute rund 5100 Einwohner. Beide Ortsteile wurden erstmals urkundlich im Jahre 1074 erwähnt.

www.habichtswald.de

Sehenswertes

Dorfkirchen
Beide Kirchen sind einen Besuch wert. Jene von Dörnberg wurde um 1160 auf den Grundmauern einer Kapelle erbaut. Aus dieser Zeit stammen allerdings nur noch die Mauern des Kirchturms, der als Wehrturm erbaut wurde. Das heutige Kirchenschiff wurde dagegen im 15./16. Jh. erbaut. Sehenswert sind auch die Wandgemälde im Chorraum. Die Kirche in Ehlen hat einen mächtigen Turm, der im 12. Jh. als Wehrturm erbaut wurde, sein heutiges Aussehen zeigt aber nicht mehr den Ursprungszustand. Das heutige Kirchenschiff geht auf 1817/18 zurück.

Panorama des Ortsteils Ehlen mit dem Turm der Dorfkirche im Zentrum

Gut Bodenhausen
Nördlich von Ehlen liegt das Gut Bodenhausen inmitten einer schönen Parkanlage. Es wurde bereits 860 erwähnt und wird u. a. zur Ponyaufzucht genutzt. Sehenswert ist das Torbogenhaus, ein Fachwerkgebäude von 1649.

Museen

Heimatmuseum
Das Museum besteht aus einem kleinen Heimatmusuem mit Archiv im Dorfgemeinschaftshaus Ehlen und der alten Dorfschmiede von 1893, eine von ursprünglich sechs Schmieden der heutigen Gemeinde. Der heutige Museumsschmied hat einen weithin bekannten Ruf für das Schmieden römischer und mittelalterlicher Waffen. In der Feldscheune beim Bauhof in Dörnberg werden schließlich Exponate mit Schwerpunkt Landwirtschaft und Handwerk gezeigt.
Adressen: Heimatmuseum im OG des Dorfgemeinschaftshauses: Warmetalstr. 13, OT Ehlen, 34317 Habichtswald; Museumsschmiede: Kohlenstr., OT Ehlen, 34317 Habichtswald, Feldscheune, Breiter Weg 4, 34317 Habichtswald
Kontakt: 05606/7763, info@geschichtsverein-habichtswald.de, www.geschichtsverein-habichtswald.de. **Öffnungszeiten:** Heimatmuseum Ehlen: jeden Di ab 19 Uhr; Museumsschmiede: jeden Fr 14–17 Uhr; Feldscheune: nach vorheriger Vereinbarung.

Natur und Freizeit

Wandern
Die Umgebung von Dörnberg und Ehlen bietet eine reichliche Auswahl an markierten Wanderwegen. Beliebt ist die Besteigung des Hohen Dörnbergs (579 m), der sich nördlich des gleichnamigen Ortes erhebt und eine weite Rundsicht bietet. Die Flächen am Dörnbergmassiv stehen mit ihrem Arten-

reichtum unter Naturschutz. Um das Massiv verläuft auch der Eco-Pfad Archäologie, der u. a. alte Wallanlagen berührt. Außerdem führt der Märchenlandweg von Zierenberg durch die Gemeinde bis zum Herkules-Denkmal oberhalb von Kassel.

▸ Baden

Erlebnisbad, Hasenbreite, OT Ehlen, 34317 Habichtswald, ☏ 05606/9035.

Naturseen

Die Naturseen Höllchen und Silbersee bei Dörnberg locken Badebesucher an.

▸ Kutsch- und Planwagenfahrten

Kontakt: Sigmund Schischka, Bodenhausen 2, 34317 Habichtswald, ☏ 05606/7999.

▸ Reiten

Islandpferdehof Habichtswald, Im Rosengarten 4, OT Ehlen, 34317 Habichtswald, ☏ 05606/56541, ✉ gunkel@islandpferdehof-habichtswald.de, 🌐 www.islandpferdehof-habichtswald.de.

▸ Segelfliegen

Vom Flugplatz am Dörnberg bestehen Mitflugmöglichkeiten, s. u. Zierenberg.

Veranstaltungen und Feste

▸ Fest der leisen Töne

Am letzten Wochenende im August treffen sich auf dem Festgelände am Höllchen bei Dörnberg jedes Jahr Liedermacher, Musiker, Poeten und bildende Künstler und locken mit einem abwechslungsreichen Programm.

Das Fest der leisen Töne verspricht viel Spaß.

Haina (Kloster)

B3

(Landkreis Waldeck-Frankenberg)

Die Großgemeinde, deren Hauptort Haina erstmals 1141 urkundlich erwähnt wurde, liegt am Südwestrand des Naturparks Kellerwald-Edersee und besteht aus zwölf Ortsteilen, in denen insgesamt 3600 Menschen leben.

🌐 **www.haina.de** *i*

Sehenswertes

▸ Kloster Haina

Die Gründung des Klosters erfolgte im Jahr 1188 zunächst auf der Aulesburg beim OT Löhlbach nördlich von Haina. Rund 30 Jahre nach der Gründung erfolgte der Umzug mit Baufertigstellung nach hier. In der Folgezeit erwarb das Kloster einen riesigen Grundbesitz und zählte zu den reichsten Klöstern Hessens überhaupt. 1527 hob Landgraf Philipp von Hessen das Kloster auf und wandelte es wenig später in ein Hospital für Arme und Kranke um. 1927 wurde das Hospital Landesheilanstalt. Heute dient das ehemalige Kloster als ein Zentrum für Soziale Psychiatrie. Die ehemalige von 1215 bis 1230 errichtete Klosterkirche ist der früheste Gotikbau in Deutschland und auch einer der schönsten. Erwähnenswert sind die Glasmalereien, die Messpriesterbank und der Hostienschrank. Der ehemalige Speisesaal des Klosters (Refektorium) dient heute als Winterkirche, während in der Klosterkirche Gottesdienste nur im Sommer abgehalten werden.

Adresse: Landgraf-Philipp-Platz, 35114 Haina

(Kloster), **Informationen über:** Wilhelm Helbig, Feldstr. 29, 35114 Haina (Kloster), 06456/245, wilhelmhelbig@t-online.de.

Kirche Mohnhausen
Die evangelische Fachwerk-Kirche wurde 1911 erbaut und ersetzte einen kleineren Vorgängerbau, von dem noch ein spätgotisches Portal an der Westseite stammt. Das Langhaus wird auf der Südseite von drei hohen Butzenscheibenfenstern unterbrochen und durch eine quergestellte offene Eingangshalle begrenzt. Über der Sakristei erhebt sich im Osten der Turm mit Zwiebelhaube. Das Innere ist mit einer schlichten Holzvertäfelung und Ornament-Malereien versehen.

Die Klosterkirche von Haina

Museen

Psychiatrie-Museum
Das Museum ist in der ehemaligen Parlatur (Brüdersaal) der alten Klosteranlage untergebracht. Die gezeigten Exponate stammen aus dem Archiv und der Sammlung des Krankenhauses und dokumentieren die Geschichte vom einstigen Hospital bis heute. **Adresse:** Landgraf-Philipp-Platz 3, 35114 Haina (Kloster), 06456/91-271. **Öffnungszeiten:** ganzjährig Di 9–16 Uhr, außerdem April–Okt Sa und So 11–17 Uhr sowie Nov–März jeweils am ersten Sa und So im Monat 14–17 Uhr.

Tischbeinmuseum
1685 zog der Bäcker Konrad Tischbein nach Haina, aus dessen Familie in der Nachfolgezeit bedeutende Künstler, darunter viele Maler, hervorgingen. An der äußeren Klostermauer schließt ein kleines, weiß gekalktes Fachwerkhäuschen an, das Geburtshaus von Johann Heinrich Wilhelm Tischbein (1751–1829), der als Goethe-Maler Berühmtheit erlangte. Er lernte Goethe in Italien kennen und ließ sich zu verschiedenen Gemälden in Zusammenhang mit Goethe inspirieren. Das Museum zeigt viel zum Leben und Wirken der Tischbein-Familie, zu der weitere Künstler gehören. **Adresse:** Philipp-Landgraf-Platz, 35114 Haina (Kloster). **Öffnungszeiten:** April–Okt Di–Fr 15–17 Uhr, Sa und So 11–17 Uhr.

Natur und Freizeit

Wandern
Der Naturpark Kellerwald-Edersee bietet ein reiches Betätigungsfeld für Wanderer. Durch die Gemeinde verläuft auch der 155 km lange Kellerwaldsteig. Ein historischer Rundwanderweg führt durch den Stamfordschen Garten, und der Tischbein-Wanderweg verbindet Haina mit Dodenhausen. Beliebt ist auch eine Tour auf das Hohe Lohr (657 m). Vom OT Dodenhausen lohnt eine Besteigung des Wüstegartens, mit 675 m der höchste Berg des Kellerwalds, s. u. Gilserberg.

▸ Stamfordscher Garten
1789 ließ der damalige Obervorsteher des Hospitals, Friedrich von Stamford, einen englischen Landschaftspark um das Kloster anlegen, der für die Armen und Kranken des Hospitals und Bevölkerung Hainas gedacht war.

▸ Schwimmbad Löhlbach
Adresse: Armsfelder Str., OT Löhlbach, 35114 Haina (Kloster), 06455/482.

▸ Bauernhof zum Anfassen
Der seit 1214 im Familienbesitz befindliche Bauernhof öffnet jeden Sa für kleine und große Gäste seine Pforten. Der Eintritt schließt den Streichelzoo, u. a. mit Ziegen und Eseln, sowie Milchtrinken satt ein.
Adresse: Bauernhof Günter Ochse, Schweinfeststr. 8, OT Halgehausen, 35114 Haina (Kloster), 06456/218. **Öffnungszeiten:** Ganzjährig Sa 14–16 Uhr.

▸ Wintersportgebiet Battenhausen
Bei entsprechender Schneelage bietet das Wintersportgelände am Abhang des Hohen Lohr zwei kleine Schlepplifte, Pisten für Abfahrtslauf, Rodelbahn, gespurte Langlauf-Loipe und Skihütte.
Informationen: Wintersport- und Freizeit-GmbH, OT Battenhausen, 35114 Haina (Kloster), 0179/2613983 (bei Betrieb) oder 06456/258 (privat), www.skigebiet-battenhausen.de.

Veranstaltungen und Feste

▸ Konzerte für alle Sinne in der Klosterkirche
Die jeweils in den Sommermonaten stattfindenden Konzerte mit großer Bandbreite begeistern alljährlich viele Zuhörer.
Informationen und Karten: Ev. Kirchengemeinde Haina (Kloster), Frankenberger Str. 18, 35114 Haina (Kloster), 06456/345, www.kirche-haina.de.

Hatzfeld (Eder)

A3

(Landkreis Waldeck-Frankenberg)

Die Kleinstadt im Südwesten des Landkreises umfasst neben der Kernstadt vier weitere Stadtbezirke mit rund 3200 Einwohnern. In der Kernstadt gibt es noch viele alte instandgesetzte Fachwerkhäuser, deren Balkeninschriften auf das Baujahr und die Erbauer verweisen.

Ederbergland Touristik, s. u. Frankenberg, www.hatzfeld-eder.de

Sehenswertes

▸ Burgruine Hatzfeld
Oberhalb von Hatzfeld (Eder) liegen die Reste der ehemaligen Burg von 1282. Wenngleich die Burg um 1570 weitgehend verfallen war, wurde sie bis 1707 noch bewohnt. Bei Ausgrabungen wurden Gewandspangen, Gefäße und Tonfiguren gefunden. Im Burgstübchen gegenüber dem Rathaus werden Fundstücke dieser Grabungen aufbewahrt.

▸ Evangelische Stadtkirche
Auf halber Höhe des Burgbergs liegt die evangelische Pfarrkirche, ein verschieferter gotischer Fachwerkbau, vermutlich aus dem 17. Jh. Aus dem Inneren ist ein spätgotisches Kruzifix erwähnenswert.

▸ Katholische Kirche St. Hubertus
Auf dem Rath, einer Felsnase über dem Edertal, erbaute 1898 der damalige Oberförster eine kleine private Kapelle namens St. Hubertus für seine Familie. Er starb 1936 und wurde in der Kapelle beigesetzt. Seine Enkelin schenkte sie der katholischen Kirchengemeinde. Diese ließ die einstige Kapelle 1959 erweitern und umbauen.

Emmauskapelle
Als dreischiffige spätromanische Pfeilerbasilika mit Wehrturm im 12. Jh. erbaut, gehörte sie zunächst zum Hof der Herren von Hatzfeld und diente für lange Zeit als Friedhofskapelle. Durch einen Neu- und Umbau um 1975 hat sie teilweise vom alten Charakter verloren. Die Orgel von 1686 im Inneren gilt als älteste Nordhessens mit einem reich verzierten barocken Orgelprospekt.

Museen

Museum im »Ammes« Haus
Das Museum residiert in einem Fachwerkhaus von 1769, das mit dem Einzug der Hebamme zum »Ammes« Haus wurde. Gezeigt wird die Lebens- und Arbeitswelt der Landfrau in der ersten Hälfte des 20. Jhs., wobei ein Raum auch an die frühere Hebamme Wilhelmine Schmitt erinnert.
Adresse: Mittelstr. 24, 35116 Hatzfeld (Eder).
Öffnungszeiten: April–Okt jeden zweiten So im Monat 14–17 Uhr, für Gruppen nach Vereinbarung mit der Stadtverwaltung,
Kontakt: 06467/9120-11, info@hatzfeld-eder.de.

Natur und Freizeit

Wandern
Die Landschaft um Hatzfeld bietet eine Vielzahl von markierten Wanderwegen. Lohnende Ziele sind die Naturschutzgebiete Breite Heide, ein Trockenrasengebiet mit Heidekraut- und Wacholderbewuchs oder die Holzhäuser Klippen mit dem Aussichtspunkt Schieferkaute. Nördlich und östlich von Hatzfeld verläuft die Extratour »Panoramapfad« (11 km), der vielfältige Aussichten bietet und u. a. auch die Burgruine berührt. Vom Dieweg startet ein Vogel-Lehrpfad. Auf einem Wald-Lehrpfad erläutern schließlich 40 Tafeln den Lebensraum Wald.

Radfahren
Durch Hatzfeld verläuft der Ederradweg, der von der Quelle bis zu ihrer Mündung in die Fulda den Lauf der Eder begleitet. Die Sackpfeife südlich von Hatzfeld ist auch ein beliebtes Ziel für Mountainbiker.
Fahrradverleih: Das Sportwerk, Haselweg 12, 35116 Hatzfeld (Eder) 06467/353, Kontakt@dassportwerk.de, www.dassportwerk.de.

Aussichtsturm Sackpfeife
Die Sackpfeife ist mit 674 m Höhe einer der höchsten Berge Hessens und von Hatzfeld auf einem 5 km langen Wanderweg zu erreichen. Auf ihm stehen der Kaiser-Wilhelm-II.-Turm mit weiter Rundsicht und die Lahn-Eder-Hütte. Parkmöglichkeiten in der Nähe.

Freizeitzentrum Sackpfeife
Von der Südseite her ist die Sackpfeife voll touristisch erschlossen. Ein Doppelsessellift führt entlang der Skipiste auf das 652 m hohe Wieschen südwestlich der Sackpfeife. Daneben gibt es einen Streichelzoo, Pony-Reiten, ein Western- und Indianerdorf, Spielplatz, Autoskooter, Bungy-Trampolin, Superrutschbahn mit Gleitschlitten, Kinderspielplatz, Sinnespfad und etliche Rundwege.
Kleintierzoo, Sinnespfad und Wanderwege sind ganzjährig geöffnet, ansonsten gelten folgende **Öffnungszeiten:** Mai–Okt Di–Do 14–18 Uhr, Fr 16–20 Uhr, Sa und So (nur Mai bis zu den Sommerferien) 12–18 Uhr, während der Sommer- und Herbstferien in Hessen und NRW täglich 12–18 Uhr.

Wintersportgebiet Sackpfeife
Das Wintersportgebiet auf der Südseite der Sackpfeife bietet bei entsprechenden Schneeverhältnissen Sessel- bzw. Schlepplift, Skipiste mit Flutlicht, zwei rund 5 km lange Langlauf-Loipen, Rodelbahn für Schlitten und Ski-Schule.

Hauneck

D4

(Landkreis Hersfeld-Rotenburg)

Die kleine Gemeinde erstreckt sich mit ihren sieben Ortsteilen entlang der Haune und schließt direkt südlich von Bad Hersfeld an. Sitz der Gemeinde ist der OT Unterhaun, der urkundlich im Zusammenhang mit einer Kreuzkapelle im Jahre 972 erwähnt wurde. Hauneck zählt heute rund 3300 Einwohner in allen Ortsteilen.

www.hauneck.de

Sehenswertes

▸ Ruine der Kreuzkapelle Unterhaun
Die auf dem Kirchberg liegende und 972 erstmals erwähnte Ruine der Kreuzkapelle gilt als Ursprung von Unterhaun. Ein Ort namens Kreuzberg wurde dann 1217 erstmals urkundlich erwähnt, verschwand aber Ende des 16. Jhs. An seiner Stelle entstand zum Ende des 17. Jhs. Unterhaun, das 1736 eine neue Dorfkirche bekam, während die ursprüngliche Kreuzkapelle verfiel.

▸ Kirche in Oberhaun
Einen Besuch wert ist auch die Fachwerkkirche in Oberhaun, die aus dem 14. Jh. stammt.

Natur und Freizeit

▸ Wandern
Durch Hauneck verlaufen verschiedene markierte Wanderwege, darunter der Haunecker Grenzweg, ein 21 km langer Rundweg sowie der Hauneweg H61, auf dem man von Rotensee nach Bad Hersfeld wandern kann.

Haunetal

D4

(Landkreis Hersfeld-Rotenburg)

Haunetal ist die südlichste Gemeinde des Landkreises und liegt zwischen Bad Hersfeld und Hünfeld beiderseits des Unterlaufes der Haune. Der Gemeindesitz befindet sich in Neukirchen. In den 15 Ortsteilen wohnen rund 3100 Menschen. Während Odensachsen und Rhina bereits 1003 erstmals urkundlich erwähnt wurden, wurde Neukirchen erst 1263 genannt. Berühmter »Sohn« der Gemeinde ist Konrad Zuse, der Erfinder des Computers.

Heimat- und Verkehrsverein Haunetal
c/o Alois Wörndl, Kirchberg 8
36166 Haunetal 1
06673/919114
06673/8240
haunehof@haunehof.de
marktgemeinde-haunetal.de

Sehenswertes

▸ Burgruine Hauneck
Oberhalb des OT Oberstoppel liegt auf dem 524 m hohen Stoppelberg die Ruine der Burg Hauneck. Sie wurde um 1392 erbaut und war lange ein strategischer Punkt im Grenzgebiet der Klöster Hersfeld und Fulda. Der begehbare und noch erhaltene Bergfried bietet eine weite Rundsicht über die Kuppenrhön, Seulingswald und Knüll.

▸ Wehrturm in Holzheim
Der mächtige Turm in der Dorfmitte wird auch »Dicker Turm« genannt und ist Rest einer Burg. Die drei Köpfe an der Außenwand zeigen einen Mann, eine Frau und ein Kind, um die sich eine alte Sage rankt.

▸ OT Wehrda

In Wehrda finden sich zahlreiche Fachwerkhäuser und eine gotische Wehrkirche von 1476 mit alten Bauernfresken.

▸ Evangelische Kirche und Pfarrhaus Neukirchen

Im spätgotischen Stil 1515 auf teilweise romanischem Unterbau erbaut, besitzt die Kirche eine bemerkenswerte Inneneinrichtung mit einem Flügelalter von 1522 und einem Taufstein von 1588. Ein Schmuckstück ist auch das Fachwerk-Pfarrhaus.

Die Kirche von Wehrda

▸ Kirche in Odensachsen

Der heutige Barockbau geht auf 1706/7 zurück und ersetzte einen Vorgängerbau. Erwähnenswert sind die Empore, die Reste eines spätmittelalterlichen Flügelaltars von 1573 und eine mittelalterliche Glocke von 1471.

Natur und Freizeit

▸ Wandern

Von Neukirchen, Oberstoppel und Wehrda erschließen vier Rundwanderwege von 12 bis 16 km Länge die landschaftlichen Höhepunkte der Gemeinde.

▸ Aussichtsturm Menghäuser Kuppe

Auf dem zweithöchsten Punkt des Haunetals, der 473 m hohen Mengshäuser Kuppe, ein Bergkegel vulkanischen Ursprungs, steht der 25 m hohe Heussner-Turm von 1964. Bei klarem Wetter bietet er eine weite Rundsicht.

▸ Naturdenkmal »Lange Steine«

Unweit von Unterstoppel liegen die gewaltigen Sandsteinblöcke im Steinbruch am Waldrand. Ihre Bestimmung kennt niemand.

▸ NSG Moor bei Wehrda

Das kleine Niedermoor wurde im 19. und 20. Jh. größtenteils trockengelegt, sodass die heutige Ausdehnung ein Bruchteil der ursprünglichen Größe darstellt und unter Naturschutz steht.

Veranstaltungen und Feste

▸ Kulturscheune

In der Kulturscheune Lange Wiese in Wehrda finden regelmäßig Veranstaltungen, z. B. Theater, Ausstellungen oder Märkte statt. **Adresse:** Auf der Langen Wiese 1, OT Wehrda, 36166 Haunetal, ☏ 06673/613, ✉ kultur.langewiese@web.de, 🌐 www.kulturscheune.net.

Helsa

D2

(Landkreis Kassel)

Die Gemeinde Helsa mit ihren Ortsteilen Eschenstruth, Helsa, Wickenrode und St. Ottilien liegt östlich von Kassel im Lossetal zwischen dem Kaufunger Wald und dem Söhrewald an der deutschen Märchenstraße. In der Gemeinde Helsa leben rund 5600 Einwohner.

🌐 **www.helsa.eu**

Sehenswertes

▸ Handwebstube Eschenstruth
Im Dorfgemeinschaftshaus Eschenstruth kann man bei Webkursen und -unterricht mit acht historischen Handwebstühlen die Zeit wieder aufleben lassen, in der die Leineweberei noch der Haupterwerb der Bewohner in Eschentruth war. Dies änderte sich mit der Industrialisierung Anfang des 20. Jhs.
Öffnungszeiten: Dienstags von 19–21 Uhr. Webvorführungen sind nach Terminabsprache möglich ☏ 05602/5247.

▸ Historischer Ortskern
Im historischen Ortskern, der zu den schönsten in ganz Nordhessen zählt, trennten sich einst die alten Handels- und Heerstraßen von Kassel nach Leipzig und Berlin. Hier findet man denkmalgeschützte Fachwerkhäuser aus dem 17. bis 19. Jh. mit Barocktüren.

Fachwerkhäuser in der Ortsmitte von Helsa

▸ Kirche und Wehrkirchturm
Der abseits stehende Wehrkirchturm stammt aus dem 13. Jh., wurde 1657 erneuert und gilt als Wahrzeichen des Ortes. Die spätgotische evangelische Kirche mit hohem Fachwerkgiebel wurde 1593 neu gestaltet, hat verzierte Emporen von 1594 sowie eine Orgel von 1702/03.

▸ Historisches Mühlrad
Im Ortszentrum ist ein historisches Mühlrad mit einem Durchmesser von 4 m erhalten, Teil der ehemaligen Kornmühle. Hier können Sie Stromerzeugung aus Wasserkraft erleben und ein kleines Museum besuchen.
Kontakt: Historisches Mühlrad Helsa e. V., ☏ 05605/4260 (Ingo Schmidt) oder 05605/3395 (Winfried Rode), ✉ winne@rode-hel.de, 🌐 www.muehle-helsa.de. **Öffnungszeiten:** Mai–Okt, jeden 1. und 3. So im Monat 14–16 Uhr oder nach Vereinbarung.

Natur und Freizeit

▸ Wandern und Radfahren
Die nähere Umgebung ist durch 9 lokale Wanderwege erschlossen und markiert. Durch Helsa führen auch der Herkules-Wartburg-Radweg und der Lossetalradweg. Sportlich ambitionierte Radler finden in der Umgebung zwei anspruchsvolle Mountainbike-Strecken. Beliebte Ziele für Wanderer wie auch Radfahrer sind die unterhalb des Michelskopfs gelegenen Michelskopfseen in ehemaligen Basaltsteinbrüchen sowie das Naturdenkmal Bielstein-Kirche, eine kirchenförmige bis 15 m hohe Basaltfelsformation.

▸ Freibad Helsa
Adresse: Sportplatzweg 6, 34298 Helsa, ☏ 05605/1069.

▸ Wintersport
Bei genügender Schneelage ist beim OT Wickenrode ein Skilift in Betrieb. Nähere Infos und Liftzeiten 🌐 skiclub-helsa.de. Von der Franzensbaude erschließt eine Wanderloipe die Umgebung, bei sehr guten Schneeverhältnissen eine weitere zwischen Helsa und Wickenrode.

Veranstaltungen und Feste

Es finden über das Jahr verteilt viele Veranstaltungen und Feste statt: **Maibaumaufstellung, Oster-/Walpurgisfeuer, Lichterfest, Adventsumzüge** und andere. Infos 🌐 www.helsa.eu.

Heringen (Werra) DE4

(Landkreis Hersfeld-Rotenburg)

Die Kleinstadt liegt mit ihren Stadtteilen im Werratal bzw. in dessen Seitentälern. Die erste urkundliche Erwähnung von Heringen (Werra) erfolgte 1153. Während die Marktrechte bereits 1526 verliehen wurden, wurde Heringen (Werra) erst 1977 zur Stadt erhoben. In den acht Stadtteilen leben heute rund 8500 Einwohner.

Heringen-Information/Tourist-Information Waldhessisches Werratal
Dickesstraße 1
36266 Heringen (Werra)
📞 06624/919413
📠 06624/919414
✉ stadt@heringen.de
🌐 www.heringen.de

Sehenswertes

▸ Ruine der Walterskirche
Die Kirchenruine liegt im Seulingswald und verfiel vermutlich im 15. Jh. Sie ist Überbleibsel des einstigen Dorfs Waldradeberg. Zu erkennen sind heute auch noch Reste der Kirchhofsmauer und der frühere Dorfbrunnen.

▸ Mahnmal Bodesruh
Der als Mahnmal zur deutschen Teilung erbaute Turm ermöglicht weite Ausblicke. Beliebt ist auch die nahe Ausflugsgaststätte Jagdhaus Bodesruh.

▸ Monte Kali
Mit einer Höhe von 520 m ist der künstliche Berg durch den Kalibergbau entstanden und besteht aus mehr als 161 Millionen Tonnen Salz, die von Menschenhand aufgeschüttet wurden. Vom Gipfel, einer der besten Aussichtspunkte Nordhessens und das Wahrzeichen von Heringen, erwartet Sie eine weite und fantastische Rundsicht. Voranmeldungen für Besteigungen: Werra-Kalibergbau-Museum (siehe dort), für Gruppen Mi, Fr, Sa und So nach Vereinbarung, für Einzelbesucher Mi und So sowie Sa (nur Mai–Aug) jeweils um 15 Uhr.

Blick auf den Monte Kali

Museen

▸ Werra-Kalibergbau-Museum
Das Museum ist das größte deutsche Spezialmuseum zum Kalibergbau. Es gliedert sich in fünf Bereiche: Der Rohstoff und seine Verwendung, Geologie und Mineralogie, bergmännische Kaligewinnung, vom Rohsalz zum Kalidünger und Leben mit dem Kalibergbau. Daneben gibt es wechselnde Sonderausstellungen und einen Museumsladen.
Adresse: Dickesstraße 1, 36266 Heringen (Werra), 📞 06624/919413, ✉ info@kalimuseum.de, 🌐 www.kalimuseum.de.
Öffnungszeiten: Mrz–Okt Di–Fr 10–12 Uhr

und 14–18 Uhr Sa und So 13–18 Uhr, Nov–Feb Di–Fr 10–12 Uhr und 14–17 Uhr, WE geschlossen.

Natur und Freizeit

Wandern und Radfahren
In der Umgebung sind verschiedene Wandertouren im Seulingswald oder auch nach Philippsthal möglich. Durch Heringen (Werra) verläuft auch der Werratal-Radweg, der den Thüringer Wald mit Hann. Münden verbindet.

NSG Rohrlache
Die Rohrlache liegt zwischen den OT Widdershausen und Leimbach mit salzabhängigen Pflanzenarten und ist Heimat zahlreicher Vogelarten.

NSG Seulingsee
Der Seulingssee liegt beim OT Kleinensee, entstand durch Auswaschungen des Salzgesteins und ist ein Feuchtbiotop.

Fritz-Kunze-Bad
Adresse: Dickesstraße, 36266 Heringen (Werra), 06624/435, info@fritz-kunze-bad.de, www.heringen.de.

Herleshausen

(Landkreis Werra-Meißner)

Die Gemeinde liegt mit ihren 11 Ortsteilen ganz im Südosten des Landkreises an der Grenze zu Thüringen und zählt knapp 3000 Einwohner. Der gleichnamige Hauptort wurde urkundlich erstmals 1019 erwähnt. Bedeutung erlangte Herleshausen nach dem Zweiten Weltkrieg durch den Grenzübergang zur damaligen DDR.

www.herleshausen.de

Sehenswertes

Schloss Augustenau Herleshausen
Das Schloss gehörte ursprünglich zum Gut Herleshausen, das im Klosterbesitz stand. Nach der Reformation und Klosterauflösung wurde es dem Ritter Georg von Reckrod überlassen. Dieser baute 1539 das Schloss »Steinbrück«, das erst 1821 den heutigen Namen erhielt. Es folgten mehrere Umbauten und Besitzerwechsel. Heute besteht die Anlage neben dem Herrenhaus aus den erhaltenen Wirtschaftsgebäuden und einem großzügig angelegten Park.

Evangelische Burgkirche Herleshausen
Direkt neben dem Schloss Augustenau erhebt sich in erhöhter Lage die um 1300 erbaute Wehrkirche. Ältester Teil ist der mächtige Chorturm, der 1756 noch einen Fachwerkaufsatz bekam. Das Langhaus wurde 1457 zum ersten Mal erneuert und 1606 und 1923 jeweils um ein Querhaus erweitert. Das Innere stammt größtenteils von 1764. Bemerkenswert sind die Wandmalereien aus dem frühen 14. Jh. im Gewölbe des Chorturms und das Epitaph (Grabmal) des Ritters Georg von Reckrod im Chorraum.

Jüdischer Friedhof/Sowjetische Kriegsgräberstätte
Am nördlich von Herleshausen gelegenen Waldrand liegen diese beiden Friedhöfe benachbart. Der Jüdische Friedhof wurde von 1876 bis 1935 genutzt. Von 1943 bis 1945 befand sich in Herleshausen ein Kriegsgefangenenlager, deren Verstorbene vom damaligen Bürgermeister widerrechtlich registriert und bestattet wurden.

Brückenruine Lauchröder Lindenallee
Anlässlich des Neubaus einer Werrabrücke legte man 1898 eine Allee zwischen Herleshausen und dieser Brücke an. Sie wurde 1945

durch amerikanische Truppen gesprengt. 1989 eröffnete man zunächst eine neue Rad- und Fußgängerbrücke, zehn Jahre später folgte dann ein Massivbau.

▸ Rittergut Markershausen
Das Rittergut war vermutlich eine Art Vorwerk der Burg Brandenfels, um deren Versorgung sicherzustellen. Der heutige repräsentative Fachwerkbau des Herrenhauses geht auf die Mitte des 18. Jhs. zurück, hat zwei Geschosse und ein Mansardendach. Die zum Teil großen Räume sind mit Stuckdecken verziert.

▸ Burg Brandenfels
Die zwischen Markershausen und Holzhausen auf einer steilen Bergzunge gelegene Burg wurde 1248 errichtet und befand sich an einer strategisch wichtigen Stelle. Sie verfiel im 16./17. Jh. Die Burgreste sind über schöne Wanderwege erreichbar und bieten eine herrliche Aussicht.

▸ Schloss Nesselröden
Der Landadelssitz aus der Renaissancezeit wurde 1592–94 innerhalb älterer Umfassungsmauern erbaut. Zur eher schlichten Fassade des dreigeschossigen Baus gehören ein achteckiger Treppenturm, der von einem Fachwerkgeschoss mit Welscher Haube und zwei Schmuckgiebeln gekrönt ist.

▸ Rittergut Willershausen
Von der im 13. Jh. erbauten Wasserburg sind ein mächtiger Turm, der an das Wohnhaus des Schlosses grenzt, ein Teil des Wassergrabens und Burgwallreste erhalten. Das jetzige Schloss besteht aus dem Wohnhaus und einem lang gestreckten Bau mit massivem Erdgeschoss und Fachwerk-Obergeschoss vom Ende des 17. Jhs. Hier soll sich die Geschichte vom berühmten Drama »Die Räuber« von Friedrich Schiller abgespielt haben. Heute kann man auf dem Gut in Ferienwohnungen übernachten oder den Golfplatz besuchen, der an das Gelände angrenzt.

Wasserschloss Willershausen

Museen

▸ Altefelder Gestütsmuseum
Die Exponate zeigen die Geschichte des Gestüts seit 1913. Zu sehen sind u. a. Bilder, Sättel, Zaumzeug und die architektonische Entwicklung.
Adresse: St.-Georg-Straße 15, OT Altefeld, 37293 Herleshausen, ✆ 05654/6563, ✉ info@gestuet-altefeld.de. **Öffnungszeiten:** Nach vorheriger Vereinbarung.

Natur und Freizeit

▸ Wandern und Radfahren
Die Umgebung bietet mehr als 100 km markierte Wanderwege. Durch die Gemeinde verlaufen der Werraburgensteig, der Wart-

burgpfad sowie der Fernwanderweg E6. Die verschiedenen Ortsteile sind auf Radwegen erreichbar. Daneben führt der Werratal-Radweg durch Herleshausen.
Leihfahrräder: BIKE-Station Herleshausen, Olaf Grützner, Waldstraße 2, 37293 Herleshausen, ☏ 05654/923187, ✉ olaf@bike-station-herleshausen.de.

▸ **Baden**
Hallenbad Herleshausen, Im Ölgrund, 37293 Herleshausen, ☏ 05654/6363

Golfclub Willershausen

▸ **Golf**
Die 9-Loch-Anlage des Golfclubs Willershausen ist öffentlich zugänglich und liegt beim Schlossgut Willershausen.
Adresse: Bergring 6, OT Willershausen, 37293 Herleshausen, ☏ 05654/92040, ✉ info@golfclub-willershausen.de, 🌐 www.golfclub-willershausen.de.
Öffnungszeiten: März–Nov 10–19 Uhr.

Veranstaltungen und Feste

In der Kulturscheune des Golf-Guts Willershausen werden regelmäßig Veranstaltungen durchgeführt.
Kontakt: Kulturforum Golf-Gut Willershausen, s. u. Golf.

Hessisch Lichtenau D2

(Werra-Meißner-Kreis)

Die Kleinstadt mit 13 Stadtteilen entstand auf Anordnung des Landgrafen Heinrich I. von Hessen-Kassel. So wurde zwischen 1283 und 1289 am Schnittpunkt alter Handelsstraßen die Stadt »zur lichten Aue« gegründet. Vom ursprünglichen Stadtbild ist nur wenig erhalten. Ein bekannter Sohn der Stadt ist der 1482 geborene Johannes Feige, der maßgeblich an der Einführung der Reformation in Hessen beteiligt war. Die Stadt wird von der Losse durchflossen, die oberhalb der Kernstadt ihre Quelle hat. Hessisch Lichtenau zählt mit allen Stadtteilen heute rund 12 700 Einwohner.

Hessisch Lichtenau
Kultur und Tourismus
Landgrafenstraße 52
37235 Hessisch Lichtenau
☏ 05602/807-147
📠 05602/807-131
✉ kultur-tourismus@hessisch-lichtenau.de
🌐 www.hessisch-lichtenau.de und
🌐 www.frau-holle-tor.de

Sehenswertes

▸ **Evangelische Pfarrkirche**
Die an der Landgrafenstraße gelegene evangelische Pfarrkirche im Stil der Spätgotik stammt aus dem 14. Jh. Von der Innenausstattung ist ein Epitaph der Familie von Meisenbug aus dem Jahr 1702 im Chor erwähnenswert.

▸ **Altes Rathaus**
Das Gebäude an der Nordseite des Kirchplatzes wurde 1656 gebaut und bis 1962 als Rathaus genutzt. Es trägt das städtische Wahrzeichen am Giebel, den Löwen und die

Laterne. Der Fachwerkbau erhielt bei seiner Restaurierung den ursprünglichen Anstrich.

Das Alte Rathaus von Hessisch Lichtenau

▸ Neues Rathaus

Das Neue Rathaus, einst Königlich Preußisches Amtsgericht, geht auf 1895 zurück. Der massive, zweigeschossige Bau mit einem Treppengiebel wird seit 1962 als Rathaus genutzt.

▸ Junkerhof

Der Junkerhof ist der Rest einer landgräflichen Burg. Vom Anfang des 14. Jhs. bis 1810 wohnten hier die Herren von Meisenbug. An der Mauer zur Burgstraße ist noch ihr Wappen zu sehen.

▸ Stadtmauer und Eulenturm

Die mittelalterliche Stadtanlage wird auch heute noch von der ovalen Stadtmauer geprägt, die den Stadtkern umgibt. Die heutige Landgrafenstraße wurde einst durch das Unter- und Obertor begrenzt. Von den ursprünglich vier Wachtürmen ist einzig der Eulenturm erhalten geblieben, denn der Rundturm am Obertor wurde erst 1445–56 errichtet. Der Eulenturm ist 15 m hoch und war einst nach oben offen, seinen Fachwerkaufbau erhielt er erst später.

▸ Hochzeitshaus und Fachwerkensemble Landgrafenstraße

Erwähnenswert sind insbesondere das ehemalige Hochzeitshaus, später Pfarrei, das angrenzende Fachwerkhaus und die gegenüberliegenden Bauten. Die aus der zweiten Hälfte des 17. Jhs. stammenden Bauten, Landgrafenstraße 13–17, sind auch heute noch ausgesprochen prächtige Fachwerkhäuser.

▸ Lenoir-Mausoleum Fürstenhagen

Kurz vor dem Ersten Weltkrieg errichtete die Lenoirische Stiftung am Ortsausgang drei große Gebäude, die als Waisenhaus und spä-

Der Eulenturm in Hessisch Lichtenau

ter anderen Zwecken dienten. Neben diesen Gebäuden liegt das Mausoleum der Brüder Lenoir, das 1905 erbaut wurde, aber auch Grabstätte weiterer Personen ist. Zentrum der Anlage ist die quadratische Halle mit einer Ädikula, deren Figurengruppe an eine römisch-kaiserliche Grabplastik erinnert. **Kontakt:** Lenoirstiftung, 05602/3361 oder 05602/9094700. **Öffnungszeiten:** Apr–Sep jeden 1. So im Monat 10–16 Uhr oder nach vorheriger Vereinbarung.

Kirche Reichenbach
Bereits im 12. Jh. stand hier eine Kirche, der für kurze Zeit ein Kloster angeschlossen war. Dieses wurde 1207/11 dem Deutschen Orden geschenkt und blieb bis 1809 in seinem Besitz. Es ist somit die älteste Niederlassung des Ordens in Deutschland überhaupt. Vom Kirchenbau, einst eine dreischiffige Basilika, wurden später Chor, Apsis und vermutlich ein Querschiff entfernt. Bei Ausgrabungen entdeckte man Reste von Vorgängerkirchen, die bis ins 9. Jh. zurückreichen.

Burgruine Reichenbach
Nordwestlich vom OT Reichenbach liegt einsam diese Burgruine, von 1089 bis 1272 Sitz der Grafen von Reichenbach. Um 1550 wurde die Burg bis auf die Türme zerstört und diente fortan als Steinbruch. Heute genießt man von hier eine schöne Aussicht.

Schloss Meisenbug Retterode
Das 1582 erbaute Schloss brannte 1913 ab. Heute erinnern an den Bau nur noch alte Wehrmauern mit Schießscharten um das Gotteshaus und ein burgähnlicher Turm von 1453.

Museen

Frau-Holle-Museum (Holleum)
Im Frühsommer 2011 wird der Frau-Holle-Rundweg mit 12 Stationen eingeweiht. Im Holleum, dem Frau-Holle-Museum werden die Welten der Frau Holle interaktiv auf folgenden Stationen dargestellt: Märchenwelt, Meißnerwelt, Kräuterwelt, Unterwelt.

Heimatmuseum Velmeden
Der ehemalige Malermeister, Heimatkundler und Mineraliensammler hat in seinem Haus eine umfangreiche Mineraliensammlung mit Exponaten und Versteinerungen unterschiedlichster Epochen zusammengetragen.
Adresse: Karl Schmidt, Zum Meinet 1, OT Velmeden, 37235 Hessisch Lichtenau, 05602/1029. **Öffnungszeiten:** Nach vorheriger Anmeldung.

Museum im Sippelschen Hof
Der Sippelsche Hof unweit der ehemaligen Kloster- und Deutschordenskirche im OT Reichenbach beherbergt zwei Dauerausstellungen zur Burg Reichenbach und zu den Ausgrabungen an der Kloster- und Deutschordenskirche.
Adresse: Burgverein Reichenbach, Postfach 1241, 37235 Hessisch Lichtenau, 05602/4583 (Peter Riemenschneider), info@burgverein-reichenbach.de, www.burgverein-reichenbach.de. **Öffnungszeiten:** Nur nach vorheriger Vereinbarung.

Natur und Freizeit

Wandern
Die Umgebung bietet unendliche Wandermöglichkeiten mit mehr als 200 km markierter Wegstrecken. Dazu gehören Rundwanderwege, der Barbarossaweg, der Richtung Waldkappel identisch mit dem Kunstwanderweg ARS NATURA ist. Dieser zeigt Kunstwerke zum Thema »Frau Holle«. Der Hohe Meißner mit diversen Wandermöglichkeiten ist von Anfang Mai bis Anfang Okt per Linienbus erreichbar.

Radfahren
Hessisch Lichtenau liegt am 215 km langen Herkules-Wartburg-Radweg, der von Kassel kommt und bis nach Eisenach führt.

Frau Holle Park
Der Park liegt direkt in Hessisch Lichtenau und grenzt an die Stadtmauer. An allen Eingängen stehen Granitsäulen mit Elementen aus dem Märchen. An den Parkwegen findet man Tafeln mit Zitaten aus dem Märchen Frau Holle. Die Oase der Ruhe bietet zusätzlich einen Abenteuerspielplatz und Freiluftschach.

Frau Holle schüttelt die Betten aus im Frau Holle Park in Hessisch Lichtenau.

Große Steine
Das Naturdenkmal »Große Steine« ist der größte Dolomitfelsen in Nordhessen. Er liegt am Nordrand des Stölzinger Gebirges südöstlich von Reichenbach.

Hollensteine und Höllenstein
Am südlichen Ortsausgang von Hollstein liegen die Hollensteine, zwei Zechstein-Dolomit-Felsen, und auch die Höllensteine, ein Zechsteinhügel mit Trockenrasen, die beide als Naturdenkmal ausgewiesen sind.

Kitzkammer und Hausener Hüte
Auf dem Fußweg vom OT Hausen zum Viehhaus kommt man zur Kitzkammer, eine Grotte aus waagerecht liegenden Basaltsäulen. Unter Naturschutz steht die Hausener Hüte, eine Bergwiese mit seltenen Pflanzen.

Baden
Hallenbad Hessisch Lichtenau, Freiherr-von-Stein-Straße 12, 37235 Hessisch Lichtenau, ☏ 05602/1314.

Fliegen
Der Luftsportverein Hessisch Lichtenau bietet von Mai bis Okt am Sa nachmittags und am So Mitflugmöglichkeiten.
Adresse: Luftsportverein Hessisch Lichtenau e.V., Postfach 1290, 37231 Hessisch Lichtenau, ☏ 05602/70687, ☏ 05602/3766, ☏ 05602/2347 (Flugplatz).

Holle Modelleisenbahn
Das Herz von Modelleisenbahnfreunden wird bei über 300 Gleismetern im Maßstab H0 höher schlagen.
Adresse: Lentzstraße 15, OT Fürstenhagen, 37235 Hessisch Lichtenau, ☏ 0171/9019705, ✉ info@modellbahnland-heli.de, 🌐 www.modellbahnland-heli.de. **Öffnungszeiten:** Fr und Sa 14.30–18 Uhr, So 10–18 Uhr oder nach telefonischer Vereinbarung.

Reiten
Quellentalhof, Quellentalstraße 61, OT Quentel, 37235 Hessisch Lichtenau, ☏ 05602/1274, ✉ rita.schodder@quellentalhof.de oder klaus-pfetzig@quellentalhof.de, 🌐 www.quellentalhof.de.

Wintersport
Beim OT Retterode ist bei entsprechenden Schneeverhältnissen eine 7 km lange Loipe für Langläufer gespurt.

Veranstaltungen und Feste

Regelmäßig wiederkehrende Veranstaltungen sind u. a. das **Weinfest** (Juni), die **Holle-Kirmes** (Sep) oder der **Weihnachtsmarkt** (Dez).

Hofgeismar

C1

(Landkreis Kassel)

Die Kleinstadt liegt im Tal der Esse, rund 25 km nördlich von Kassel am Westrand des Reinhardswaldes. Neben der Kernstadt umfasst Hofgeismar acht weitere ländliche Stadtteile mit insgesamt rund 15 800 Einwohnern. Archäologische Funde belegen, dass die Gegend schon vor rund 7000 Jahren besiedelt war. Hervorgegangen aus einem Hofgut, erhielt Hofgeismar 1223 die Stadtrechte.

Tourist-Info Märchenland Reinhardswald
Markt 5
34369 Hofgeismar
05671/5070400
05671/500839
reinhardswaldinfo@gmx.de
www.reinhardswald.de

Sehenswertes

▸ Stadtführungen
Für Gruppen jederzeit nach Vereinbarung, auch Sonderführungen z. B. mit Ritter Dietrich, für Einzelreisende Mai–Anfang Okt jeden ersten Sa im Monat um 10 Uhr und jeden ersten Mi im Monat um 18 Uhr, jeweils ab Rathaus, ferner von Mitte Mai–Mitte Okt jeweils am dritten Sa im Monat Brunnenparkführungen, jeweils um 10 Uhr ab Brunnentempel.

▸ Altstadt
In der Altstadt liegen viele interessante Häuser aus dem 16. bis 19. Jh. Dazu gehört das Café Neumann (Markt 19), ein Fachwerkbau von 1528 und damit das älteste Fachwerkhaus der Stadt. Ein herausragendes diemelsächsisches Ackerbürgerhaus ist das Haus Malzfeldt von 1684 (Petristraße 13). Ein baugeschichtliches Schmuckstück ist auch das Haus Scheffer (Steinweg 18), ebenfalls von 1684. Sehenswert sind auch das Geburtshaus der Volksschriftstellerin Nataly von Eschstruth (1860–1939) in der Mühlenstraße 9 sowie die Geburtsstätte des Malers und Grafikers Hermann Kätelhön (1884–1940) in der Baustraße 2. Am Sälber Tor sind noch Reste der Stadtbefestigung erhalten.

Hofgeismar hat viele schöne Fachwerkhäuser wie diese zu bieten.

▸ Rathaus
Das Rathaus am Markt wurde 1387–90 errichtet. 1730 erfolgten ein Teilabbruch und Wiederaufbau mit Glockenturm, 1854–56 fanden Erweiterungsmaßnahmen statt und führten zum heutigen Aussehen. Täglich um 12.15 Uhr, 15.15 Uhr und 18.15 Uhr kann man den Klängen des Glockenspiels lauschen. Vor dem Rathaus steht noch ein kaiserzeitliches Kriegerdenkmal von 1902.

Altstädter Kirche
Die evangelische Pfarrkirche zählt zu den bedeutendsten hessischen Hallenkirchen. Mit ihrem Bau wurde im 12. Jh. im romanischen Stil begonnen, um 1330 folgten dann Umbauten im Stil der Gotik. Sehenswert aus dem Inneren ist der so genannte Hofgeismarer Altar (um 1310), vermutlich Teil eines Flügelaltars der Klosterkirche der Franziskaner.

Evangelisches Dekanat
Das evangelische Dekanat befindet sich in der früheren gotischen Martinskapelle, die 1329 erwähnt wurde. Im 16. Jh. erfolgte mit dem Fachwerkobergeschoss ein Umbau zum Wohnhaus.

Hochzeitshaus
Das städtische Gilde- und Hochzeitshaus im Stil der Spätrenaissance geht auf 1620 zurück und wurde im 19. Jh. baulich verändert.

Katholische Kirche St. Peter
Der neugotische Backsteinbau am Kasseler Tor geht auf 1897/98 zurück. Die ursprüngliche Kircheneinrichtung ist auch heute noch fast vollständig erhalten.

Neustädter Kirche
Die dreischiffige Hallenkirche in der Neustadt wurde 1341–1421 erbaut, war nach 1686 Predigtkirche der zugezogenen Hugenotten und Waldenser und erhielt im 18. Jh. eine Zwiebelhaube auf dem Turm.

Sababurg
Das 1334 auf einer flachen Basaltklippe im Reinhardswald erbaute Dornröschenschloss Sababurg ist ein weit bekanntes Ausflugsziel. Im Sommer sind Burgbesichtigungen möglich, und auch der Außenbereich mit dem in den 1960er Jahren angelegten Burggarten kann dann besucht werden. Äußerst beliebt sind auch Hochzeiten in den historischen Räumlichkeiten. Das alte Jagdschloss und Gestüt war zwischen 1571–91 von einer Dornenhecke umgeben, um die eigene Tierhaltung vor Wildtieren zu schützen. Von daher steht die Sababurg in Verbindung mit dem Märchen Dornröschen der Brüder Grimm. Von den ursprünglichen Wehranlagen sind Teile erhalten, daneben ein Treppenturm und mächtige Ecktürme.

Das Dornröschenschloss Sababurg ist ein tolles Ausflugsziel für Groß und Klein.

Schlösschen Schönburg (Gesundbrunnen)
1787–90 erbaut, ist das Gebäude ein Höhepunkt frühklassizistischer Architektur. Seinen Namen erhielt es von der nördlich des Gesundbrunnens gelegenen Burg Schöneburg. Erwähnenswert sind das Treppenhaus von 1822/23 und das alte Badezimmer. Heute wird das Schlösschen von der Evangelischen Akademie als Tagungsstätte genutzt.

Museen

▸ Stadtmuseum
Das Museum verteilt sich auf einen vierteiligen Gebäudekomplex aus dem 16.–19. Jh. Es ist heute eines der größten Regionalmuseen Hessens mit 14 bedeutenden Abteilungen, Archiven, thematischen Handbibliotheken usw., u. a. zur Ur- und Frühgeschichte, zur Garnisonsgeschichte, zur Geschichte des Bades und zu den Zuwanderern
Adresse: Petriplatz 2, 34369 Hofgeismar, ✆ 05671/4791, ✉ museum@museum-hofgeismar.de, 🌐 www.museum-hofgeismar.de. **Öffnungszeiten:** Mo, Di und Do 10–12 Uhr, Mi 15–18 Uhr, Fr 17–19 Uhr, So 11–13 und 15–18 Uhr.

▸ Apothekenmuseum
Das Apothekenwesen in Hofgeismar geht auf 1652 zurück. Heute kann man aus dieser langen Apothekengeschichte komplette Ausstattungen und Kuriositäten im sehenswerten Steinernen Haus, einem Bau aus dem 13. Jh., besichtigen. Erwähnenswert ist auch der Museumsgarten mit einheimischen Kräutern und Heilpflanzen.
Adresse: Apothekenstraße 5, 34369 Hofgeismar, ✆ 05671/737. **Öffnungszeiten:** Mo, Di und Do 10–12 Uhr, Mi 15–18 Uhr, Fr 17–19 Uhr, So 11–13 und 15–18 Uhr.

Das Apothekenmuseum in Hofgeismar

Natur und Freizeit

▸ Wandern
Vom ZOB starten Rundwanderwege, weitere beginnen am Parkplatz Kirschenplantage oder Nonnengrube. Das Schöneberggebiet ist von den Parkplätzen Eulengrund und Parkschwimmbad durch mehrere Rundwanderwege erschlossen. Ein unendliches Wandergebiet stellt letztendlich der Reinhardswald dar. Vom Wanderparkplatz Moosgrund sind 3 Rundwege ausgeschildert, vom Parkplatz Urwald/Drecktor 4 Rundwege.

▸ Radfahren
Man kann unschwer per Rad die Sababurg erreichen oder auch entlang der Weser radeln. Durch Hofgeismar führt der Radfernweg R4 (Bad Karlshafen–Erbach). Auf dem Reinhardswald-Radweg kommt man von Kassel direkt zur Sababurg. Leihfahrräder können Sie über das Hotel Zum Alten Brauhaus in Hofgeismar oder über das Gasthaus Gaide im Stadtteil Hümme bestellen.

▸ Brunnenpark mit Brunnentempel
1639 entdeckte man eine Mineralquelle, die später zu einer prächtigen Badeanlage um das Schlösschen Gesundbrunnen ausgebaut wurde. Seit 1866 keine Kuranlage mehr, blieb das architektonische Ensemble (siehe unter Schlösschen) erhalten und der Brunnentempel, der auf acht ionischen Säulen ruht. Der Brunnenpark mit seinem alten Baumbestand ist Standort für eine große Vielfalt an Bäumen und Gehölzen sowie Rückzugsgebiet für seltene Vogelarten.

▸ Urwald Sababurg
Westlich vom Tierpark grenzt der Urwald an, einst ein Hutewald, also ein Wald-Weideplatz für das Vieh, der heute unter Naturschutz steht. Hier gibt es mächtige alte Eichen mit einem Umfang von über 8 m, Rotbuchen und meterhohe Farne.

Baden
Bad am Park, Schöneberger Straße 16, 34369 Hofgeismar, 05671/920791.
Waldschwimmbad Kelze, Zum Hahnenberg 11, OT Kelze, 34369 Hofgeismar, 05671/920789, ulukas@gmx.de.

Tierpark Sababurg mit Forst- und Jagdmuseum
Der am Fuß der Sababurg gelegene Tierpark ist mehr als 400 Jahre alt. Der Gründer, Landgraf Wilhelm IV., nutzte ihn für Forschungs- und Jagdzwecke. Später verfiel der Park und wurde teilweise zur Pferdezucht genutzt. 1973 wurde der 130 ha große Tierpark neu eröffnet. Im Urwildpark werden bedrohte und ausgestorbene Wildarten in Form von Rückzüchtungen gehalten, im Haustiergarten findet man Haus- und Nutztierrassen, und im Kinderzoo gibt es Streicheltiergehege, aber auch Exoten wie beispielsweise Pinguine oder Kängurus. Dazu gehören auch Greifvogelvorführungen oder Schaufütterungen. Unweit vom Eingang befindet sich in einem Fachwerkhaus von 1610 ein Forst- und Jagdmuseum. Das Gelände ist durch eine historische Parkbahn erschlossen.
Adresse: Sababurg 1, OT Sababurg, 34369 Hofgeismar, 766499-0, info@tierpark-sababurg.de, www.sababurg.de.
Öffnungszeiten: März 9–17 Uhr, Apr–Sep 8–19 Uhr, Okt 9–18 Uhr, Nov–Feb 10–16 Uhr, Greifvogel-Vorführungen Ende März bis Ende Oktober um 11.30 Uhr, 14 Uhr und 16.15 Uhr.

Veranstaltungen und Feste

Sababurg
Das Dornröschenschloss bietet Theateraufführungen, die zur besonderen Atmosphäre der beiden Spielstätten, nämlich der Gewölbekeller und die Ruine des Palas, passen. Regelmäßig gibt es auch Aufführungen speziell für Kinder sowie Schatten- und Figurentheater und Konzerte. Schließlich können Sie im barocken Lavinia-Salon oder im Gewölbekeller heiraten.
Informationen: Dornröschenschloss Sababurg, OT Sababurg, 34369 Hofgeismar, 05671/808-0, dornroeschenschloss@sababurg.de, www.sababurg.de.

Weitere Veranstaltungen
Weitere bekannte Veranstaltungen sind u. a. der **Kelzer Aschermittwoch,** der **Hofgeismarer Viehmarkt** (Juni) und der **Weihnachtsmarkt,** der an den vier Adventswochenenden stattfindet.

Hohenroda

D4

(Landkreis Hersfeld–Rotenburg)

Die Gemeinde liegt etwa 20 km östlich von Bad Hersfeld in der Kuppenrhön an der Grenze zu Thüringen. Der Name geht auf das Hofgut Hohenroda im OT Oberbreitzbach zurück, das auch Sitz der Gemeinde ist. In den sechs Ortsteilen leben rund 3300 Menschen.

Tourist-Infomation
Waldhessisches Werratal, s. u. Heringen
www.hohenroda.de

Sehenswertes

Dorfkirche Mansbach
Die evangelische Kirche ist das älteste Beispiel einer barocken Dorfkirche Osthessens und wurde um 1280 erbaut. Aus dieser Zeit ist noch der Chorraum erhalten, einst die Grabkapelle der Familie von Mansbach. Das Kirchenschiff wurde 1569 neu errichtet und 1682 neu gestaltet. Die Kanzel aus dem 17. Jh. ruht auf einer gedrehten Säule, erwähnenswert auch der Taufstein (um 1510) und die Orgel von 1732.

▸ **Jüdischer Friedhof Mansbach**
Der östlich von Mansbach liegende Friedhof mit 112 Grabsteinen aus dem 18. bis 20. Jh. erinnert an die früheren jüdischen Mitbewohner.

▸ **Ruine Grasburg bei Mansbach**
Die Reste dieser Burganlage vermutlich aus dem 8. Jh. liegen nordwestlich von Mansbach am Ende eines klippenartig abfallenden Muschelkalkplateaus.

▸ **Schloss Hohenroda Oberbreitzbach**
Das 1907–1909 errichtete Schloss, heute Sitz der Gemeindeverwaltung, war einst das Herrenhaus des Hofgutes Hohenroda mit umliegenden Park- und Teichanlagen.

▸ **Unterhof Mansbach**
Das auch als Unteres Schloss oder Blaues Schloss bezeichnete zweiflügelige Gebäude geht auf 1820 zurück und war Wohnsitz der Familie von Mansfeld. Heute finden sich hier behindertengerechte Wohnungen und Ferienwohnungen.

Museen

▸ **Heimatstube im Schloss Geyso Mansbach**
Der stattliche Rechteckbau von 1577/88 hat hohe geschweifte Giebel, Treppenturm, Renaissance-Portal und einen Erkervorbau. Das Schloss ist nur von außen zu besichtigen. Im Fachwerkanbau liegt jedoch die Heimatstube mit einer Ausstellung zur lokalen Geschichte. **Öffnungszeiten:** Mai–Okt So 15–17 Uhr, in der übrigen Zeit nach Vereinbarung unter ✆ 06676/421.

Natur und Freizeit

▸ **Wandern und Radfahren**
Die Gemeinde ist durch ein großes Wander- und Radwegenetz erschlossen. Über den bei Soislieden gelegenen Soisberg verläuft auch der Fernwanderweg E6. Der 630 m hohe Berg, ein erloschener Vulkan, ist die höchste Erhebung des Hessischen Kegelspiels, Teil der Kuppenrhön. Der auf dem Gipfel stehende Soisbergturm bietet eine weite Rundsicht.

▸ **Baden**
Der Hessenpark bietet auch für Nichtgäste Schwimmbad, Saunalandschaft, Solarium, Fitnessbereich, Massage und Kosmetikbehandlungen.
Adresse: Hessen Hotelpark Hohenroda, Schwarzengrunder Str. 9, OT Oberbreitzbach, 36284 Hohenroda, ✆ 06676/181, ✉ hohenroda@web.de, 🌐 www.tagungshotels.as.

▸ **Reiten**
Reiterhof ArhoenA, Oststr. 1, OT Mansbach, 36284 Hohenroda, ✆ 06676/8562, ✉ mail@arhoena.de, 🌐 www.arhoena.de.

Sonnenaufgang im Frühjahr über Hohenroda

Homberg (Efze)

C3

(Schwalm-Eder-Kreis)

Die Kleinstadt mit rund 14 300 Einwohnern ist Kreisstadt und wird von der Efze durchflossen. Neben der Kernstadt zählt sie 20 ländliche Ortsteile. Namensgebend waren die Ritter von Hohenberg, die seit 1120 Bewohner der über der Stadt liegenden Burg waren. Urkundlich wurde sie allerdings erst 1231 erwähnt und profitierte von der Lage am Kreuzungspunkt wichtiger Handelsstraßen. Im Dreißigjährigen Krieg wurde die Stadt fast vollständig zerstört und die Burg blieb als Ruine zurück.

Tourist Information Homberg (Efze)
Am Marktplatz 20
34576 Homberg (Efze)
05681/939161
05681/939162
touristinfo.homberg-efze@t-online.de
www.homberg-efze.eu

Sehenswertes

▸ Stadtführungen
Apr–Okt Mi 10.30 Uhr und Sa 14.30 Uhr ab Landgraf-Philipp-Denkmal auf dem Marktplatz, Abendführungen jeden ersten Fr im Monat um 18.30 Uhr. Für Gruppen jederzeit nach Vereinbarung, auch Burgführungen.

▸ Altstadt
Die Altstadt wird von engen Gassen und zahlreichen sehenswerten Fachwerkbauten geprägt, darunter die Engel-Apotheke, das größte Fachwerkhaus am Marktplatz von 1668, das Gasthaus Krone in einem Fachwerkbau von 1480. Das Haus ist seit 1721 Gasthaus und damit das älteste Restaurant Hessens. Zu erwähnen sind ferner das 1617 erbaute Löwenhaus am Marktplatz mit einem wertvollen Renaissanceportal, das so genannte Fünffenster-Haus, auch Deutsches Haus genannt, das Gotische Haus an der Ecke Untergasse/Holzhäuser Straße vom 15. Jh. und damit das älteste Gebäude der Stadt, sowie die acht Schirnen unter dem Kirchhof, im Mittelalter als Verkaufsstände genutzt.

Blick auf den Marktplatz von Homberg (Efze)

▸ Burgruine
Der das Efzetal überragende Basaltkegel war seit dem 8. Jh. befestigt. Im 12. Jh. war die Burganlage Sitz der Ritter von Hohenberg. Im Dreißigjährigen Krieg wurde sie schwer zerstört und 1657 endgültig aufgegeben. Erst in den 30er Jahren des 20. Jhs. begann man mit dem Wiederaufbau der Ruine. Der 12 m hohe Aussichtsturm bietet einen fantastischen Rundblick über das nordhessische Bergland, hat aber keinen Bezug zur Burggeschichte. In der Vorburg findet man ein Restaurant und der untere Burghof mit kleiner Bühne ist im Sommer Schauplatz diverser kultureller Veranstaltungen.

▸ Stadtkirche St. Marien (Reformationskirche)
Die 1340 am Fuß des Burgbergs auf dem Fundament einer romanischen Basilika errichtete dreischiffige gotische Hallenkirche prägt die Silhouette der Altstadt mit ihren

zahlreichen Fachwerkhäusern. Im Dreißigjährigen Krieg stark beschädigt, wurde sie von 1645 bis 1746 wieder aufgebaut. Das Kircheninnere ist beeindruckend und birgt manche Kostbarkeit, u. a. eine romanische Madonna, die Barockorgel von 1736 und die Buntglasfenster im Chor von 1893. Kirchengeschichtliche Bedeutung erlangte die Stadtkirche durch die Homberger Synode im Oktober 1526, mit deren Ende die Landgrafschaft evangelisch wurde.

Hombergs Stadtkirche St. Marien

▸ Rathaus
Das Rathaus wurde von 1704 bis 1767 an der Stelle eines im Dreißigjährigen Krieg zerstörten Vorgängerbaus errichtet. Im Turm befindet sich ein Glockenspiel, das um 12 Uhr und um 17.45 Uhr ertönt.

▸ Pulverturm und Stadtbefestigung
Die Altstadt wird von einer nahezu vollständig erhaltenen Stadtmauer umgeben. Durch drei Tore gelangte man in die Altstadt. Die Anlage wurde durch sieben Wachtürme gesichert, darunter der Pulverturm aus dem 13. Jh., heute der einzige vollständig erhaltene Turm. Als Verbindungspforte zur Burg diente das so genannte Pförtchen. Ein Wallgraben sorgte für weiteren Schutz.

Museen

▸ Feuerwehrmuseum
Das Museum gibt einen Überblick über die Geschichte der Feuerwehr von 1880 bis heute. Im nahen Gerätehaus können historische Großgeräte besichtigt werden. **Adresse:** Wallstraße 12, 34576 Homberg (Efze). **Öffnungszeiten:** Nur nach Vereinbarung unter ✆ 05684/7526 (Edgar Fehring) oder ✆ 05681/60646 (Jan Oldhaber).

▸ Heimatmuseum im Hochzeitshaus
Das Hochzeitshaus wurde 1552 erbaut und ist seit 1952 Sitz des Heimatmuseums. **Adresse:** Pfarrgasse 26, 34576 Homberg (Efze), Anmeldungen für Gruppen außerhalb der Öffnungszeiten unter ✆ 05681/2470 (Karl-Otto Schmitt). **Öffnungszeiten:** Apr–Okt, jeweils am Mi 14.30–16.30 Uhr sowie Sa und So 10–12 Uhr und 14.30–16.30 Uhr.

▸ Kyffhäuser Museum
Das Museum zeigt die Geschichte der Kyffhäuser, alte Uniformen und Fahnen. **Adresse:** Bergstraße 13, 34576 Homberg (Efze). **Öffnungszeiten:** So 11–12 Uhr oder nach Vereinbarung unter ✆ 05681/930523 (Manfred Ripke).

Natur und Freizeit

▸ Wandern
Die nähere Umgebung ist durch rund 200 km markierte Wanderwege erschlossen, dazu gehören auch 23 lokale Rundwanderwege. Östlich von Hülsa erschließt ein Waldlehrpfad das umliegende Gelände. Im Norden von Hülsa liegt die Lohbachklamm, die durch einen Premium-Wanderweg erschlossen wird. Von Homberg (Efze) startet

wanderwege führen von Immenhausen und Holzhausen aus in die reizvolle nähere Umgebung. Auf dem Eco-Pfad Kulturgeschichte Ahlberg und dem historischen Dorfspaziergang lässt sich die interessante Vergangenheit Mariendorfs erkunden. Durch Immenhausen und Mariendorf verläuft der Reinhardswald-Radweg (Kassel-Trendelburg). 2011 wird der Anschluss an den Diemel-Esse-Fulda-Radweg erfolgen.

▸ Baden

Kombiniertes Hallen- und Freibad, Bernhardt-Vocke-Straße 5, 34376 Immenhausen, 05673/1041.

Veranstaltungen und Feste

Zu den Höhepunkten des Jahres gehören Karnevalsveranstaltungen mit Rathausstürmung, Weihnachtsmärkte, Stadt- und Dorffest, Konzerte, Ausstellungseröffnungen im Glasmuseum sowie die Verleihung des Literaturpreises »Holzhäuser Heckethaler«.

Jesberg

B3

(Schwalm-Eder-Kreis)

Die Gemeinde Jesberg liegt im Tal der Gilsa am Südostrand des Naturparks Kellerwald-Edersee. Neben dem gleichnamigen Hauptort gehören vier weitere Orte zur Gemeinde, die insgesamt rund 2500 Einwohner zählt.

www.gemeinde-jesberg.de

Sehenswertes

▸ Burgruine Jesberg und Prinzessinnengarten

Die romanische Wehranlage wurde um 1200 erbaut und ist das Wahrzeichen Jesbergs. Sie stand zwischen dem 14. und 16. Jh. mehrfach im Mittelpunkt von Auseinandersetzungen zwischen den Truppen des Erzbischofs und Truppen des hessischen Landgrafen. Nach 1586 verlor sie ihre strategische Bedeutung und verfiel. Die Burgreste wurden in den 1980er Jahren saniert und u. a. wurde eine Aussichtsplattform angelegt. Der Bergfried ist von Apr bis Okt täglich von 9 bis 20 Uhr zugänglich. Unweit der Burganlage liegt auch der Prinzessinnengarten, für die Töchter von Prinz Maximilian von Hessen zwischen 1723 und 1753 angelegt.

▸ Barockschlösschen

Das Barockschlösschen wurde in der ersten Hälfte des 18. Jhs. im Treisbachgrund erbaut. Dahinter wurde ein Garten im holländischen Stil angelegt. Das Schloss gehört heute zum Seniorenzentrum Kellerwald. Das Standesamt bietet im historischen Ambiente des Schlosses auch Trauungen an.

▸ Rathaus

Der Fachwerkbau war früher Umspannstation, Gasthaus und Tankstelle. Nach Sanierung dient er seit 1989 als Rathaus. Im OG ist eine Abteilung des Heimatmuseums untergebracht. Im Eingangsbereich befindet sich ein Quarzitblock mit schalenförmiger Vertiefung, vermutlich ein alter Opferstein.

Museen

▸ Heimatmuseum

Das Heimatmuseum mit einer Ausstellung zu früheren Zeiten verteilt sich auf das Dachgeschoss des Rathauses, das Vereinshaus bei der historischen Zehntscheune, eine Scheune in der Densberger Straße und weitere Räumlichkeiten über der Raiffeisenbank. **Öffnungszeiten:** So 14–17 Uhr (nur in den Sommermonaten) oder nach Terminabsprache: Karl-Heinrich Margraf, Gilsatalstraße 8, OT Densberg, 34632 Jesberg, 06695/211.

Natur und Freizeit

▸ Wandern und Radfahren

Die Gemeinde am Rand des Naturparks Kellerwald-Edersee wird von vielen Wanderwegen durchzogen. Sehr beliebt ist eine Besteigung des Wüstegartens, mit 675 m der höchste Berg der Region, s. u. Gilserberg. Durch die Gemeinde führen auch der Kellerwaldsteig und der Lulluspfad. Jesberg und Densberg sind zudem durch einen Waldlehrpfad verbunden. Zahlreiche Wirtschaftswege und Nebenstraßen stehen auch Radfahrern bei der Erkundung der Umgebung zur Verfügung.

▸ Baden

Kellerwald-Schwimmbad

Kontakt: ✆ 06695/1522.

Veranstaltungen und Feste

▸ Freilichtbühne im ehemaligen Burggraben Densberg

Die weithin bekannte Laienspielgruppe »Densberger Frühstücker« führt jedes Jahr zu mehreren Terminen im Juli ein Theaterstück auf dieser Bühne auf.

Kontakt: Gisela Noll, Kellerstraße 4, OT Densberg, 34632 Jesberg, ✆ 06695/1203, ✉ mail@densberger-fruehstuecker.de, 🌐 www.densberger-fruehstuecker.de.

Kassel

C2

(Kreisfreie Stadt)

Einst Residenzstadt von Landgrafen und Kurfürsten, ist sie heute eine Stadt der Künste und Kongresse sowie das wirtschaftliche und kulturelle Zentrum Nordhessens mit rund 194 300 Einwohnern. Sie liegt klimatisch günstig in einem Talkessel, ist Sitz der Universität, der Bezirksregierung und des Bundessozialgerichts. In zwei Urkunden im Jahre 913 als Chassalla erwähnt, erhielt Kassel Ende des 12. Jhs. die Stadtrechte. Von 1277 bis 1866 hatte sie die Funktion einer hessischen Hauptstadt. 1899 überschritt die Einwohnerzahl die 100 000-Grenze, womit Kassel Großstadt wurde. Bis 1926 hieß die Stadt amtlich Cassel. Im Zweiten Weltkrieg vernichtete ein verheerender Luftangriff in der Nacht 22./23. Okt. 1943 die Stadt zu über 80 %. Heute ist Kassel durch die alle fünf Jahre stattfindende documenta, der größten Ausstellung zeitgenössischer Kunst, und durch den Bergpark Wilhelmshöhe auch weltweit ein Begriff. Darüber hinaus hat die Stadt eine herausragende Museumslandschaft zu bieten. Wahrzeichen Kassels ist die Herkulesstatue auf dem Karlsberg.

Tourist-Information
Obere Königsstraße 8 (Rathaus)
34117 Kassel
✆ 0561/7077-07
📠 0561/7077-169
✉ info@kassel-marketing.de
🌐 www.kassel.de
🌐 www.kassel-marketing.de

Tourist- und Kurinformation
Willy-Brandt-Platz 1 (Bahnhof Wilhelmshöhe), 34131 Kassel
✆ 0561/34054
📠 0561/315216
✉ info@kassel-marketing.de
🌐 www.kassel.de
🌐 www.kassel-marketing.de

Sehenswertes

▸ Stadtführungen

Es wird ein breites Spektrum an Rundfahrten und Spezialführungen für Gruppen nach Voranmeldung angeboten. Einzelreisende können an folgenden Führungen teilnehmen: Auf dem Stadtrundgang »Kassel – Kunst – Kultur« können Sie jeden Fr um 16 Uhr ab

Tourist-Information am Rathaus den Spuren der Brüder Grimm folgen, beeindruckende historische Bauten entdecken und zahlreiche documenta-Außenwerke bewundern, Stadtrundfahrt »Entdecken Sie Kassel«, Mrz–Dez jeden Sa 11 Uhr ab Busparkplatz Staatstheater/Du-Ry-Straße, »Führung zu den Wasserkünsten« 1. Mai bis 3. Oktober jeden Mi, Sonn- und Feiertag um 14 Uhr ab Besucherzentrum am Herkules. Informationen zu weiteren Sonderführungen mit interessanten Themen unter 🌐 www.kassel-marketing.de.

▸ Aschrottbrunnen

Der jüdische Unternehmer Sigmund Aschrott stiftete vor dem neu erbauten Rathaus den zwölfstufigen Aschrottbrunnen mit einer Pyramidenskulptur. Dieser wurde 1939 zerstört. Der heutige 1987 erbaute Brunnen ist als Kegel 12 m in den Boden hineingebaut, in den das Wasser hineinstürzt und dient als Mahnmal für die Verfolgung der Juden.

▸ Brüderkirche

Die von 1292 bis 1376 erbaute Kirche ist das älteste hochgotische Baudenkmal der Stadt und gehörte einst zum Kloster des Karmeliter-Ordens. Das Kloster wurde 1526 aufgehoben, danach diente der Bau als Pfarrkirche der Altstadt. Im Zweiten Weltkrieg zerstört, wurde sie bis 1955 wieder aufgebaut. Während der Kapitelsaal des ehemaligen Klosters heute für Gottesdienste der griechisch-orthodoxen Gemeinde Kassels genutzt wird, dient die Kirche als Veranstaltungsort.

▸ Druselturm

Der am Druselplatz stehende Turm wurde 1415 erbaut, verstärkte die Stadtmauer und diente als Gefängnis mit tiefen Verliesen.

▸ Herkules-Monument

Das Wahrzeichen der Stadt steht in 550 m Höhe auf dem Karlsberg, bildet den krönenden Abschluss der 1,5 km langen Kaskadenanlage und wurde zwischen 1700 und 1717 unter Landgraf Karl erbaut. Auf dem achteckigen Unterbau erhebt sich eine steile Pyramide, auf der eine 8,20 m hohe Statue des Herkules thront, eine Nachbildung des antiken Hercules Farnese. Über eine Treppe gelangt man zur Besucherplattform in 28,5 m Höhe, die einen einzigartigen Blick auf die gesamte barocke Parkanlage mit der fünf Kilometer langen Wilhelmshöher Allee bietet, sowie auf die ganze Stadt Kassel.

Adresse: Schlosspark 22, 34131 Kassel, ☎ 0561/312456. **Öffnungszeiten:** Mitte Mrz–Mitte Nov Di–So 10–17 Uhr.

▸ Karlskirche

Die 1710 geweihte Kirche präsentierte sich einst mit einem vorgelagerten Haupteingang an der Frankfurter Straße. Sie diente Glaubensflüchtlingen aus Frankreich als Gotteshaus und war innen schlicht gehalten. Im Zweiten Weltkrieg wurde die Kirche stark zerstört und der Wiederaufbau war erst 1957 beendet. Damals erhielt sie auch ein 45-teiliges Glockenspiel, das sonntags vor dem Gottesdienst sowie Mo, Mi und an Feiertagen ab 17.30 zu hören ist und an die Bombenopfer des Zweiten Weltkrieges erinnert. Die heutige Kirche mit Hauptzugang von der Karlsstraße ist ein schlichter Bau, der auf dem Zeltdach ein Glockentürmchen trägt.

▸ Künstler-Nekropole

An einem Weg um den Blauen See realisieren Künstler der documenta bereits zu Lebzeiten ihr eigenes Grabmal und müssen sich auch testamentarisch verpflichten, sich hier beerdigen zu lassen. Die Nekropole geht auf Initiative des verstorbenen Kunstprofessors Harry Kramer zurück und versteht sich als neue Ausdrucksform der Kunst im öffentlichen Raum.

▸ Lutherkirche
Die ursprüngliche Kirche wurde von 1894 bis 1897 auf dem ehemaligen Altstädter Friedhof erbaut. Im Zweiten Weltkrieg wurde sie bis auf die Außenmauern des Kirchenschiffs zerstört, in der Ruine wurde eine Notkirche errichtet. Erhalten blieb aber der beeindruckende 76 m hohe Turm mit vier Glocken, der höchste Kirchturm Kassels.

▸ Marstall
Das ursprünglich vierflügelige Gebäude (Wildemannsgasse 1) wurde im Auftrag von Landgraf Wilhelm IV. 1591–93 im Stil der Weserrenaissance errichtet. Im Erdgeschoss waren die fürstlichen Pferde untergebracht, im Obergeschoss befanden sich Kunst- und Raritätenkammer, ein Raum für wissenschaftliche Experimente, eine Druckerei und Münzerei sowie ab 1633 auch die Bibliothek. Nach Zerstörung im Zweiten Weltkrieg wurde nur die äußere Hülle nach altem Vorbild neu errichtet, während das Innere völlig verändert wurde. Heute findet man hier die Markthalle, ein Medienzentrum und das Stadtarchiv.

▸ Martinskirche
Die Türme der evangelischen Martinskirche sind eng mit dem Stadtbild von Kassel verbunden. Der Bau erfolgte von 1384 bis 1462. Einst befand sich hier ein Chorherrenstift, zur Zeit der Reformation wurde es ein protestantisches Gotteshaus. Der Kirchenbau wurde im Laufe der Zeit immer wieder verändert. Im Zweiten Weltkrieg zerstört, erfolgte der Wiederaufbau 1954–58. In der Kirche sind zahlreiche hessische Landgrafen beerdigt. 1999 kehrten sechs von acht steinernen Löwen zurück und flankieren nun den Haupteingang innen und außen.

▸ Orangerie
Die Orangerie bildet den nordöstlichen Querabschluss der Karlsaue. Sie wurde von 1702 bis 1710 nach französischen Vorbildern als Gewächshaus erbaut. So überwinterten hier südliche Pflanzen, z. B. Orangenbäume. Ab dem 19. Jh. diente die Orangerie hauptsächlich als Ausstellungsgebäude. Im Zweiten Weltkrieg zerstört, wurde sie zwischen 1974 und 1981 wieder aufgebaut. Heute beherbergt sie das Astronomisch-Physikalische Kabinett mit Planetarium, ein Restaurant und ist Spielstätte des Kindertheaters vom Staatstheater Kassel.

Die Orangerie in der Karlsaue

▸ Rathaus
Das Rathaus (Obere Königsstraße 8) wurde 1905–09 im Stil des Neubarocks erbaut. Nach Zerstörung im Zweiten Weltkrieg wurde die Dachform schlichter gestaltet und später wurden moderne Anbauten rechtwinklig hinzugefügt.

▸ Renthof
Der Renthof schließt sich direkt an die Brüderkirche an und ist der Rest des ehemaligen Karmeliterklosters. Nach dessen Auflösung diente das Gebäude als Hofschule, später als Ritterakademie. Von 1633 bis 1653 bestand dann hier die Universität Kassel. Das Renaissanceportal am Eingang zum heutigen Alten- und Pflegeheim zeigt das Doppelwappen des Landgrafen Moritz und seiner zweiten Ehefrau Juliana Gräfin von Nassau.

Schloss und Park Schönfeld
Das im Stadtteil Wehlheiden gelegene Schlösschen geht auf 1777 zurück. Es wurde mehrfach erweitert. Heute befindet sich hier ein Restaurant und man kann sich hier auch trauen lassen. Der das Schloss umgebende Park mit großzügigen Teichen wurde ab 1798 im Stil eines englischen Landschaftsgartens umgestaltet. Im nördlichen Teil liegt der Botanische Garten (siehe dort).

Die Treppenstraße in Kassel

Schloss Wilhelmshöhe
Anstelle des heutigen Schlosses stand hier bereits im Jahre 1140 ein Augustinerinnenkloster, das später als Jagdschloss genutzt wurde und durch einen Neubau namens Moritzheim Weißenstein ersetzt wurde, der 1606–10 entstand. Nach dessen Abriss ließ Landgraf Wilhelm IX., ab 1786 das Schloss Wilhelmshöhe erbauen. Ursprünglich war nur der heutige Weißensteinflügel geplant, aber noch während der Bauzeit entschied Wilhelm IX. auch noch einen Nordflügel zu errichten, den heutigen Kirchflügel. Der Mittelbau mit dem sechssäuligen Portal und ausladender Freitreppe entstand 1701-98. Die Verbindungsbauten zwischen den Gebäuden wurden erst 1829 errichtet. Im Zweiten Weltkrieg stark zerstört, erfolgte der Wiederaufbau erst 1968–74. 1972 fanden hier innerdeutsche Gespräche zwischen Willy Brandt und Willi Stoph statt. Aufgrund von Baumängeln erfolgte dann eine erneute Schließung von 1994 bis zum Jahr 2000. Mit dem Schloss Wilhelmsthal bei Calden ist das Schloss Wilhelmshöhe durch eine etwa 9 km lange fast gradlinige Rasenallee verbunden. Heute dient es als Museum.

Schloss Wilhelmshöhe in Kassel

Treppenstraße
Die Treppenstraße verbindet den Kasseler Kulturbahnhof mit dem Friedrichsplatz, folgt dem Hanggefälle mit Podesten, Treppenabschnitten und Grünflächen und ist die erste Fußgängerzone Deutschlands, die 1953 eröffnet wurde.

Zwehrenturm
Der Zwehrenturm wurde 1330 im gotischen Stil erbaut und diente als Stadttor Richtung Frankfurt. 1709 ließ Landgraf Karl im oberen Teil eine Sternwarte einbauen, während der untere Teil zeitweise als Gefängnis für bessere Stände diente. 1779 wurde der Turm mit dem Fridericianum verbunden und das bisherige Dach durch einen Observatoriumsraum ersetzt.

Museen

Astronomisch-Physikalisches Kabinett mit Planetarium
Das in der Orangerie untergebrachte Astronomisch-Physikalische Kabinett zeigt u. a. eine rekonstruierte Sternwarte, die der hessische Landgraf Wilhelm IV.

bereits 1560 gründete. Zum Museum gehören fünf Ausstellungsbereiche, nämlich Astronomie, Uhren, Geodäsie, Physik und Mathematik/Informationstechnik von der Antike bis zur Gegenwart. Ein modernes Pendant ist das Planetarium im 3. OG mit einer Kuppel von 10 m Durchmesser, das den Besucher mit auf eine moderne Zeitreise in den Kosmos nimmt.
Adresse: An der Karlsaue 20c, 34117 Kassel, 0561/31680-500, info@museum-kassel.de, www.museum-kassel.de.
Öffnungszeiten: Di–So 10–17 Uhr (Do bis 20 Uhr), jede Woche regelmäßige Planetariumsführungen, daneben jederzeit Gruppentermine nach Vereinbarung.

Ballhaus am Schloss Wilhelmshöhe
Im Bergpark Wilhelmshöhe gelegen, wurde es 1808/09 als Hoftheater erbaut und erhielt die prachtvolle Innenausstattung 1828. Es wird von April–Okt für Ausstellungen oder für Kulturveranstaltungen genutzt.
Adresse: Im Bergpark Wilhelmshöhe, 34131 Kassel, 0561/31680-276, m.schminke@museum-kassel.de, www.museum-kassel.de.

Brüder-Grimm-Museum
1714 erbaut, diente das barocke Palais Bellevue an der Schönen Aussicht oberhalb der Karlsaue zunächst als Sternwarte, dann als Wohngebäude und ist seit 1972 Sitz des Brüder-Grimm-Museums. Die Ausstellung dokumentiert in chronologischer Reihenfolge das Leben und Wirken der Brüder Grimm. Eine Abteilung ist dem Thema Märchen gewidmet.
Adresse: Schöne Aussicht 2 (Palais Bellevue), 34117 Kassel, 0561/103235, grimm-museum@t-online.de, www.grimms.de. **Öffnungszeiten:** Bis voraussichtlich Ende 2011 geschlossen, danach vorbehaltlich Änderungen: täglich 10–17 Uhr (Mi bis 20 Uhr).

Caricatura – Galerie für Komische Kunst
In der ehemaligen Kleiderkammer der Deutschen Bundesbahn beheimatet, bietet die Caricatura ein Forum für Karikatur und Cartoon. Etliche Querschnitt-Ausstellungen wurden als Wanderausstellung auch in vielen anderen Städten gezeigt. In zweimonatigem Wechsel werden sowohl Sammelausstellungen wie auch Werkschauen einzelner Künstler gezeigt. Auf der Bühne präsentieren Autoren, Kabarettisten und Musiker ihr Programm.
Adresse: Kulturbahnhof Kassel, Rainer-Dierichs-Platz 1, 34117 Kassel, 0561/776499, info@caricatura.de, www.caricatura.de. **Öffnungszeiten:** Zu Zeiten von Ausstellungen Do und Fr 14–20 Uhr sowie Sa und So 12–20 Uhr. Bei Veranstaltungen kann die Galerie geschlossen sein!

documenta-Halle
Die moderne Ausstellungshalle neben dem Fridericianum wurde anlässlich der documenta 9 erbaut. Die Architektur ist geprägt durch die drei Elemente Glas, Stahl und Beton. Die documenta, Weltausstellung zeitgenössischer Kunst, findet seit 1955 regelmäßig in Kassel statt, die nächste im Sommer 2012. In der übrigen Zeit wird die Halle für diverse andere Veranstaltungen genutzt.
Adresse: Du-Ry-Straße 1, 34117 Kassel, **Postanschrift:** documenta und Museum Fridericianum Veranstaltungs-GmbH, Friedrichsplatz 18, 34117 Kassel, 0561/707 27-17, office@documenta.de, www.documentahalle.de.

Galerie Stellwerk
Der Ausstellungsraum der Kunsthochschule Kassel in einem ehemaligen Warteraum im Kulturbahnhof Kassel versteht sich als Plattform für junge zeitgenössische Kunst.
Adresse: Stellwerk im Kulturbahnhof, Bahnhofsplatz 1, 34117 Kassel, stell-

werkteam@gmx.de, www.stellwerkprogramm.de.

Henschel-Museum
Das Museum befindet sich im ehemaligen Henschelwerk im Stadtteil Rothenditmold. Die Exponate zeigen Henschel-Produkte und widmen sich auch dem Leben der Familie Henschel. Ein Schwerpunkt bildet die Sammlung Lokomotivenmodelle vom Drache, der ersten Henschel-Lok von 1848 bis zum Transrapid.
Adresse: Wolfhager Straße 109 (Eingang Werktor Wolfhager Straße/Mombachstraße), 34127 Kassel, 0561/801-7250, info@henschel-museum.com, www.henschel-museum.com. **Öffnungszeiten:** jeden ersten Sa und So im Monat 14–17 Uhr bzw. nach vorheriger Vereinbarung.

Hessisches Landesmuseum
Das Hessische Landesmuseum mit seinen Sammlungen Vor- und Frühgeschichte, Volkskunde, Kunsthandwerk und Plastik sowie Deutsches Tapetenmuseum soll im Jahr 2013 als Haus der Nordhessischen Landes- und Kulturgeschichte wiedereröffnet werden. Für das Deutsche Tapetenmuseum ist ein Neubau am Weinberg geplant.
Adresse: Brüder-Grimm-Platz 5, 34117 Kassel, 0561/31680-0. **Öffnungszeiten:** Derzeit geschlossen, nach Wiedereröffnung voraussichtlich Di–So 10–17 Uhr.

Löwenburg
Die im Bergpark Wilhelmshöhe gelegene Burg wurde zwischen 1793 und 1801 erbaut und diente als Lustschloss. Neben der malerischen Lage fasziniert das Spannungsverhältnis zwischen mittelalterlicher Burgarchitektur und den Räumen als barockes Schloss. Im Rahmen von Führungen lernen Sie Wohnräume, die Rüstkammer und die Burgkapelle kennen. Der Burghof wird auch für Musikveranstaltungen genutzt.
Adresse: Im Bergpark Wilhelmshöhe, 34131 Kassel, 0561/31680-244. **Öffnungszeiten:** Jan–Feb und Nov Di–So 10–16 Uhr, Mrz bis Okt Di–So 10–17 Uhr, Dez Sa und So 10–16 Uhr, Führungen jeweils zur vollen Stunde, letzte Führung 1 Std. vor Ende der Öffnungszeit.

Marmorbad
Das Marmorbad auf der Westseite der Orangerie wurde 1722–28 erbaut und war nie als Bad, sondern als Ausstellungsraum von Reliefs und Statuen gedacht. Nach der Zerstörung der Orangerie im Zweiten Weltkrieg ist es das einzige Gebäude auf diesem Gelände mit einer originalen Einrichtung aus der Frühzeit des 18. Jhs.
Adresse: Im Staatspark Karlsaue, An der Karlsaue 20, 34121 Kassel, 0561/31680-625. **Öffnungszeiten:** Apr–Anfang Okt Di–So 10–17 Uhr.

Das Fridericianum in Kassel

Museum und Kunsthalle Fridericianum
Das von 1769 bis 1779 errichtete Gebäude war der erste klassizistische Baukörper in Deutschland und war dafür bestimmt, die landgräfliche Kunstsammlung und Bibliothek aufzunehmen. Nach dem Zweiten Weltkrieg wieder aufgebaut, fand hier 1955 die erste »documenta« statt. Heute ist es

eine Kunsthalle und Heimat des Kasseler Kunstvereins. Im Mittelpunkt steht die Kunst als Experiment mit wechselnden Themenausstellungen und Künstlerretrospektiven.
Adresse: Friedrichsplatz 18, 34117 Kassel, ✆ 0561/70727-20, ✉ office@fridericianum-kassel.de, 🌐 www.fridericianum-kassel.de. **Öffnungszeiten:** Mi–So 11–18 Uhr.

▸ Museum Schloss Wilhelmshöhe
Das Museum residiert im Schloss Wilhelmshöhe und umfasst verschiedene Teilbereiche. Dazu gehören die Antikensammlung und Gemäldegalerie Alte Meister, die Graphische Sammlung, Bibliothek und die Sammlung Malerei und Plastik ab 1750.
Adresse: Museumslandschaft Hessen Kassel, Schloss Wilhelmshöhe, Schlosspark 1, 34131 Kassel, ✆ 0561/31680-0, ✉ info@museum-kassel.de, 🌐 www.museum-kassel.de. **Öffnungszeiten:** Siehe unter den jeweiligen Ausstellungsbereichen.

▸ Museum für Sepulkralkultur
Mit seinen großzügigen Glasfronten rückt das Museumsgebäude nicht nur die Exponate im Inneren, sondern auch das Äußere ins rechte Licht und bietet einen herrlichen Ausblick über die Südstadt. Die seit 1992 bestehende Ausstellung beschäftigt sich mit den Themen Sterben, Tod, Bestattung und Gedenken an die Verstorbenen. Daneben besitzt das Museum etwa 16 500 Grafiken vom 15. Jh. an.
Adresse: Museum für Sepulkralkultur, Arbeitsgemeinschaft Friedhof und Denkmal, Weinbergstraße 25–27, 34117 Kassel, ✆ 0561/91893-0, ✉ info@sepulkralmuseum.de, 🌐 www.sepulkralmuseum.de. **Öffnungszeiten:** Di–So 10–17 Uhr (Mi bis 20 Uhr).

▸ Museum Neue Mühle
Das Energiemuseum befindet sich an einem geschichtsträchtigen Ort, denn hier wurde 1891 ein Wasserkraftwerk mit vier Francisturbinen zur Stromerzeugung in Betrieb genommen. Es widmet sich dem Thema der Energieversorgung (Gas, Wasser und Strom) von 1891 bis heute.
Adresse: Postanschrift Museum Neue Mühle c/o Städtische Werke AG, Königstor 3–13, 34117 Kassel, ✆ 0561/782-2218, ✉ museum@stwks.de, 🌐 www.sw-kassel.de. **Öffnungszeiten:** jeden Mi 10–16 Uhr, außerdem jeden ersten So im Monat 10–16 Uhr, Gruppen bitte unter ✆ 0561/782-2149 anmelden!

▸ Museumseisenbahn Hessencourrier
Seit 1972 werden zwischen Kassel-Wilhelmshöhe und Naumburg Zugfahrten mit historischen Eisenbahnfahrzeugen durchgeführt. Der Verein sammelt und erhält alte Eisenbahnfahrzeuge aus Hessen, meist im schrottreifen Zustand und restauriert diese dann. Interessant ist auch die Kleinbahnstrecke zwischen Kassel und Naumburg, denn auf der relativ kurzen Strecke müssen die Nostalgiezüge mit Dampflok beträchtliche Höhenunterschiede bewältigen. Fahrten werden zu bestimmten Terminen, meist am So durchgeführt, Charterfahrten auf Anfrage auch an anderen Tagen. Abfahrt in Kassel ist der Technologiepark Marbachshöhe, Johanna-Waescher-Straße, 34131 Kassel. Fahrkarten gibt es im Internet.
Adresse: Hessencourrier e.V., Kaulenbergstr. 5, 34131 Kassel, ✆ 0561/35925, ✉ info@hessencourrier.de, 🌐 www.hessencourrier.de.

▸ Naturkundemuseum im Ottoneum
Das Ottoneum wurde 1603–06 als Theater von Landgraf Moritz errichtet, diente aber nur kurze Zeit als solches und ist seit 1884 Sitz der landgräflichen Kunst- und Naturaliensammlung, die heute den Kern der Ausstellung bildet und eine kulturhistorische Kostbarkeit ist. Die Dauerausstellung umfasst die Abteilungen Sammlungsgeschichte, Erdgeschichte und Natur in Nordhessen.

Daneben gibt es regelmäßig Sonderausstellungen.
Adresse: Steinweg 2, 34117 Kassel, 0561/787-4066, naturkundemuseum@stadt-kassel.de, www.naturkundemuseum-kassel.de. **Öffnungszeiten:** Di–So 10–17 Uhr (Mi bis 20 Uhr und So bis 18 Uhr).

Neue Galerie – Staatliche und Städtische Kunstsammlungen
Der 1872–77 erbaute Neorenaissancebau wurde im Zweiten Weltkrieg zerstört und 1963–76 wieder aufgebaut. Die Neue Galerie präsentiert Kunst zwischen 1750 und heute.
Adresse: Schöne Aussicht 1, 34117 Kassel, 0561/31680-0. **Öffnungszeiten:** Bis voraussichtlich Herbst 2011 geschlossen, nach Wiedereröffnung wahrscheinlich Di–So 10–17 Uhr.

Schloss Wilhelmshöhe – Antikensammlung
Die Antikensammlung mit rund 500 Objekten im EG des Schlosses umfasst Skulpturen, Vasen, Münzen und Kleinkunst aus dem Mittelmeerraum.
Öffnungszeiten: s. u. Gemäldegalerie Alte Meister.

Schloss Wilhelmshöhe – Gemäldegalerie Alte Meister
Zur Sammlung mit etwa 800 Objekten auf der 1. bis 3. Etage des Schlosses gehören Gemälde der Spätgotik, Renaissance, des Barock und des Klassizismus. Schwerpunkt bildet die holländische und flämische Malerei des 17. Jhs. mit vielen Rembrandt-Gemälden. Daneben werden auch Meisterwerke aus Italien, Frankreich und Spanien gezeigt.
Öffnungszeiten: Di–So 10–17 Uhr (Do bis 20 Uhr).

Schloss Wilhelmshöhe – Graphische Sammlung
Die graphische Sammlung im Kirchenflügel reicht bis ins 16. Jh. zurück und umfasst über 55 000 Handzeichnungen, druckgraphische Arbeiten, Plakate und illustrierte Bücher.
Adresse: Schlosspark 1, 3431 Kassel, 0561/31680-0, info@museum-kassel.de, www.museum-kassel.de. **Öffnungszeiten:** Nach vorheriger Vereinbarung zu den normalen Öffnungszeiten des Schlosses.

Schloss Wilhelmshöhe – Weißensteinflügel
Der Weißensteinflügel von Schloss Wilhelmshöhe wurde in den Jahren 1786–90 erbaut. Heute können 23 der historischen Räume nur im Rahmen von Führungen besichtigt werden. Die Räume sind mit Möbeln aus damaliger Zeit, Gemälden sowie Büchern aus der kurfürstlichen Bibliothek und altem Porzellan ausgestattet.
Adresse: Schlosspark 1, 34131 Kassel, 0561/31680-208, info@museum-kassel.de, www.museum-kassel.de.
Öffnungszeiten: Nov, Jan und Feb Di–So 10–16 Uhr, Dez nur Sa und So 10–16 Uhr, Mrz–Okt Di–So 10–17 Uhr, Führungen immer zur vollen Stunde, letzte Führung immer 1 Std. vor Schließung.

Spohr Museum
Louis Spohr lebte von 1784 bis 1859 und war einer der führenden Geigenvirtuosen seiner Zeit. Von 1822 bis 1857 war er Hofkapellmeister in Kassel. Als Komponist hinterließ er ein Werk, das von Opern und Symphonien über Violinkonzerte bis zu Kammermusik für fast alle Instrumente reicht. Das Museum widmet sich dem Leben und dem Werk des Kasseler Ehrenbürgers.
Adresse: Kulturbahnhof Südflügel, Franz-Ulrich-Straße 6, 34117 Kassel, 0561/7662528, info@ILSG.de, www.spohr-museum.de. **Öffnungszeiten:** Sa–Mo 10–16 Uhr, Di–Fr nur nach vorheriger Vereinbarung.

Stadtmuseum Kassel
Erst 1979 gegründet, residiert das Museum im 1869–71 erbauten Kunsthaus (Stände-

platz 16), von dem nach der Zerstörung im Zweiten Weltkrieg nur die Außenmauern erhalten blieben. Das Museum widmet sich der Geschichte Kassels und soll um die Aspekte der Industrie-, Sozial- und Alltagsgeschichte ergänzt werden. Bis 2012 ist das Museum in einem Zwischendomizil untergebracht. Dort werden einige Ausstellungsstücke, u. a. das große Modell der Stadt von 1766 und wechselnde Sonderausstellungen gezeigt.
Adresse: Wilhelmsstraße 2 (bis zur Wiedereröffnung am Ständeplatz 16), 34117 Kassel, 0561/787-1400, stadtmuseum@stadt-kassel.de, www.stadtmuseum-kassel.de. **Öffnungszeiten:** Di–Fr 12.30–17 Uhr, jeden ersten Mi im Monat bis 22 Uhr.

▸ Straßenbahnmuseum Kassel
Das Straßenbahnmuseum im KVG-Betriebshof erzählt die Geschichte der Straßenbahnen in Kassel. Ausgestellt sind historische Uniformen und Fotos, eine Modell-Straßenbahn und mehr. Zu den Öffnungszeiten verkehrt auch eine Oldtimerbahn zum Königsplatz und zurück.
Adresse: Interessengemeinschaft Nahverkehrsbetrieb e. V., Hans Schüßler, Berlepschstraße 6, 34119 Kassel, 0561/36229, www.strassenbahnmuseum-kassel.de, Museum: KVG-Betriebshof, Sandershäuser Straße 23, 34123 Kassel, 0561/3089-478 (nur während der Öffnungszeit). **Öffnungszeiten:** jeden ersten Sa im Monat 10.30 Uhr–16.30 Uhr.

▸ Torwache am Hessischen Landesmuseum
Die Torwache ist Teil einer unvollendet gebliebenen Toranlage, die um 1805 vom Architekten Heinrich Christoph Jossow entworfen wurde. Während das nördliche Torhaus heute ein Teil des Hessischen Verwaltungsgerichtshofs ist und 1814–22 Wohnhaus der Brüder Grimm war, beherbergt das südliche Torhaus eine Ausstellung für angewandte Kunst und Design von 1840 bis heute.
Adresse: Brüder-Grimm-Platz 6, 34117 Kassel, 0561/31680-300, info@museum-kassel.de, www.museum-kassel.de.
Öffnungszeiten: Di–So 10–17 Uhr.

Natur und Freizeit

▸ Wandern
In der Umgebung von Kassel finden Wanderfreunde ein riesiges markiertes Wegenetz, das die Naturparks Habichtswald und Meißner-Kaufunger Wald erschließt oder durch den Reinhardswald führt. Kassel wird auch von verschiedenen Fernwanderwegen berührt. Rundwege gibt es von über 100 Wanderparkplätzen aus.

▸ Radfahren
Das Stadtgebiet ist durch ein großes Radwegenetz erschlossen, das gut beschildert ist und ständig erweitert wird. Über Kassel führen u. a. der Hessische Fernradweg 1 oder der Fulda-Radweg. Der Lossetalradweg führt Richtung Hessisch Lichtenau oder der Hessen-Courrier-Weg folgt dem Lauf der Museumseisenbahn.
Fahrradverleih:
Heinrich Niemeier, Korbacher Straße 213a, 34132 Kassel, 0172/5602706, niemeier@mobile.de.
DB Rent GmbH, Call a Bike, Scharrenstraße 10, 06108 Halle, 07000/5225522, info@callabike.de, www.callabike.de, Vermietstation Bahnhof Kassel-Wilhelmshöhe.

▸ Bergpark Wilhelmshöhe
Im Bergpark Wilhelmshöhe findet man über der Stadt thronend mehr als 500 verschiedene Baum- und Straucharten, die aus dem europäischen, nordamerikanischen und asiatischen Raum stammen. Es gibt auch kleine Grotten, Pyramiden und Tempel zu entdecken. Auch die bunten Blumenbeete um die Schlosswiese sind im Sommer eine Augen-

Allee 205, 34121 Kassel, 0177/3692317, info@improks.de, www.improks.de. **Spielorte:** u. a. im Dock 4 oder Cassalla Theater.

Kasseler Feinripp

Das Improvisationstheater spielt alles, wobei das Publikum das Drehbuch vorgibt.
Adresse: Jürgen Krempler, Hirtenstraße 2, 34270 Schauenburg, 05601/589868, info@kasseler-feinripp.de, www.kasseler-feinripp.de. **Spielort:** Kulturzentrum Schlachthof, Mombachstraße 12, 34127 Kassel.

Kleine Bühne 70

Die Amateurbühne führt u. a. Sketche, Komödien, Märchen und Kriminalstücke auf.
Adresse: Tannenstraße 3, 34119 Kassel, 0561/774919 (Familie Langlotz), info@kb70.de, http://kb70.de. **Spielstätte:** Cassalla Theater, Jordanstraße 11, 34117 Kassel.

Komödie Kassel

Gezeigt werden u. a. Lustspiele, Revuen und Kindertheater.
Adresse: Friedrich-Ebert-Straße 39, 34117 Kassel, 0561/18383, info@komoedie-kassel.de, www.komoedie-kassel.de.

Kulturbahnhof Kassel

Nach Eröffnung des IC-Bahnhofs in Kassel-Wilhelmshöhe verlor der ehemalige Hauptbahnhof seine Bedeutung. 1995 wurde er dann als Kulturbahnhof eingeweiht, auf dem Vorplatz das Kunstwerk der documenta IX, der Himmelsstürmer, errichtet und ist u. a. das Domizil der Kneipe Gleis 1, der Caricatura und des Bali-Kinos. In der Bahnhofshalle finden seither zahlreiche Veranstaltungen statt.
Adresse: Rainer-Dierichs-Platz 1, 34117 Kassel, 0561/7399011, thoener@kulturbahnhof-kassel.de, www.kulturbahnhof-kassel.de.

Kulturfabrik Salzmann

In den ehemaligen Gebäuden der 1876 von Heinrich Salzmann gegründeten Textilfabrik bietet die Kulturfabrik mit mehreren Bühnen und Ateliers, einer Ausstellungshalle, Café und Bistro den Rahmen für diverse Veranstaltungen.
Adresse: Sandershäuser Straße 34, 34123 Kassel, 0561/572542, info@kulturfabrik-kassel.de, www.kulturfabrik-kassel.de.

Kulturhaus Dock 4

Die Bühne im Kulturhaus Dock 4 wird für vielfältige Auftritte genutzt.
Adresse: Untere Karlsstraße 4, 34117 Kassel, 0561/787-2067, info@dock4.de, www.dock4.de.

Kulturzentrum Schlachthof

Das Kulturzentrum ist ein Treffpunkt von Menschen unterschiedlicher sozialer und ethnischer Herkunft sowie u. a. auch ein attraktiver Veranstaltungsort.
Adresse: Mombachstraße 10–12, 34127 Kassel, 0561/98350-0, info@schlachthof-kassel.de, www.schlachthof-kassel.de.

Staatstheater Kassel

Die Geschichte des Staatstheaters reicht in das 17. Jh. zurück. Es ist ein Drei-Sparten-Haus mit Schauspiel, Musik- und Tanzveranstaltungen.
Adresse: Friedrichsplatz 15, 34117 Kassel, 0561/1094-0, Karten unter 0561/1094-222, info@staatstheater-kassel.de, www.staatstheater-kassel.de.

Starclub Varieté Kassel

Der Starclub bietet wechselnde Varieté-Veranstaltungen mit Gastronomie an.
Adresse: Goethestraße 29–31, 34119 Kassel, Karten 0561/766220, kassel@starclub.de, www.starclub.de.

TAF – Theater am Fluss

Ursprünglich eine AG der Volkshochschule, entwickelte sich diese zu einer Amateurtheatergruppe, die im Willi-Seidel-Haus an der Fulda probt.
Adresse: Elke Meister-Baral, Spessartweg 96A, 34134 Kassel, post@theater-am-fluss-de, www.theater-am-fluss.de.
Spielort: u. a. im Dock 4.

Tic – Theater im Centrum
Das Musical-Theater liegt unweit vom Kulturbahnhof.
Adresse: Akazienweg 24, 34117 Kassel, 0561/7018722, info@theaterimcentrum.de, www.theaterimcentrum.de.

Wehlheider Hoftheater
Das im Jahre 1911 gegründete Theater ist die älteste Amateurbühne Nordhessens.
Adresse: Friedrich-Naumann-Straße 26, 34131 Kassel, 0561/31690634, wehlheider-hoftheater@web.de, www.wehlheider-hoftheater.de.
Spielorte: Erwachsenen- und Kinderstücke im Cassalla Theater, Jordanstraße 11, 34117 Kassel, Weihnachtsmärchen in der Heinrich-Schütz-Schule (Aula), Freiherr-vom-Stein-Straße 6, 34131 Kassel.

Theater LAKU PAKA
Das Theater LAKU PAKA hat sich 1983 auf das Spiel mit Figuren spezialisiert. Es bietet jedes Jahr mindestens eine neue Inszenierung – nicht nur für Kinder.
Informationen zu Spielorten und Terminen: www.theater-laku-paka.de

Das Figurentheater LAKU PAKA

Jährlich wiederkehrende Veranstaltungen (Auswahl):

Beleuchtete Wasserkünste
Die Illumination des Schlossparkareals, untermalt von klassischer Musik, schafft eine ganz außergewöhnliche Atmosphäre und zählt zu den beliebtesten Veranstaltungen im Jahr. **Termine:** Jun–Sep jeden ersten Samstagabend im Monat.

Kasseler Musiktage
Es treten regionale wie auch auswärtige Interpreten auf. Spielorte sind Kirchen und andere Veranstaltungsstätten.
Adresse: Heinrich-Schütz-Allee 35, 34131 Kassel, 0561/3164-500, info@kasseler-musiktage.de, www.kasseler-musiktage.de. **Termin:** Ende Okt/Anfang Nov.

Kulturzelt
Musik und Kleinkunst aus vielen Ländern bestimmen das Musikfestival, das jedes Jahr im Kulturzelt an der Drahtbrücke über die Fulda stattfindet.
Adresse: Auedamm 2, 34121 Kassel, **Kontakt:** Verein zur Förderung von Kultur- und Kommunikationsprojekten, Friedrich-Naumann-Straße 38, 34131 Kassel, angelika-umbach@web.de, www.kulturzelt-kassel.de. **Termin:** Anfang Juli–Ende Aug.

Märchenweihnachtsmarkt
Rund einen Monat vor Weihnachten verwandelt sich die Kasseler Innenstadt in eine vorweihnachtliche Märchenwelt mit festlich dekorierten Hütten und der weltgrößten Märchenpyramide.
Termin: Beginn 1. Sonntag nach Totensonntag bis einschließlich 23.12.

Stadtfest Kassel
Jedes Jahr lockt das Stadtfest hunderttausende Besucher in die Innenstadt. Dazu gehort eln abwechslungsreiches Musikprogramm, Angebote für Kinder und Jugendliche, Handwerks- und Verkaufsstände sowie eine multikulturelle Speisenauswahl.
Informationen: MM Konzerte, Untere Königsstraße 78–82, 34117 Kassel, 0561/709550, stadtfest@mmkonzerte.de, www.stadtfest-kassel.de. **Termin:** 4 Tage über das Pfingstwochenende.

Zissel

Jedes Jahr seit 1926 feiert Kassel an der Fulda sein traditionelles Volksfest, den Zissel, mit riesigen Showeinlagen auf dem Wasser und viel Spektakel und Unterhaltung.
Informationen: www.zissel.de. **Termin:** Ende Juli/Anfang Aug am Fuldaufer.

Kaufungen

CD 2

(Landkreis Kassel)

Die Gemeinde liegt im Osten des Kasseler Beckens, im Westen grenzt Kaufungen direkt an Kassel. Die erste urkundliche Erwähnung geht auf das Jahr 1011 zurück, als Kaiser Heinrich II. seiner Frau Kunigunde hier einen Besitz vermachte. In den drei Ortsteilen leben heute rund 12 600 Menschen.

www.kaufungen.eu

Sehenswertes

Historische Dorfkerne

Mehr als 80 % der Häuser in den Ortskernen von Ober- und Niederkaufungen sind alte sanierte Fachwerkhäuser und vermitteln einen ganz besonderen Charme. Viele malerische Gassen, Winkel und grüne Idyllen laden zu Dorfspaziergängen ein. Erwähnenswert ist u. a. die Fachwerkhäuserzeile »Zur schönen Aussicht« in Oberkaufungen.

Stiftskirche Oberkaufungen

Die im Zentrum stehende Kirche gilt als einer der bedeutendsten spätottonischen Bauten Nordhessens mit romanischen und gotischen Bauelementen und wurde 1025 geweiht. Äußerlich eher schmucklos, zeigt die evangelische Pfarrkirche im Inneren sehenswerte Fresken an Wänden und Pfeilern aus dem 15. Jh.

Ehemalige Klostergebäude Oberkaufungen

Vom ehemaligen Kloster sind noch erhalten die Stiftsrenterei von 1606, das gotische Herrenhaus und das ehemalige Dormitorium, in dem heute die Hessenstube zu finden ist.

St. Georgskapelle Oberkaufungen

Diese Kapelle, ein schlichter romanischer Bau, wurde bereits vor der Klostergründung erbaut und gilt als ältestes Gotteshaus Nordhessens.

Museen

Bergwerksmuseum Rossgang Oberkaufungen

Das Museum liegt auf dem Gelände der ehemaligen Zeche Freudental. Von 1823 bis 1885 benutzte man zur Förderung der Braunkohle aus dem 28 m tiefen Rossgang-Schacht ein Göpelwerk, das von Pferden angetrieben wurde und zwei Förderkörbe bewegte.
Adresse: Freudentalstraße, OT Oberkaufungen, 34260 Kaufungen, 05605/7307 oder 05605/8020). **Öffnungszeiten:** Apr–Okt So 14–16 Uhr oder nach vorheriger telefonischer Vereinbarung.

Hessisches Ziegeleimuseum Oberkaufungen

Das Museum ist Teil des Industriedenkmals Ziegelei Oberkaufungen, in der von 1870 bis 1981 Ziegelsteine und Falzdachziegel hergestellt wurden. Zum Museum gehört auch das angrenzende ehemalige Tonabbaugelände mit seinem mächtigen Schaufelradbagger.
Adresse: Niester Straße 24, OT Oberkaufungen, 34260 Kaufungen, 05605/7799, tamara.lesner@ziegeleioberkaufungen.de, www.hessisches-ziegeleimuseum.de. **Öffnungszeiten:** Mai–Sep Sa 14–18 Uhr, So 11–18 Uhr, Gruppenführungen ab 10 Pers. auch an anderen Tagen nach Absprache möglich.

▸ Regionalmuseum Alte Schule Oberkaufungen
Das Museum in den Räumen der ehemaligen Oberkaufunger Dorfschule zeigt die Geschichte der Dörfer im Lossetal während des Industriezeitalters. Auch einige geologische Funde sind zu sehen. Im Museumsgarten wachsen Heil- und Gewürzkräuter sowie alte Rosensorten.
Adresse: Schulstraße 33, OT Oberkaufungen, 34260 Kaufungen, ✆ 05605/7307.
Öffnungszeiten: Mi, Do und Sa 14–17 Uhr sowie So 10–17 Uhr.

Natur und Freizeit

▸ Wandern und Radfahren
In der Umgebung finden sich 28 verschiedene markierte Wanderwege, die auf unterschiedlichen Strecken durch den Naturpark Meißner-Kaufunger Wald führen. Kaufungen ist für Radfahrer über den Lossetalradweg leicht zu erreichen. Dieser verbindet Kassel mit Hessisch Lichtenau und folgt dem Lauf der Losse.

▸ Erholungspark Steinertsee
Bindeglied zwischen Ober- und Niederkaufungen ist der Erholungspark rund um den Steinertsee, einst Bergbaugelände und Mülldeponie. Heute findet man hier neben dem Steinertsee kleine Feuchtbiotope, Vogelschutzgehölz und Vogelschutzausstellung, diverse Sporteinrichtungen, Spielflächen fur Kinder, Grillmöglichkeit sowie eine Modelleisenbahn zum Mitfahren, siehe dort.

▸ Steinertseebahn
Die Miniaturbahn lädt zum Mitfahren ein und verspricht Spaß für Groß und Klein.
Adresse: Am Weinberg, 34260 Kaufungen, Kontakt mit dem Modellbahnclub über Norbert Faupel, ✆ 0561/83181 oder ✆ 0173/2836808, ✉ faupel@steinertseebahn.de, 🌐 www.steinertseebahn.de. **Öffnungszeiten:** Anfang Apr–Anfang Okt alle So- und Feiertage, außerdem Nikolausfahrten und Sondertermine, jeweils 11–17 Uhr.

Veranstaltungen und Feste

Überregional bekannt sind die Kaufunger Konzerte, ausgewählte Musikveranstaltungen der Kirchengemeinde Oberkaufungen und der Gemeinde, die um verschiedene andere Kulturveranstaltungen ergänzt werden.

Kirchheim

C4

(Landkreis Hersfeld-Rotenburg)

Die Gemeinde am Südhang des Knüllgebirges im Tal des Flüsschens Aula wurde in einem Zehntverzeichnis des Klosters Hersfeld erstmals 810 erwähnt. Sie grenzt im Osten an Bad Hersfeld und besteht aus 12 Ortsteilen mit insgesamt rund 3700 Einwohnern.

Touristik-Service Center Kirchheim,
Hauptstraße 2a
36275 Kirchheim
✆ 06625/919595
📠 06625/919596
✉ info@kirchheim.de
🌐 www.kirchheim.de

Museen

▸ Museumsscheune Kirchheim
Eine Fachwerkscheune von 1790 ist Sitz eines Museums für Geräte des bäuerlichen Alltags, die auch für kulturelle Veranstaltungen genutzt wird. Dazu gehören ferner ein Backhaus, Kunsthandwerker-Laden und Café.
Adresse: Im Wiesental 19, 36275 Kirchheim, ✆ 06625/5128. **Öffnungszeiten:** So 14–18 Uhr, für Gruppen nach Vereinbarung.

Natur und Freizeit

Wandern
Die Gemeinde ist durch ein großes markiertes Wanderwegenetz erschlossen. Vom Wanderparkplatz Seepark erschließen Rundwege die Umgebung. Beliebt sind auch Wanderungen auf den höchsten Berg des Knüllgebirges, den Eisenberg (636 m), auf dem ein Aussichtsturm steht. Dort gibt es auch einen Archäologischen Rundweg. Nordic-Walking-Freunde finden ausgeschilderte Routen ab Lauftreff Ecke Schönblick/Fernblick und am Eisenberg.

Der Aussichtsturm auf dem Eisenberg von Kirchheim

Radfahren
Der Radweg R18 verbindet Kirchheim mit dem Seepark. Kirchheim liegt direkt am Radweg Rotkäppchenland, der den Fuldaradweg mit dem Bahnradweg Rotkäppchenland verbindet. Der ADFC bietet von Mai bis Aug geführte Touren ab Touristik-Service Center an. Leihfahrräder sind im Seepark erhältlich (siehe dort).

Baden
Freizeit- und Erlebnisbad Kirchheim
Adresse: Schwimmbadstraße 12a, 36275 Kirchheim, ☎ 06625/5955.

Bootsverleih
Siehe unter Seepark Kirchheim.

Naturerlebnispark Kirchheim
Aus dem Wildgehege Aulatal hervorgegangen, findet man hier u. a. Damwild, Haustiere, Wildkatzen, Waschbären, diverse Vogelarten und Fische. Neben verschiedenen Biotopen gibt es ein Amphibienhaus und einen Arche-Bauernhof.
Adresse: Waldesruh, 36275 Kirchheim, ☎ 06625/415. **Öffnungszeiten:** Apr–Okt 9.30–19 Uhr, Nov 10 Uhr–Einbruch der Dunkelheit, Dez und Jan Fr, Sa und So 10 Uhr–Einbruch der Dunkelheit, Feb–Mrz 10–16 Uhr.

Seepark Kirchheim
Der Seepark zwischen Reimboldshausen und Kemmerode, der durch Aufstauung der Ibra entstand, bietet neben Ferienhäusern auch ein reichhaltiges Fitness- und Sportangebot sowie eine Fun-Arena.
Adresse: Reimboldshäuser Straße, 36275 Kirchheim, ☎ 06628/88-0, ✉ info@seepark-kirchheim.com, 🌐 www.seepark-kirchheim.com.

Wintersport
Bei entsprechender Schneelage locken am Eisenberg eine Ski-Alpin-Abfahrt samt Schlepplift, zwei Ski-Langlaufloipen von 6 und 7,5 km Länge sowie eine Rodelwiese.

Veranstaltungen und Feste

In der Museumsscheune finden u. a. Ostermarkt (4 Wochen vor Ostern), Oldtimertreffen (letzter So im Aug) und das Apfel- und Erntefest (3. Okt) statt.

Knüllwald

C3

(Schwalm-Eder-Kreis)

Die Gemeinde liegt im Knüllgebirge zwischen den Flüssen Efze und Beise. Die aus 16 Ortsteilen bestehende Gemeinde grenzt im Westen an die Stadt Homberg (Efze). Es ist eine der größten Flächengemeinden Hessens, in der man viel Wald und weite Felder finden kann. Sie zählt rund 4600 Einwohner.

Knüll-Touristik
Hauptstraße 34, OT Remsfeld
34593 Knüllwald
05681/930808
05681/930807
info@knuelltouristik.de
www.knuellwald.de und
www.knuelltouristik.de

Sehenswertes

▸ Burgruine Wallenstein

Die Burgruine liegt auf einem nach Westen abfallenden Bergsporn in 354 m Höhe. Die vermutlich auf das 12. Jh. zurückgehende Burganlage wurde im Dreißigjährigen Krieg zerstört. Zu den heute noch erhaltenen Teilen gehören Mauerreste und ein runder Treppenturm, der heute als Aussichtsturm dient.

▸ Kirchen

In den einzelnen Ortsteilen liegen wunderschöne Fachwerkkirchen oder auch Wehrkirchen mit Wehrkirchhof und Gerichtsplatz. Dazu zählen die Wehrkirchen von Berndhausen (1729), Niederbeisheim (1775) und Oberbeisheim (1720) sowie die gotische Kirche in Remsfeld. Die Fachwerk-Kirche in Reddingshausen (1600) mit schönen Malereien liegt direkt am R17 und gilt als erste Radfahrerkirche Hessens.

Museen

▸ Landtechnisches Museum Völkershain-Baßfeld

In der Museumsscheune werden alte landwirtschaftliche Geräte und Werkzeuge bzw. alte Techniken gezeigt.
Adresse: Völkershain-Baßfeld, 34593 Knüllwald, Informationen bei Marlene Seegers, Ullrichsmühle 1, 34593 Knüllwald, 05681/2686. **Öffnungszeiten:** nach Vereinbarung.

▸ Lebendiges Bienenmuseum Knüllwald

Das Museum auf einem Fachwerkhof erzählt die Geschichte der Imkerei bzw. der Honiggewinnung. Ausgestellt sind traditionelle Gerätschaften und im Freigelände kann die Praxis der Imkerei erlebt werden.

Blick auf Niederbeisheim

Knüllwald

Adresse: Beiseförther Straße 12, OT Niederbeisheim, 34593 Knüllwald, ✆ 05685/499, ✉ bienenmuseum-knuellwald@web.de, 🌐 www.lebendiges-bienenmuseum.de. **Öffnungszeiten:** Nach vorheriger Vereinbarung.

Natur und Freizeit

▸ Wandern

Dem Wanderer steht ein Netz von über 250 km markierter Wege zur Verfügung. Erwähnenswert sind u. a. die Premiumwanderwege Hutewaldweg bei Rengshausen und der Lochbachpfad u. a. durch die Lochbachklamm bei Wallenstein sowie der Waldlehrpfad zwischen Niederbeisheim und Rengshausen.

▸ Radfahren

Durch das Tal der Beise führt der 22 km lange Beisetal-Mühlenradweg MR, der an die einst hier vorhandenen vielen Mühlen erinnert. Der Radweg Efze Vital R17 führt von der Quelle der Efze bei Schwarzenborn über Reddingshausen nach Homburg (Efze). Bei der Knüll Touristik (Mo–Fr) bzw. Aral-Tankstelle (Sa und So) können auch E-Bikes (Elektrofahrräder) ausgeliehen werden.

▸ Baden

Freibad Niederbeisheim, Rengshäuser Straße, 34593 Knüllwald, ✆ 05685/600.
Freibad Rengshausen, Zum Schwimmbad, 34593 Knüllwald, ✆ 05685/606.
Freibad Wallenstein, Burgstraße, 34593 Knüllwald, ✆ 05686/262.

▸ Offroadpark Böser Wolf

Durch Wald und das Tagebaugelände führt ein weitreichendes Wegenetz, das mit verschiedensten Fahrzeugen erkundet werden kann, auch mit dem eigenen Geländewagen. Mieten können Sie beispielsweise Panzer, Bagger, Kettenraupe, Hummer und mehr.

Adresse: Knüllwalder Tagebau, Hellwigwerke 4, OT Remsfeld, 34593 Knüllwald, ✆ 05681/861, ✉ info@offroadpark-knuellwald.de, 🌐 www.offroadpark-knuellwald.de. **Öffnungszeiten:** Sa, So und Feiertage, Apr–Okt 10–18 Uhr, Nov–Mrz 10–16 Uhr.

▸ Reiten

Reit- und Fahrverein Beiserhaus
Adresse: Niederbeisheimer Straße 28, OT Rengshausen, 34593 Knüllwald, ✆ 05685/525.
Reiterhof Metz, Wichter Straße 26, OT Niederbeisheim, ✆ 05685/321.
Fjordgestüt Hennemühle, Beiseförther Str. 14, OT Niederbeisheim, 34593 Knüllwald, ✆ 05685/352, ✉ info@reiterlebnis.de, 🌐 www.reiterlebnis.de.

Veranstaltungen und Feste

Jährlich wiederkehrende Veranstaltungen sind das Hof- und Museumsfest auf dem Landtechnischen Museum (3. So im Juli), die Ritterspiele auf Burg Wallenstein (Ende Juli/Anfang Aug), Informationen unter 🌐 www.burgwallenstein.de und das Kutschentreffen im Beiserhaus (2. So im Okt).

Ritterspiele auf der Burg Wallenstein

Korbach

B2

(Landkreis Waldeck-Frankenberg)

Die Kreisstadt ist der kulturelle und wirtschaftliche Mittelpunkt des Landkreises und gliedert sich in 14 Stadtteile mit insgesamt rund 24 000 Einwohnern. Das urkundlich erstmals im Jahr 980 erwähnte Korbach entwickelte sich dank der günstigen Lage an alten Handels- und Heerstraßen schon früh zu einer blühenden Kleinmetropole.

Tourist Information Korbach
im Bürgerbüro
34497 Korbach
05631/53-232, -336
05631/53-320
info@korbach.de
www.korbach.de

Sehenswertes

▸ Erlebnisführungen
Eine Vielzahl von unterschiedlichen Führungen sind für Gruppen auf Anfrage buchbar. Für Einzelreisende wird ein Rundgang durch die Altstadt angeboten: Apr–Okt, Di um 14.30 Uhr und Sa um 10.30 Uhr jeweils ab Rathaus.

▸ Besucherbergwerk Eisenberg
Im Südwesten der Kernstadt liegt Goldhausen am Fuß des Eisenbergs. Hier befand sich ein Goldvorkommen, das seit dem 11. Jh. bis vermutlich 1617 bergbaulich ausgebeutet wurde. An den damals ausgedehnten Bergbau erinnern noch heute Schachtpingen, also verstürzte oder verfüllte Schächte und Stolleneingänge. Der Verein Historischer Goldbergbau Eisenberg unterhält hier seit 2003 ein Besucherbergwerk. Auf einer abenteuerlichen Führung geht es in den Goldstollen. Daneben locken noch Rundwege mit Informationstafeln, und wer sich für Goldwaschen an der Eder interessiert, findet ein Angebot unter Edertal.
Adresse: Zechenhaus am Dorfgemeinschaftshaus (DGH), Turmweg 4, Goldhausen, 34497 Korbach, Postanschrift Verein Historischer Goldbergbau Eisenberg, Am Kleegarten 23, OT Goldhausen, 34497 Korbach, 05631/61633, www.goldspur-eisenberg.de. **Öffnungszeiten:** Führungen (Dauer 2 Std.) für Einzelpersonen Ende Apr/Anfang Mai–Ende Okt, jeweils Sa oder So meist 10.30 Uhr oder 14.30 Uhr, Voranmeldung unbedingt erforderlich, für Gruppen (max. 12 Pers.) nach Absprache. Für Kinder ab 6 Jahre erlaubt.

Skulptur eines Nachtwächters in Korbach

▸ Doppelter Stadtmauerring
Nach Vereinigung von Alt- und Neustadt im Jahr 1377 baute man einen doppelten Stadtmauerring, der noch weitgehend erhalten ist und zwischen den heute gepflegten Grünanlagen liegt. Von den ehemals fünf

Doppeltoren ist aber nur noch das Enser Tor von 1414 zum Teil vorhanden, ebenso der 1505 erbaute Wollweberturm.

▸ Fachwerkhäuser
In der Altstadt liegen etliche gut erhaltene Fachwerkhäuser. Sehenswert sind insbesondere die Stadtbücherei (Prof.-Kümmell-Straße 14), ein stattliches Patrizierhaus aus dem 17. Jh., ferner das so genannte Diemelsächsische Bauernhaus von 1732 (Enser Straße 5) und schließlich das Hartwig'sche Haus (Stechbahn 9), 1712–20 erbaut.

▸ Historisches Steinhaus
Korbachs größtes Steinhaus diente als Wohn- und Lagerhaus. Haus und Kamin an der Giebelfront gehen auf 1330 zurück. Bis 1955 als Jugendherberge genutzt, ist es heute Sitz der Schützengilde.

▸ Kilianskirche
Diese gotische Hallenkirche wurde von 1335–1350 über einer romanischen Kirche erbaut. Nach mehreren Bränden erhielt sie 1709 den heutigen Turm, der bestiegen werden kann. Aus dem Inneren sind erwähnenswert der Kreuzigungsaltar des Korbacher Franziskanermalers von 1527, die Steinkanzel von 1370 mit Marienstatue und das etwa 12 m hohe Sakramentshäuschen von 1524/25.

▸ Nikolaikirche
Vorläufer des Kirchenbaus war eine Kapelle, die schon 1346 erwähnt wurde. Der heutige gotische Kirchenbau wurde von 1450–60 errichtet, der Turm ist aber älter und geht auf 1359 zurück. Erwähnenswert sind das Südportal der Kirche und der Altar im Inneren.

▸ Rathaus mit Roland
Das Rathaus wurde 1377 auf der Grenze zwischen Alt- und Neustadt erbaut. Der Treppengiebel auf der Nordseite wurde bei einem Brand 1664 zerstört und 1930 durch einen Turm ersetzt, gleichzeitig wurde der Arkadengang angelegt. Die Rolandsfigur von 1450, Symbol des Münz- und Marktrechts und der eigenen Gerichtsbarkeit, wurde erst 1936 wieder im Rathaus aufgestellt.

Der Markt von Korbach

▸ Ruine Burg und Schloss Eisenberg
Auf einem Vorsprung auf der Nordostseite des Eisenbergs lag in karolingischer Zeit eine alte Königsburg. Eine Burg auf der Bergkuppe lässt sich erst seit der Mitte des 14. Jhs. belegen. Sie war gräfliche Residenz und wurde ab 1500 zum Schloss ausgebaut und mehrfach erweitert. Nach 1621 ging es bergab und irgendwann verschwanden die Reste unter dem Waldboden. Die heute freigelegten Grundmauern liegen unweit des Georg-Viktor-Turms.

Museen

▸ ☺ Wolfgang-Bonhage-MUSEUM KORBACH
Mitten in der Altstadt gelegen, ist das Gebäudeensemble des Museums sehenswert, denn hier verbinden sich neue Baukörper mit sanierten Stein- und Fachwerkhäusern. Das Museum bietet einen Rundgang durch

die Geschichte der Stadt und Region mit den Hauptthemen Goldbergbau am Eisenberg, Korbacher Spalte und Stadtgeschichte. Die gelb markierten Ausstellungsstücke und Themen in jedem Raum richten sich insbesondere an Kinder.
Adresse: Kirchplatz 2, 34497 Korbach, 05631/53-289, museum@korbach.de, www.museum-korbach.de. **Öffnungszeiten:** Di–So 11–16.30 Uhr, für Gruppen auch außerhalb dieser Zeiten. Führungen für Einzelpersonen Apr–Okt jeden 2. und 4. Sa im Monat um 14.30 Uhr, Nov–Mrz nur jeden 2. Sa im Monat um 14.30 Uhr (Dauer 1 Std.), für Gruppen jederzeit nach Voranmeldung.

Natur und Freizeit

Wandern
Das weitläufige, markierte Wanderwegenetz bietet eine Fülle von Möglichkeiten. Von Goldhausen startet der Lehrpfad »Goldspur Eisenberg«. Der Geopfad Korbach verbindet als 20 km langer Rundweg den Eisenberg mit der Korbacher Spalte. Schließlich verbindet der Eisensteinweg die Grube Christiane in Adorf mit Korbach und dem Edersee und der Barbarossaweg führt von Korbach bis nach Thüringen. Nordic-Walking-Freunde können vom östlichen Stadtrand unter drei unterschiedlich schweren Strecken wählen.

Radfahren
Die Stadt liegt am Hessischen Fernradweg R5, der Willingen mit Wanfried verbindet und von Korbach u. a. über Vöhl an den Edersee führt. Ein neuer Radweg ist der Ederseebahn-Radweg, der ab Herbst 2011 Korbach mit Edertal-Buhlen verbinden wird und der alten Bahntrasse folgt. Bis Höringhausen ist er bereits befahrbar. Leihfahrräder bekommt man über das Hotel Goldflair am Rathaus, Stechbahn 8, 34497 Korbach, 05631/5009-0, gast@goldflair.de, www.goldflair.de.

Das Wolfgang-Bonhage-MUSEUM KORBACH mit dem Turm der Kilianskirche im Hintergrund

Georg-Viktor-Turm
Der 1905 errichtete 22,5 m hohe Turm steht auf der bewaldeten Kuppe des Eisenbergs auf 562 m Höhe. Er bietet weite Aussichten in die Umgebung.
Öffnungszeiten: Mitte Apr–Mitte Okt 9–18 Uhr.

Korbacher Spalte
Die Korbacher Spalte ist eine der weltweit seltensten Fossilienfundstellen von Wirbeltieren aus der Permzeit. Das hier gefundene etwa dackelgroße Landwirbeltier dürfte der erste Bewohner Korbachs gewesen sein und ist etwa 250 Mio. Jahre alt.
Führungen: Mai–Okt, jeden So um 10.15 Uhr und 11.15 Uhr (Dauer 1 Std.), Treffpunkt an der Frankenberger Landstraße.

Naturpark Diemelsee

Teile der Stadt Korbach liegen im Naturpark Diemelsee, so auch der Eisenberg, Deutschlands einzigartiger Goldberg. Der Naturpark liegt im äußersten Nordwesten Hessens und ragt mit einem Drittel seiner Fläche in das angrenzende Nordrhein-Westfalen hinein. Seine Gesamtfläche beträgt 33 400 ha. Geschlossene Wälder bestimmen große Teile des Parks. Die Diemel hat im Naturpark südlich von Usseln ihre Quelle. Besonderheiten im Naturpark Diemelsee sind die Hochheiden bei Usseln und Willingen.
Informationen: Naturpark Diemelsee, Waldecker Str. 12, 34508 Willingen, 05632/9694312, info@naturpark-diemelsee.de, www.naturpark-diemelsee.de ■

Die Diemelquelle bei Usseln

Baden

Sport- und Freizeitbad Korbach, Medebacher Landstraße 10, 34497 Korbach, 05631/50516-16, www.ewf.de/baeder
Freibad Korbach, Karpatenstraße, 34497 Korbach, 05631/50516-26, www.ewf.de/baeder.

Fliegen

Flüge mit dem Ultraleicht-Flugzeug oder dem Gleitschirm sind vom Flugplatz Korbach möglich.
Adresse: Rammelsweg 43, 34497 Korbach, 05631/3344, www.flugplatzkorbach.de.

La Le Lu Allwetter-Erlebnispark

Auf 2100 qm bietet die Indoorhalle Spiel, Spaß und Aktion für Kinder und Jugendliche aller Altersklassen.
Adresse: La Le Lu Abenteuerland, Raiffeisenstraße 9, 34497 Korbach, 05631/501200, info@lalelu-abenteuerland.de, www.lalelu-abenteuerland.de. **Öffnungszeiten:** Mo–Fr 14–19 Uhr, Sa und So sowie während der Ferienzeiten (Hessen und NRW) 10–19 Uhr.

Reiten

Patricias Reiterhof, Auf dem Betten, 34497 Korbach, 05631/504555, patricias.reiterhof@t-online.de, www.patricias-reiterhof.de.
Reitstall Talhof, Am Epper Wege 2, OT Lengefeld, 34497 Korbach, 05631/6954, info@reitstall-talhof.de, www.reitstall-talhof.de.
Reit- und Ferienanlage Tannenhof, Tannenhofweg 9, OT Hillershausen, 34497 Korbach, 02982/900461, michael.lahme@tannenhof-ferien.de, www.tannenhof-ferien.de.

Swin Golfanlage

Swin Golf ist ein Mitteldding zwischen Minigolf und Golf. Die neun Bahnen haben

eine Länge zwischen 75 und 240 m. Kinder können auf Ponys reiten (nach Voranmeldung) oder das Riesentrampolin benutzen. Auch Planwagenfahrten werden auf Anfrage angeboten.
Adresse: Tent`s Golfacker, Brühnen Wiese 3, 34497 Korbach, 05631/61275, info@golfacker-korbach.de, www.golfacker-korbach.de. **Öffnungszeiten:** Di–Fr ab 16.30 Uhr, Sa und So ab 11 Uhr.

▸ Wintersport
In der unmittelbaren Umgebung gibt es bei entsprechender Schneelage zwei Langlaufloipen, die im Stadtteil Lengefeld beginnen.

Veranstaltungen und Feste

▸ Freilichtbühne Korbach
Die Freilichtbühne liegt in der Altstadt zwischen den Stadtmauern im Schießhagen. Die Amateurbühne führt im Sommer (Ende Juni bis Mitte Sep) zwei bis drei Stücke für Erwachsene und Kinder auf. Eintrittskarten sind in der Tourist-Information erhältlich.
Adresse: Violinenstraße 2a, 34497 Korbach, 05631/2555, info@flb-korbach.de, www.flb-korbach.de.

▸ Stadthalle Korbach
In der Stadthalle finden diverse Veranstaltungen statt. Programminformationen unter www.kulturforum-korbach.de, **Karten unter:** www.korbach.de/Veranstaltungen
Adresse: Medebacher Landstraße 10, 34497 Korbach, 05631/9585, rezeption@touric.de, www.touric.de.

▸ Jährlich wiederkehrende Veranstaltungen:
Kiliansmarkt (erstes Juni-Wochenende) mit Festumzug, Festzeltbetrieb, Vergnügungsmarkt sowie Markthändlern, www.kiliansmarkt-korbach.de
Altstadt-Kulturfest (Anfang Juli) mit Aktionsbühnen, Marktständen, Kleinkunst, Live-Musikauftritten, Schlemmerbuden
Kunstnacht in Korbach (Mitte Juli) mit Straßenillumination, Straßenmusik, Feuerjonglage und kulinarischen Köstlichkeiten
Historischer Mittelalterlicher Markt (zweites Wochenende im Okt) Mittelalterliches Markttreiben zwischen Bahnhof und Rathaus, Vorführung alter Handwerkskunst, mit Gauklern, Narren, Rittern und Kinderspielen
Korbacher Adventsmarkt (Ende Nov–Ende Dez) Weihnachtliche Marktstände in der Fußgängerzone und Aufritte auf der Bühne in der Tiefebene.

Körle

C2/3

(Schwalm-Eder-Kreis)

Am Rande des Naturparks Meißner-Kaufunger Wald liegt die Gemeinde Körle. Sie setzt sich aus den vier Orten Körle, Empfershausen, Lobenhausen und Wagenfurth zusammen, in denen rund 3000 Menschen leben.

www.koerle.de i

Sehenswertes

▸ Fachwerkkapelle Wagenfurth
Um 1480 wurde die kleine Fachwerkkapelle im spätgotischen Stil errichtet und ist die älteste in Hessen.

▸ Kirche Lobenhausen
Im kleinen OT Lobenhausen liegt die Kirche der Seligpreisungen, im spätklassizistischen Stil 1799 errichtet. Innen wurde sie 1981 umfassend renoviert und von der Kieler Malerin und Gestalterin Margret Knoop-Schellbach künstlerisch ausgestaltet.

Natur und Freizeit

▸ Wandern und Radfahren
Ein sehr reizvolles Wanderziel ist der Grüne See oberhalb von Empfershausen. Auch das Tal beiderseits der Fulda ist durch markierte Wanderwege erschlossen. Auf der Talsüdseite verläuft der Fuldahöhenweg. Durch die Ortsteile Lobenhausen und Wagenfurth verläuft der Fuldaradweg R1.

Veranstaltungen und Feste

Weithin bekannt sind die Lobenhäuser Konzerte in der Kirche der Seligpreisungen. Diese finden zu bestimmten Terminen das ganze Jahr über statt, außerdem gibt es jährlich eine Kammermusikwoche Ende Mai.
Informationen: Ev. Kirchengemeinde Lobenhausen, Lärchenweg 1, 34327 Körle, ✆ 05665/4997, ✉ pfarramt.koerle@ekkw.de, 🌐 www.kultur-lobenhausen.de.

Lichtenfels

A2

(Landkreis Waldeck-Frankenberg)

Die ländliche Stadt Lichtenfels bekam ihren Namen von der gleichnamigen Burg und liegt mit ihren acht Stadtteilen zwischen Korbach im Norden sowie Frankenberg im Süden. Im Westen grenzt sie an Nordrhein-Westfalen, im Osten liegt der Edersee. Die sanfte Mittelgebirgslandschaft wird auch Waldeckische Schweiz genannt. Sitz der Stadtverwaltung ist Goddelsheim, in dem etwa 1450 der insgesamt rund 4100 Einwohner leben.

🌐 www.stadt-lichtenfels.de *i*

Sehenswertes

▸ Burg Lichtenfels
Die 1189 erbaute Burg wurde in ihrer Geschichte mehrmals zerstört und wieder aufgebaut. Ende des 13. Jhs. war sie im Besitz der Grafen von Waldeck. Zu Beginn des 20. Jhs. wurde die Ruine wiederhergestellt und als Erholungsheim genutzt. Heute befindet sich die Burg Lichtenfels in Privatbesitz.

Burg Lichtenfels

▸ Klosterruine Schaaken
Das Kloster wurde in Goddelsheim gegründet, aber 1223 nach Schaaken verlegt. Die spätromanisch-frühgotische Klosterkirche brannte 1518 aus, wurde aber wieder aufgebaut. Das Kloster bestand bis 1591, war dann bis 1848 ein Frauenstift, danach wurde die Kirche noch als Scheune des Stiftsguts genutzt. 1913 brannte sie nach Blitzeinschlag erneut aus. 1958 wurde der verbliebene Baubestand gesichert.

▸ St.-Michaels-Kirche Fürstenberg
Die im 13. Jh. mit Bruchsteinen erbaute Kirche weist romanische und gotische Stilelemente auf. Der heutige Steinturm ist Nachfolger eines 1829 eingestürzten Holz-

turms. Im Inneren sind der Altar von 1693, die Kanzel von 1584, der Taufstein und die Figur Johannes des Täufers sehenswert.

Museen

▸ Heimatmuseum Goddelsheim
Ausgestellt sind u. a. alte Handwerksgeräte und Maschinen, Schriften und Dokumente sowie Fotos, historische Wohn- und Schlafbereiche.
Adresse: Kirchweg 10, OT Goddelsheim, 35104 Lichtenfels. **Öffnungszeiten:** Nach Voranmeldung bei Reinhard Weber, 05636/1409 oder Gisela Grosche, 05636/99024.

▸ Tiermuseum Fürstenberg
Das Naturkunde-Diorama ist in der alten Schule untergebracht und zeigt mit 49 Exponaten einen Querschnitt der heimischen Tierwelt.
Adresse: Mittelstraße 15, OT Fürstenberg, 35104 Lichtenfels. **Öffnungszeiten:** Sa 15–17 Uhr oder nach telefonischer Vereinbarung, 05636/436 (Seebold).

Natur und Freizeit

▸ Wandern und Radfahren
Die Gemeinde wird von einem gut markierten Wegenetz durchzogen. Von Fürstenberg aus gibt es sechs verschiedene Rundwege. Ausdauernde Wanderer können das Gemeindegebiet auf dem 65 km langen Lichtenfelser Panorma-Rundweg erkunden, der von allen Ortsteilen gut zu erreichen ist. An der Igelstadt-Halle in Fürstenberg beginnen auch drei unterschiedlich schwierige Nordic-Walking-Strecken. Radfahrer finden mehrere markierte Routen.

▸ Reiten
Reiterlandhof Kamm, Zum Vogelbusch 4, OT Neukirchen, 35104 Lichtenfels, 06454/812, urlaub@reiterlandhof.de, www.reiterlandhof.de.

Veranstaltungen und Feste

▸ Igelfest (So/Mo am Wochenende vor Pfingsten)
Der Sage nach wäre Landgraf Heinrich im Mittelalter den Steilabhang der Igelklippe hinuntergestürzt, hätte nicht ein Igel seinen Weg gekreuzt, der ihn abrupt anhalten ließ. Festzug, Musik, Tanz, Schießen und mehr werden zu Ehren des Lebensretters veranstaltet. Weitere Feste sind der **Michaelismarkt** in Goddelsheim (Fronleichnam) und der **Pfingstmarkt** in Sachsenberg (Pfingst-So).

Liebenau (Hessen) C1

(Landkreis Kassel)

Die Stadtgemeinde mit insgesamt etwas weniger als 3400 Einwohnern liegt im Nordwesten Hessens, grenzt im Westen an das Bundesland Nordrhein-Westfalen und im Osten an Hofgeismar. Neben dem Hauptort Liebenau gehören sieben weitere ländliche Orte zur Stadtgemeinde. Im Gemeindegebiet mündet die Warme in die Diemel. Ende des 19. Jhs. war Liebenau die erste Stadt Hessens mit elektrischer Straßenbeleuchtung. Liebenau wurde 1293 erstmals urkundlich erwähnt.

www.stadt-liebenau.de *i*

Sehenswertes

▸ Evangelische Kirche Liebenau
Vermutlich Johannes dem Täufer geweiht, wurde die Kirche im 13. Jh. mit einem mächtigen frühgotischen Chorturm ausgestattet. Mehrfach zerstört, erhielt sie in der Mitte des

18. Jhs. bei einem barocken Umbau ihre heutige Form und der Turm seine jetzige Haube. Im Inneren der Kirche entdeckte man Anfang des 20. Jhs. sehenswerte Wandmalereien aus dem 15. Jh.

▸ Herrenhaus Liebenau
Das Herrenhaus in der Burggasse entstand mit einem Gutshof auf den Resten einer früheren Wasserburg.

Museen

▸ Heimatmuseum Liebenau
Ein kleines Fachwerkhaus ist Sitz des Heimatmuseums. Zu sehen sind u. a. eine komplette Schuhmacherwerkstatt, altes Werkzeug und landwirtschaftliches Gerät. Ein Raum ist den Leinewebern gewidmet. **Kontakt:** Geschichtskreis e. V., Willi Möller, Hintere Straße 7, 34396 Liebenau, ☏ 05676/431. **Öffnungszeiten:** Nach vorheriger Vereinbarung.

▸ Museum Haus Reining
Das 1631 erbaute Längsdielenhaus dient auch als Tagungsstätte und zeigt altes landwirtschaftliches Arbeitsgerät, dorfgeschichtliche Dokumente und Fossilienfunde aus dem Lamerder Kalksteinwerk.
Adresse: Meierhof 1, Lamerden, 34396 Liebenau. **Öffnungszeiten:** nach Vereinbarung mit dem Arbeitskreis Heimatgeschichte, Karin Ulbricht, Bollieth 5, 34396 Liebenau, ☏ 05676/1644.

Natur und Freizeit

▸ Wandern und Radfahren
Die sanfte Hügellandschaft wird von einigen markierten Wanderwegen durchzogen. Lamerden wird auch vom Märchenlandweg berührt. Vom Museum in Lamerden ist auch ein 8 km langer Eco-Pfad Muschelkalk beiderseits der Diemel geplant. Durch das Gemeindegebiet verlaufen der Diemelradweg (R8) und der Warmetalradweg (größtenteils R4).

▸ Ostheimer Hute
Bei Ostheim liegt die Ostheimer Hute, eine großflächige Wacholderheide und typisch für diese Gegend.

▸ Baden
Freibad Zwergen, Im Graben, Zwergen, 34396 Liebenau (Hessen), ☏ 05676/380.

▸ Reiten
Ponyhof Camping, Zwergen, 34396 Liebenau, ☏ 05676/1509, ✉ info@ponyhofcamping.de, 🌐 www.ponyhofcamping.de.
Reitanlage und Zucht Horst Fülling, Wanneweg 8, Zwergen, 34396 Liebenau, ☏ 05676/8274, ✉ info@pferde-horst.de, 🌐 www.pferde-horst.de.

Lohfelden

C2

(Landkreis Kassel)

Lohfelden liegt zu Füßen der Söhre und grenzt im Nordwesten an Kassel. Zur Gemeinde mit rund 13 800 Einwohnern gehören heute Crumbach, Ochshausen und Vollmarshausen.

🌐 **www.lohfelden.de**

Sehenswertes

▸ Gräberfeld Vollmarshausen
Das Gräberfeld lag an einer alten Handelsstraße und gehört zu den bedeutendsten der späten Bronze- und älteren Eisenzeit.

▸ Obermühle Vollmarshausen
Die Wassermühle (Welleröder Straße 42) wurde erstmals 1308 urkundlich genannt und war eine Fronmühle des Klosters Kau-

fungen. Wenngleich die Obermühle heute das Zuhause von Turnierpferden ist, können nach Absprache noch die beiden Mahlräume und der Gewölbekeller besichtigt werden. **Kontakt:** Reit- und Fahrverein Söhre-Vollmarshausen, 05608/3102.

Museen

Hessisches Kutschen- und Wagenmuseum Crumbach
Im Museum werden rund 30 originalgetreu restaurierte Kutschen und Pferdewagen unterschiedlicher Art gezeigt. Die restaurierten Kutschen können für Ausfahrten auch angemietet werden.
Adresse: Friedrich-Ebert-Ring 14, Crumbach, 34253 Lohfelden, 0561/516894, info@kutschenmuseum.de, www.kutschenmuseum.de. **Öffnungszeiten:** jeden ersten So im Monat 15–17 Uhr.

Natur und Freizeit

Wandern und Radfahren
Das Gemeindegebiet wird von etlichen markierten Wander- und Radwegen durchzogen, viele davon führen in die Söhre. Der Eco-Pfad Kulturgeschichte bietet auf 10 km Länge Informationen zur Gemeinde. Der »ARS NATURA« vereint Kunst und Wandern miteinander.

Lohfeldens Grüne Mitte
Lohfeldens Grüne Mitte bietet vielfältige Spiel- und Sportmöglichkeiten sowie eine Aussichtsplattform mit Blick auf den Ort, das Kasseler Becken und die umliegenden Wälder.

Baden
Freibad Lohfelden, Waldauer Weg, 34253 Lohfelden, 0561/513024.
Lehrschwimmbecken Lohfelden (Hallenbad), Friedrich-Ebert-Ring 1-2, 34253 Lohfelden, 0162/9227184 (Klaus Günther), gemeinde@lohfelden.de.

Ludwigsau

D4

(Landkreis Hersfeld-Rotenburg)

Die flächenmäßig größte Gemeinde Hessens mit 13 Ortsteilen erstreckt sich zwischen Rotenburg, Bebra und Bad Hersfeld. Das abwechslungsreiche Landschaftsbild erkundet man am besten mit Wanderschuhen, per Drahtesel oder zu Wasser. In der Gemeinde leben knapp über 5700 Einwohner.

www.ludwigsau.de i

Sehenswertes

Burg und Schloss Ludwigseck
Nördlich von Beenhausen und Ersrode liegt einsam in den »Riedelschen Wäldern« die im Privatbesitz befindliche Burg Ludwigseck. Sie wurde 1419 als Wehrburg fertig gestellt und wandelte sich später zu einem Jagdschloss des Freiherrn zu Eisenbach. Im Dreißigjährigen Krieg wurde die Burg stark zerstört, aber wieder aufgebaut und seither als Schloss bezeichnet. Sie erlebte noch weitere Restaurierungs- und Umbauarbeiten

Mecklar gehört zur Großgemeinde Ludwigsau.

und bietet heute ihr historisches Ambiente einigen wenigen Übernachtungsgästen an, auch Hausführungen sind möglich.
Kontakt: Schloss Ludwigseck, 36251 Ludwigsau, 06670/205, casanier@t-online.de, www.schloss-ludwigseck.de.

Deutsch-amerikanische Fliegergedenkstätte Friedlos

Am 27. September 1944 ereignete sich im Seulingswald bei Friedlos eine erbitterte Luftschlacht, bei der 118 US-Amerikaner und 18 deutsche Piloten ums Leben kamen. Daran erinnert heute ein am 1. August 1990 eingeweihtes Denkmal.

Natur und Freizeit

Wandern und Radfahren

Die Gemeinde wird von etlichen markierten Wanderwegen durchzogen. Dazu gehören u. a. der Ludwigseckweg und der Fulda-Diemel-Weg. Auch Radfahrer finden etliche Strecken und Nebenstraßen, die sich gut für Touren mit dem Drahtesel eignen. Durch das Gemeindegebiet führen u. a. der Beisetal-Mühlenradweg (NR) und auch der Fernradweg R1 (Bad Karlshafen–Gersfeld/Rhön), an dem der Planetenweg verläuft, der unser Sonnensystem im Maßstab 1:2 Mrd. darstellt.

Naturdenkmäler

Lohnenswert ist der Besuch der renaturierten Fulda bei Mecklar, die Wasservögel und Amphibien beheimatet. Die Landschaftsschutzgebiete Malchustal bei Ersrode, Hauksgrund bei Biedebach sowie der Basaltsteinbruch Gernkopf oberhalb von Oberthalhausen bieten Erholung pur.

Motocross

Der MSC Meckbach unterhält eine 1600 m lange Naturpiste. **Kontakt:** MSC Meckbach, Joachim Freund, Am Spatzentriesch 3, 34626 Neukirchen, msc-meckbach@web.de, www.meckbach.de. **Öffnungszeiten:** Sa und So 15–18 Uhr, wetterabhängig, zu erfragen bei: Andre Brübach, 0172/5314599.

Reiten

Reiter- und Ferienhof Hofgut Tann, Bettina Bernhardt, Gerteröder Straße 8, OT Tann, 36251 Ludwigsau, 06621/42265, hofgut-tann@t-online.de, www.hofgut-tann.de.

Malsfeld

C3

(Schwalm-Eder-Kreis)

Die Gemeinde Malsfeld mit sieben Ortsteilen und insgesamt rund 4100 Einwohnern liegt im Fuldatal südlich von Melsungen.

www.malsfeld.eu

Sehenswertes

Fahrradseilbahn an der Fulda

Zwischen Binsförth und Beiseförth können Radler mit einer per Hand betriebenen Seilbahn die Fulda überqueren.

Märchenmühle Beiseförth

Die Märchenmühle gegenüber der Kneipp-Anlage zeigt Märchen der Brüder Grimm. Ein kleines Mühlrad im Bach treibt bewegliche Miniaturen an und die kleinen Häuschen können bei Dunkelheit sogar beleuchtet werden.

Wehrkirche Dagobertshausen

Mit einem 31 m hohen Wehrturm und bis zu 1,70 m dicken Mauern erhebt sich die Kirche über den Ort und ist weithin sichtbar. Sie wurde um 1400 im hochgotischen Stil erbaut. In der Turmhalle und im Chorraum befinden sich schöne Kreuzgewölbe mit Blumen- und Blätterschlusssteinen.

Museen

▸ Brauereimuseum Malsfeld

Seit 1615 wird in Malsfeld Bier gebraut. Als das frühere Unternehmen 2003 Insolvenz anmelden musste, wurde ein Förderverein gegründet, der sich für den Erhalt der Brauerei einsetzte und die Idee zur Einrichtung eines Brauereimuseums hatte. Dort kann man das Bierbrauen medial erleben und die Geschichte der Malsfelder Brauerei, also auch die handwerkliche Herstellung, mit allen Sinnen erfahren. Vom Museum führt ein Brauereilehrpfad zu den historischen Plätzen des Brauwesens in Malsfeld. Gruppen können zusätzlich eine Führung durch die heutige Hessische Löwenbier Brauerei unternehmen.
Adresse: Brauereistraße 7, 34323 Malsfeld, ✆ 05661/500278, ✉ info@brauereimuseum-malsfeld.de, 🌐 www.brauereimuseum-malsfeld.de,. **Öffnungszeiten:** Apr–Okt Sa 14–18 Uhr, So 11–16 Uhr, für Gruppen nach vorheriger Anmeldung auch zu anderen Zeiten, Führungen durch die Brauerei nur mit vorheriger Anmeldung beim Kundenservice der Brauerei, täglich zwischen 12 und 18 Uhr, ✆ 0561/49907-55, ✉ balzer@hessisches-loewenbier.de, 🌐 www.hessisches-loewenbier.de.

▸ Heimatmuseum Dagobertshausen

Das in einem Fachwerkhaus untergebrachte Heimatmuseum zeigt vielerlei aus der guten alten Zeit:
Kontakt: Helmut Kellner, Höhenstraße 11, Dagobertshausen, 34323 Malsfeld, ✆ 05661/2027. **Öffnungszeiten:** Nach vorheriger Vereinbarung.

▸ Korbmachermuseum Beiseförth

In einem kleinen Fachwerkhaus werden Exponate zur Arbeit der Korbmacher gezeigt, von alter Zeit bis heute. Zu sehen sind u. a. verschiedene Weidearbeiten, Dokumente, Werkzeuge, Fotos und Bildtafeln.
Adresse: Mühlenstraße 18, Beiseförth, 34323 Malsfeld, weitere Informationen über den Heimat- und Kulturverein Beiseförth, ✆ 05664/448 (Hilburg Harbusch) oder ✆ 05664/8724 (Walter Dippel). **Öffnungszeiten:** Apr–Okt So 14–16 Uhr, für angemeldete Gruppen auch außerhalb dieser Zeiten.

Natur und Freizeit

▸ Wandern und Radfahren

Wanderer finden einige markierte Wanderwege, die durch die Höhen des Fuldatals verlaufen. Durch die Gemeinde führt der Elisabethpfad, ein Pilgerweg von Eisenach nach Marburg. Durch Malsfeld verläuft der Fulda-Radweg R1. Andere ausgeschilderte Radwege sind u. a. der R16 (Fulda-Efze-Weg) oder der Beisetal-Mühlenradweg (MR).

▸ Baden

Naturbadesee Beiseförth

Am Ortsrand von Beiseförth liegt dieser, aus einem ehemaligen Kiesabbaubetrieb entstandene See. Dort befinden sich auch Campingplatz und Freizeitanlage mit Gaststätte.

Naturbadesee Ostheim

Der Badesee verfügt über eine erstklassige Wasserqualität, liegt am Rand des NSG Goldbergsee und ist ein Überlauf davon. Im Rahmen der Renaturierung eines Braunkohlebergwerks entstanden die zwei Seen.

▸ Floßfahrten

Ein Riesenspaß für Gruppen bis 26 Personen ist eine Floßfahrt auf der Fulda. Dabei wird die Strecke Morschen–Beiseförth–Melsungen angeboten. Jeder Abschnitt dauert 2 Std. Zu bestimmten Terminen werden auch Fahrten für »jedermann« angeboten.
Auskunft und Buchung: Heimat- und Kulturverein, Christa Sauer, Amselweg 12, OT Beiseförth, 34323 Malsfeld, ✆ 05664/1477.

Kanufahren
Die Fulda ist ein ideales Gewässer für Kanuwanderer. Wer kein eigenes Boot hat, kann unter nachfolgender Adresse Kajaks und Kanadier mieten.
Bootsverleih Helmut Riemenschneider, Höhenstraße 15, OT Dagobertshausen, 34323 Malsfeld, ☏ 05661/53180.

Meinhard

E2

(Werra-Meißner-Kreis)

Die Gemeinde Meinhard erstreckt sich zwischen dem Muschelkalk-Höhenzug Gobert im Norden, der gleichzeitig die Grenze zu Thüringen bildet, und der Werra mit Eschwege im Süden. Um Hitzelrode liegt die Hessische Schweiz, eines der größten Bergsturzgebiete Deutschlands. In den sieben Ortsteilen leben über 5500 Einwohner.

Tourist Info Eschwege, Meinhard, Wanfried, s. u. Eschwege
www.meinhard.de
www.werratal-tourismus.de

Sehenswertes

Herrenhaus Grebendorf
Das stattliche Fachwerkgebäude wurde um 1600 von Bernhard von Keudell und seiner Frau Beata von Berlepsch erbaut und ist heute Sitz der Gemeindeverwaltung.

Hitzelrode
Der Premium-Rundwanderweg P4 oberhalb von Hitzelrode führt an steilen Felskanten, betörenden Ausblicken, Wolfstisch, Silberklippe und Schöne Aussicht vorbei. Unweit von dem Rundweg liegt auch die Schutzhütte Am Sägewerk direkt an der heutigen Landesgrenze mit Resten des alten Metallgrenzzauns und einem Gedenkstein.

Blick auf Hitzelrode

Motzenrode
Im kleinsten Ortsteil Meinhards liegen als Kleinod in der Ortsmitte die kleine Dorfkirche sowie ein historisches Backhaus, das von Gruppen angemietet werden kann.

Neuerode
In Neuerode gibt es zahlreiche gepflegte Fachwerkhäuser und eine alte, 1345 erbaute Kirche, die neben dem Anger immer Mittelpunkt des dörflichen Lebens war.

Schloss Jestädt
Das Schloss wurde 1561/62 am Standort einer alten Burg erbaut. Heute befindet es sich in Privatbesitz.

Schloss Wolfsbrunnen Schwebda
Das auf einem Hang über Schwebda gelegene Schloss ragt hoch über dem Werratal auf und wurde 1904–06 im Stil der Neurenaissance erbaut. Heute befindet sich das Schloss in Privatbesitz.

Wacholderjäger und Kirche Schwebda
Das Wahrzeichen von Schwebda, eine lebensgroße Skulptur, steht vor der Stephanuskirche mit einem romanischen Kirchturm aus dem 12. Jh.

▸ Wasserburg Schwebda
Zwischen 1243 und 1269 erbaut, ist heute noch das »Steinerne Haus« mit Aborterker erhalten. Das Schloss ist heute in Privatbesitz.

Museen

▸ Heimatmuseum Meinhard in Schwebda
Das Museum liegt im ersten und zweiten Geschoss des ehemaligen Haferbodens des Ritterguts über der alten, noch funktionstüchtigen Beschlagschmiede. In der Ausstellung werden alte Berufe dargestellt sowie Wohnräume und ein Klassenzimmer von früher gezeigt. Der Grenzraum erinnert an die frühere innerdeutsche Grenze. Weitere Exponate aus der Landwirtschaft, ein Mammut-Stoßzahn, Feldpostkarten aus dem Ersten Weltkrieg und funktionstüchtige, historische Fernsprechapparate ergänzen die Ausstellung.
Adresse: Lindenanger 100, OT Schwebda, 37276 Meinhard, ✆ 05651/50659 (ab 15 Uhr), ✉ museumschwebda@aol.com.
Öffnungszeiten: Apr–Okt, jeweils am ersten Sa im Monat 14–17 Uhr oder nach Vereinbarung.

Natur und Freizeit

▸ Wandern und Radfahren
Durch die Hessische Schweiz im Norden der Gemeinde Meinhard, die im Hohestein mit 569 m ihre höchste Erhebung hat, verläuft der Werra-Burgen Steig und der Premiumwanderweg P4, der vom Ausgangspunkt Hitzelrode neun spektakuläre Aussichtspunkte berührt und durch ein einzigartiges Naturschutzgebiet führt. Am nördlichen Ortsrand von Schwebda unterhalb von Schloss Wolfsbrunnen liegt der Nordic-Walking-Park Meinhard. Dort starten drei unterschiedlich schwierige Strecken. Beliebt bei Wanderern wie Radfahrern ist auch der Werratalsee-Rundweg. Durch das Werratal selbst verläuft der weithin bekannte Werratal-Radweg auf ca. 300 km von den Quellen im Thüringer Wald bis zur Mündung in Hann. Münden.

▸ Baden
Werra-Meißner-Camping
Zwischen Grebendorf und Jestädt gelegen, erstreckt sich ein Areal von etwa 50 000 qm um den Meinhardsee, das viel Freizeit rund um das Wasser bietet. Zum Werra-Meißner-Camping gehören der Badesee mit Strand, viele Freizeit- und Sportmöglichkeiten, ein Vogelschutzgebiet, Saunalandschaft, Gastronomie usw.
Adresse: Freizeitzentrum 2, 37276 Meinhard, ✆ 05651/6200, ✉ info@werra-meissner-camping.de, 🌐 www.werra-meissner-camping.de.

▸ Werratalsee
Der mit 100 ha drittgrößte See Hessens ist Austragungsort für die Hessischen und Deutschen Rudermeisterschaften. Es locken Sandstrände, Spiel- und Freizeitaktivitäten.

▸ Bootsverleih
Tret- und Ruderboote auf dem Meinhardsee, s. u. Werra-Meißner-Camping.

▸ Kanuverleih auf dem Werratalsee
Adresse: Naturzeltplatz und Kanucamp Maisy May, OT Schwebda, 37276 Meinhard, ✆ 0172/1060113, ✉ kanurad@kanurado.de, s. ansonsten unter Eschwege.

▸ Schiffsfahrten
Auf dem Werratalsee zwischen Schwebda und Eschwege verkehrt das kleine Fahrgastschiff Werranixe. Die Rundfahrt dauert eine Stunde.
Kontakt: Reinhold Bretschneider, Mühlhäuser Straße 15, OT Schwebda, 37276 Meinhard, ✆ 05651/338032, ✉ info@werranixe.de, 🌐 www.werranixe.de.
Verkehrszeiten vom Ostufer: Mitte Apr Sa und So jeweils zur vollen Std. ab Schwebda

14–17 Uhr, Rückfahrt ab Eschwege 14.30–15.30 Uhr, Mai–Sep täglich 14–16 Uhr sowie Sonderfahrten für Gruppen auf Anfrage.

Veranstaltungen und Feste

Rad und Fun Tag (Aug), ein Rad-Aktionstag zwischen Wanfried und Meinhard.
Heimatfest Grebendorf, ein traditionelles Dorffest mit Umzug, Tanz, Musik und mehr (Mitte Sep).

Meißner

D2

(Werra-Meißner-Kreis)

Die Gemeinde mit rund 3200 Einwohnern in sieben Ortsteilen liegt zwischen dem Hohen Meißner im Westen und dem Werratal im Osten. Im OT Welleringerode findet man die einzige privat betriebene Telefonzelle Deutschlands.

05657/989614
www.gemeinde-meissner.de

Sehenswertes

Jüdischer Friedhof Abterode

Abterode hatte einst eine große jüdische Gemeinde, wovon noch heute der Friedhof, die ehemalige Synagoge und ehemalige Schule Zeugnis ablegen. Der Jüdische Friedhof bestand schon im 17. Jh. und ist der größte seiner Art im Landkreis. Erhalten sind noch rund 490 Grabstellen.

Kirchenruine Abterode

Die gotische Kirchenruine liegt etwas außerhalb auf einem Hügel und war die Kirche einer Abtei, die der Abt des Klosters Fulda um 1076 gegründet hatte. Die heutige Kirche stammt aus dem 14. Jh. und wurde bis auf die erhaltenen Reste 1809 zerstört.

Kirche Wolferode

Die 1334 erstmals erwähnte gotische Kirche ist der Mittelpunkt des Ortes. Interessant aus dem Inneren sind die Wand- und Deckengemälde, der gotische Chor von 1515, verschiedene Skulpturen und der gotische Taufstein.

Kloster Germerode

Die Grafen von Bilstein gründeten Mitte des 12. Jhs. ein Prämonstratenserkloster. Das Kloster wurde im Zuge der Reformation 1527 aufgelöst und in ein hessisches Staatsgut umgewandelt. Die Klosterkirche mit Krypta, eine romanische dreischiffige Pfeilerbasilika, die 1150–65 erbaut wurde, gilt als bedeutendes Beispiel spätromanischer Ordensarchitektur. Sie wird heute von der evangelischen Kirchengemeinde für Gottesdienste genutzt.
Adresse: Tagungsstätte Kloster Germerode, Klosterfreiheit 34, OT Germerode, 37290 Meißner, 05657/423, tagungshaus@klostergermerode.de, www.kloster-germerode.de
Öffnungszeiten der Klosterkirche: Apr–Nov täglich 9–18 Uhr, Gottesdienst So um 10.30 Uhr, Führungen auf Anfrage u. a. durch das Pfarrehepaar Jan-Peter und Dorlies Schulze, 05657/278.

Ortskern Vockerode

Um die gotische Pfarrkirche erstreckt sich auch heute noch eine fast lückenlose historische Bebauung entlang der Kirchstraße, und in der Schwalbenthaler Straße liegen noch einige historische Hofanlagen, die bis ins 18. Jh. zurückreichen.

Museen

Besucherbergwerk Grube Gustav

Das Besucherbergwerk liegt im wild-romantischen Höllental. Seit dem 16. Jh. wurde hier nach Kupferschiefer gesucht. Heute kann man in den Stollen die mühevollen Arbeits-

methoden von früher nachvollziehen. In der ehemaligen Fördermaschinenkammer sind Mineralien, Gesteine und bergmännisches Gerät ausgestellt. Ein Rettungsschlitten erinnert an die Bergung von zwei verschütteten Bergleuten, die im Nov. 1957 durch ein Bohrloch gerettet wurden.
Adresse: Kupfergasse, OT Abterode, 37290 Meißner, ☏ 05657/7500. **Öffnungszeiten:** Mitte Mrz–Ende Okt Di–So 13–16 Uhr. Die Besichtigung erfolgt nur im Rahmen von Führungen (Dauer 1 Std.) mit mindestens 6 Personen. Gruppen ab 15 Personen nach Voranmeldung auch außerhalb der regulären Öffnungszeiten. Die Grubentemperatur beträgt ganzjährig 10° C, Schutzhelme und -kleidung werden gestellt. Auch für Rollstuhlfahrer und Gehbehinderte möglich!

Natur und Freizeit

▸ Wandern und Radfahren

Das Gemeindegebiet ist durch verschiedene markierte Wanderwege erschlossen. Auch der Premiumwanderweg P2 Meißnerland führt teilweise durch die Gemeinde und berührt verschiedene Sehenswürdigkeiten. Das Gebiet vom Hohen Meißner ist ebenfalls durch einen Premiumweg erschlossen. Abterode ist Ausgangspunkt von verschiedenen Rundwegen. Am Bergwildpark liegt der Nordic-Walking-Park Meißner mit vier Rundtouren. Auch Radfahrer finden einige ausgeschilderte Radwege, darunter die Tour 10, ein Rundweg zu alten Klöstern zwischen Werra und Meißner.

▸ Aussichtspunkt Kalbe

Die Kalbe ist eine wenig bewaldete Basalt-Bergkuppe im Ostteil des Hohen Meißners. Man hat von dort eine fantastische Aussicht auf das östlich gelegene Meißner-Vorland. Südwestlich der Kuppe wurde von 1949 bis 1974 im Tagebau Braunkohle gefördert. Heute bildet sich hier der Kalbesee.

▸ Chattenloh bei Weidenhausen

Das Chattenloh, eine Baumgruppe bei Weidenhausen, eine ehemalige Gerichtsstätte des Amtes Bilstein, zeugt von der verwaltungsgeschichtlichen Bedeutung des Ortes im Spätmittelalter.

▸ Bergwildpark Meißner

Der 25 ha große Wildpark liegt außerhalb von Germerode. Man findet dort fast alle heimischen Wildarten, Haustiere und mehr. Eine Falknerei betreut neun Greifvogelarten und vier Eulenarten. Das Waldwichtelhaus dient als Erlebnismuseum. Ein großer Abenteuerspielplatz und Gastronomie gehören auch dazu.
Adresse: Wildpark 1, OT Germoerode, 37290 Meißner, ☏ 05657/7591, ✉ klotz-wildpark@online.de, 🌐 www.bergwildpark-meissner.de, ☏ Falknerei 0171/3722373. **Öffnungszeiten:** Mrz–Okt Di–So 10–18 Uhr, Ende der hessischen Winterferien–Feb Sa und So 10–17 Uhr, während der hessischen Schulferien täglich geöffnet und zwar im Sommer 10–18 Uhr und im Winter 10–17 Uhr, Flugvorführungen der Falknerei Mrz–Okt Di–So um 11 und um 15 Uhr.

Frau-Holle-Teich

▸ Frau-Holle-Teich

Der idyllische Teich liegt in einer Senke auf der Ostseite des Hohen Meißners. Hier ist

Frau Holle in Form einer 3 m hohen Holzskulptur präsent. Vom Parkplatz an der L 3242 erschließt ein Waldlehrpfad mit 14 Informationstafeln die Gegend.

▸ Wintersport
Im Skigebiet auf dem Hohen Meißner können verschiedene Wintersportarten ausgeübt werden. Abfahrtsläufer finden einen Schlepplift am Naturfreundehaus und einen Doppelankerlift am Berggasthof. Am Großparkplatz beginnt eine 10 km lange Loipe für Langläufer (abkürzbar auf 4 oder 6 km) sowie eine 5 km lange Skating-Loipe, am Wildpark eine 7 km lange Loipe für Langläufer, die aber auf 4 km abgekürzt werden kann. Am Naturfreundehaus liegt auch eine etwa 300 m lange Rodelbahn.
Informationen zur Schneelage: Forstamt Hessisch Lichtenau, ✆ 05602/935617.

Veranstaltungen und Feste

Salat-Kirmes Germerode, ein typisch regionales Volksfest, Informationen unter 🌐 www.salatkirmes-germerode.de (am Wochenende vor Pfingsten).
Country Festival Abterode mit Dorfabend, Tanz, Frühschoppen und deutscher wie amerikanischer Stimmungsmusik (Fr–So Mitte Juni).

Melsungen

C3

(Schwalm-Eder-Kreis)

Die in waldreicher Umgebung im Fuldatal gelegene Kleinstadt etwa 22 km südlich von Kassel wurde erstmals 802 erwähnt. Das älteste Stadtsiegel von Melsungen stammt aus dem Jahr 1267. Melsungen war lange Kreisstadt und zählt heute mit sieben Stadtteilen neben der Kernstadt insgesamt rund 14 300 Einwohner.

Kultur- & Tourist-Info Melsungen
Kasseler Straße 44 (im Haus der Kreissparkasse), 34212 Melsungen
✆ 05661/921100
Fax 05661/921112
✉ tourist-info@melsungen.de
🌐 www.melsungen.de

Sehenswertes

▸ Stadtführungen
»Jedermannführungen« (Einzelreisende und kleine Gruppen): Mai–Okt Di um 14 Uhr, Sa um 11.30 Uhr und So um 14 Uhr (Dauer 1,5 Std.), Treffpunkt: Kultur- & Tourist-Info-Büro. Für Gruppen ganzjährig, täglich Themen-Führungen nach Absprache buchbar.

▸ Historische Altstadt
In der im Osten und Süden von der Fulda begrenzten Altstadt liegen über 400 restaurierte Fachwerkhäuser und bilden ein geschlossenes Ensemble mit dem Rathaus als Mittelpunkt. Gemeinsam sind den größtenteils aus dem 15., 16. und 17. Jh. stammenden Fachwerkhäusern die vorkragenden Geschosse und die reichen Verzierungen mittels farbigem Schnitzwerk. In der Fußgängerzone findet man urgemütliche Plätze, kann einkaufen oder nordhessische Spezialitäten bei einer Einkehr genießen.

▸ Bartenwetzerbrücke
Bereits 1395 ist eine Brücke über die Fulda belegt, die vermutlich noch älter ist. Die heutige erhielt ihren Namen von den Holzfällern, die ihre Äxte (Barten) an den Sandsteinen der Brücke wetzten, um sie zu schärfen. Die jetzige Steinbrücke geht auf 1595/96 zurück. Sie wurde mehrfach bei Hochwasser oder Eisgang beschädigt und 1945 wurden zwei Bögen gesprengt. Zunächst nur provisorisch aufgebaut, wurde sie 1956 vervollständigt. Mit Eröffnung der Schlossbrücke 1983 dient

sie heute nur noch als Fußgängerbrücke. 1986/87 wurde der Ursprungszustand wiederhergestellt.

▸ Eulenturm
Der Befestigungsturm, 1428 erbaut, war Teil der Stadtmauer und ist in ursprünglicher Höhe erhalten. Er diente im 17. Jh. auch als Gefängnis, später wurde die obere Turmhälfte bewohnt.

▸ Hospital und Kapelle St. Georg
Inmitten eines großen Gartengrundstücks steht das Hospital St. Georg, ein stattlicher Fachwerkbau und heute soziale Wohnstätte (Hospitalstraße 18). Der Fachwerkbau (1788/89) wurde auf Gewölbekellern von Vorgängerbauten errichtet. Zu ihnen gehört die Kapelle St. Georg, die bereits 1303 erwähnt wurde. Gemeinsam mit Teilen der Stadtkirche zählt sie zu den ältesten Gebäuden der Stadt.

▸ Kurhessische Poststation
Diese befand sich im Eckhaus Fritzlarer Straße/Kirchgasse, das im Jahr 1532 erbaut wurde. Von 1798 bis 1815 war hier zunächst die landgräfliche, dann die kurhessische Poststation, anschließend bis 1868 die Poststation von Thurn und Taxis untergebracht.

▸ Marktplatz
Der Marktplatz war schon im Mittelalter Warenumschlagplatz an der Kreuzung alter Handelsstraßen, der Nürnberger Straße und dem Sälzerweg. Auch heute säumen ihn noch viele Geschäfte. Dominiert wird er vom Rathaus. An seiner Ostseite am Beginn der Brückenstraße wacht noch heute die geschnitzte Figur des Marktmeisters über das Markttreiben.

▸ Rathaus
Nach einem Großbrand im Jahr 1554 wurde 1565 das heutige Fachwerk-Rathaus erbaut. Das imposante Gebäude mit drei Voll- und zwei Giebelgeschossen auf einem Steinsockel ist 29 m hoch und gilt als eines der schönsten Fachwerkrathäuser Deutschlands. Es hat vier größere Ecktürme mit einem kleinen Mittelturm, in dem sich täglich um 12 und 18 Uhr die geschnitzte Holzfigur des Melsunger Wahrzeichens, der Bartenwetzer, zeigt.

Das Rathaus von Melsungen

▸ Schloss Melsungen
Als Nebenresidenz wurde es in den Jahren 1550–57 erbaut und liegt im Norden der Altstadt, wo vorher vermutlich eine Burg gestanden hat. Es besteht aus vier Gebäuden, dem Hauptbau im Norden, dem Burggrafenhaus im Westen und dem ehemaligen Marstall im Süden. Rechtwinklig schließt im Süden das ehemalige Renteigebäude an sowie im Westen der Park. Von 1627 bis 1632 diente es dem Landgrafen Moritz als Hauptwohnsitz. Er fertigte hier mehr als 400 Zeichnungen, Skizzen usw. über die Stadt und ihre Bauwerke an. Danach diente das Schloss unterschiedlichen Zwecken. Heute findet man hier das Amtsgericht und eine Außenstelle des Finanzamts Fritzlar.

Sehenswert ist auch der Schlossgarten mit altem Baumbestand, Schlossteich und Teilen der Stadtmauer. Er wird auch für Kultur- und Musikveranstaltungen genutzt.

Stadthalle

Die Stadthalle wurde 1837 im klassizistischen Stil als Casino der Abendgesellschaft, der heutigen Kasinogesellschaft, erbaut. Nach einer Erneuerung des Gebäudes findet man hier heute mehrere Veranstaltungssäle, ein Restaurant und die Stadtbücherei.

Stadtkirche

Die Stadtkirche liegt nur wenige Schritte vom Marktplatz entfernt und wurde 1349–1434 als Hallenkirche im gotischen Stil auf den Resten eines romanischen Vorgängerbaus errichtet, von dem noch ein Teil der Westwand mit romanischem Portal existiert. Der Turm geht auf die Zeit um 1225 zurück, der Chor entstand etwa 1349 als erster Teil der späteren Hallenkirche.

Die Stadtkirche von Melsungen

Zwei-Pfennigs-Brücke

Die Brücke wurde 1890 von einer Bürgergenossenschaft erbaut, um einen schnelleren Zugang zum Bahnhof auf dem anderen Fuldaufer zu bekommen. Um die Baukosten wieder hereinzubringen, kassierte man einst eine Maut von 2 Pfennigen.

Museen

Heimatmuseum

Das Museum liegt an der Bartenwetzerbrücke im ehemaligen Schleusenhäuschen und späterem Elektrizitätswerk, einst wohl eine große Mühlenanlage. Gezeigt werden Exponate zu den Themen Energiegewinnung, Tierwelt im und am Fluss, zur Stadtgeschichte, zu alten Handwerktechniken, zur Landwirtschaft und zur Entwicklung ortsansässiger Industrieunternehmen.
Adresse: Brückenstraße 30, 34212 Melsungen, 05661/3830. **Öffnungszeiten:** Apr–Mitte Dez Sa und So 15–17 Uhr und nach Vereinbarung.

Natur und Freizeit

Wandern

Über 350 km markierter Wanderwege wollen erobert werden, zum Teil auf historischen Pfaden wie der Barbarossaweg, Fuldahöhenweg usw. Entlang des Barbarossawegs finden sich auch Kunstwerke aus natürlichen Materialien im Rahmen des Kunstpfads ARS NATURA.

Radfahren

Melsungen ist eine wichtige Zwischenstation am Fulda-Radweg R1.
Fahrradverleih:
Zweiradhaus Bischoff, Vorstadt 6–8, 34212 Melsungen, 05661/50180, info@zweiradbischoff.de, www.zweiradbischoff.de.
Jugendherberge Melsungen, Lindenbergstraße 23, 34212 Melsungen, 05661/2650, melsungen@djh-hessen.de, www.melsungen.jugendherberge.de.

Baden

Freibad, Dreuxallee 35, 34212 Melsungen, 05661/92619-0 (Mai–Sep).
Hallenbad, Dreuxallee 35, 34212 Melsungen, 05661/92619-0, schwimmbad@

melsungen.de, Sauna 05661/923112 (Sep–Mai).

Badeseen, Camping- und Freizeitzentrum Am See, Malsfelder Straße 23, OT Obermelsungen, 34212 Melsungen, 05661/923770, info@campingplatz-melsungen.de, www.campingplatz-melsungen.de.

Bootsverleih

Adresse: An der Zweipfennigsbrücke, Rotenburger Straße, 34212 Melsungen. **Öffnungszeiten:** Mai–Anfang Okt, täglich bei schönem Wetter. **Info unter** www.melsungen.de. Die Fulda ist natürlich auch ein ideales Gewässer für Mehrtagestouren. Boote unterschiedlicher Größe samt Equipment und Transport können über folgende Adresse gebucht werden:

Kanu Touristik Mitte, Schöneberger Straße 1, 37085 Göttingen, 0551/7909191, service@kanutouristik-mitte.de, www.kanutouristik-mitte.de.

Alte Schleuse an der Fulda

Floßfahrten auf der Fulda

Auf der Fulda stehen zwei je 24 qm große Flöße für maximal 26 Personen zur Verfügung, die von erfahrenen Flößern vom Floßteam Fuldanixe gesteuert werden. Die Flöße können von Gruppen von Mai–Okt angemietet werden. Jeweils am ersten So. im Monat gibt es eine Fahrt für Einzelgäste. Anmeldung bei der Kultur- und Tourist-Info Melsungen (siehe dort).

Reiten und Planwagenfahrten

Waldgaststätte Rose, siehe unter Tierpark Rose.

Tierpark Rose

Im kleinen, privat betriebenen Tierpark sind etwa 50 Arten zu sehen, u. a. Haus- und Raubtiere, kleinere Exoten wie Äffchen oder ein Känguru, Papageien und andere Vögel. Angeschlossen sind Spielplatz und Gaststätte.

Adresse: Eichwiese 2, OT Röhrenfurth, 34212 Melsungen, 05661/4331, www.tierpark-rose.de. **Öffnungszeiten:** ganzjährig täglich 10–18 Uhr bzw. bis zur Dämmerung.

Veranstaltungen und Feste

Freilichtbühne Melsungen

Auf der Freilichtbühne an der Lindenbergstraße finden Open-Air-Kino, Theater, Konzerte und mehr statt.

Informationen: Magistrat der Stadt Melsungen, Agendabüro, Schwarzenberger Weg 93, 34212 Melsungen, 05661/708157, www.freilichtbühne-melsungen.de.

Melsunger Kulturfabrik

Ehemals Produktionsstätte für Tücher und Leinen, bietet sie heute in historischer Industriearchitektur einen geeigneten Rahmen sowohl für kulturelle Veranstaltungen als auch für Tagungen und Familienfeiern.

Adresse: Spangerweg, 34212 Melsungen, www.melsunger-kulturfabrik.de.

Schwarzenberg-Theater

Adresse: Riedforststraße 57, OT Schwarzenberg, 34212 Melsungen, Karten-Hotline 05661/53666, www.schwarzenberg-theater.de.

▸ Jährlich wiederkehrende Veranstaltungen u.a.:

Internationales Grasbahnrennen
Auf der Motorsport-Grasbahn an der St.-Georg-Straße findet alljährlich ein internationales Grasbahnrennen statt (Anfang Aug).

Melsunger Weinfest
Am Rathaus werden bei Musik und Unterhaltung Weine aus verschiedenen Anbaugebieten ausgeschenkt (Ende Aug).

Melsunger Kabarett-Wettbewerb »Scharfe Barte« (Anfang Nov).

Morschen

CD 3

(Schwalm-Eder-Kreis)

Die Gemeinde liegt mit ihren sieben Ortsteilen im Fuldatal zwischen Melsungen und Rotenburg. Sie zählt rund 3700 Einwohner. Vermutlich war die Gegend schon um das Jahr 500 besiedelt. Der Name Morschen tauchte erstmals zwischen den Jahren 800 und 1000 auf.

www.morschen.de

Sehenswertes

▸ Kloster Haydau

Hauptanziehungspunkt der Gemeinde ist das restaurierte ehemalige Zisterzienserinnenkloster. Es wurde vom 13. Jh. bis Anfang des 14. Jhs. errichtet. Die Klosterkirche war zu Beginn des 16. Jhs. eine vielbesuchte Wallfahrtsstätte. Nach Auflösung des Klosters im Jahre 1527 wurde es zu einem Jagdhaus für Landgraf Philipp I. umgebaut. Am Beginn des 17. Jhs. entstand der so genannte Engelsaal mit prachtvollem Kamin und bemalter Decke. 1685 erfolgten weitere Umgestaltungen, und die Orangerie wurde erbaut. Zwischen 1830 und 1940 dienten die Gebäude als landwirtschaftliche Domäne. Heute ist es ein Ort, an dem kulturelle Veranstaltungen, Privatfeiern, Tagungen und Kongresse stattfinden.

Informationen: Förderverein Kloster Haydau, In der Haydau 6, 34326 Morschen, 05664/8387, foerderverein@kloster-haydau.de, www.kloster-hayau.de.

▸ Herrenhaus Binsförth

Neben der Kirche liegt dieses alte Herrenhaus, das heute im Privatbesitz steht. Die rechteckige Anlage geht auf den Anfang des 13. Jhs. zurück, erwähnt wurde sie erstmals 1263. Im Dreißigjährigen Krieg zerstört, erfolgte 1692 der Neubau eines Fachwerkwohnhauses.

▸ Jüdischer Friedhof Binsförth

Der Friedhof liegt am so genannten Siechenberg. Es ist der älteste jüdische Friedhof Nordhessens. Das Gelände diente ab Mitte des 17. Jhs. als Friedhof der jüdischen Gemeinden der Umgebung. Im ältesten Teil sind noch 39 Grabsteine vorhanden, und die älteste Inschrift geht auf 1694 zurück.

▸ Fahrradseilbahn

Eine technische Sehenswürdigkeit ist die seit Mai 2009 in Betrieb befindliche Fahrradseilbahn über die Fulda zwischen Binsförth und Beiseförth. Die Gondel muss per Handkurbel bewegt werden und kann von Apr. bis Okt. tagsüber benutzt werden.

Museen

▸ Feuerwehrmuseum Altmorschen

Das ehemalige landwirtschaftliche Anwesen Raabe ist Sitz des Feuerwehrmuseums.

Adresse: Paul-Frankfurth-Str. 37, OT Altmorschen, 34326 Morschen, Gemeindeverwaltung 05664/8096. **Öffnungszeiten:** Nach Vereinbarung über die Gemeindeverwaltung.

Natur und Freizeit

▸ Wandern und Radfahren
Während das Fuldatal gemütliches Wandern ermöglicht, bieten die Berge der Umgebung nicht nur schöne Aussichten, sondern auch anspruchsvolle markierte Anstiegswege. Beliebt sind die Rundwanderung von Altmorschen zur Wüstung Schönewald und das Geidelbachtal mit seinen Fischteichen. Durch die Gemeinde verlaufen die Fernradwege R1 und R5.

▸ Floßfahrten
Zwischen Morschen und Melsungen sind Floßfahrten möglich, s. unter Melsungen.

Veranstaltungen und Feste

Im Kloster Haydau finden im Laufe des Jahres viele Veranstaltungen statt. Einige sind Teil des Nordhessischen Kultursommers.
Informationen: Kulturring Morschen, Dorothea Becker-Puhl, Brückenstr. 7, 34326 Morschen, ✆ 05664/8198, ✉ kulturring@kloster-haydau.de.

▸ Theatergruppe Morschen
Die Laienspielgruppe präsentiert ihre Stücke in der Gartenanlage des Klosters Haydau bzw. in der Klosterscheune.
Informationen: Hans Mannel (1. Vors.), Im Kalkofengarten 5, OT Altmorschen, 34326 Morschen, ✆ 05664/939072, ✉ hans.mannel@theatergruppe-morschen.de, 🌐 www.theatergruppe-morschen.de.

Naumburg (Hessen) B2

(Landkreis Kassel)

Die Kleinstadt, gleichzeitig staatlich anerkanntes Kneippheilbad, liegt im Westteil des Naturparks Habichtswald. Neben der Stadt Naumburg, deren Burg 1170 erstmals urkundlich erwähnt wurde, gehören vier weitere Stadtteile zur Gemeinde mit insgesamt rund 5300 Einwohnern.

Tourist-Information im Haus des Gastes
Hattenhäuser Weg 10–12
34311 Naumburg (Hessen)
✆ 05625/7909-74/-73
📠 05625/7909-76
✉ info@naumburg.eu
🌐 www.naumburg.eu

Sehenswertes

▸ Stadtführungen
Für Gruppen werden Stadtführungen auf Anfrage von der Tourist-Information vermittelt.

▸ Altstadt
Naumburg entwickelte sich ab 1170 im Schutz der »Nuwenburch«. Diese Burg wurde 1626 erobert und zerstört. Nach einem verheerenden Stadtbrand wurde die Stadt 1684 wieder aufgebaut. Aus dieser Zeit stammt die trapezförmig angelegte Altstadt mit zwei Hauptstraßen und vielen kleinen Gassen, die noch heute viel Charme ausstrahlen. Im Süden der Altstadt ist die Stadtmauer gut erhalten und bietet eine schöne Sicht ins Elbetal. Zahlreiche Fachwerkbauten in der Altstadt gehen auf das 17. bis 19. Jh. zurück. Ergänzt werden sie durch historische Wohn- und Geschäftsbauten aus der so genannten Gründerzeit ab 1875.

▸ Fatima-Grotte
1956 wurde anlässlich einer Pilgerfahrt in den portugiesischen Wallfahrtsort Fatima von dort eine Madonnen-Figur abgeholt und in der Grotte, ursprünglich ein Steinbruch, aufgestellt.

▸ Historisches Friedhofstor
Das heutige Friedhofstor am Eingang zum Naumburger Friedhof ist eine Nachbildung

des 1577 erstellten Originals. Es dokumentiert die Stadt- und Religionsgeschichte.

▸ Stadtkirche St. Crescentius
Die katholische Stadtpfarrkirche, eine dreischiffige gotische Basilika, stammt aus dem 14./15. Jh. und thront über dem Marktplatz. Das Langhaus wurde 1420/30 erweitert und der Westturm 1512 fertig gestellt. Nach dem großen Stadtbrand 1684 musste auch die Kirche in weiten Teilen neu aufgebaut werden. Im Inneren befindet sich die weithin bekannte Naumburger Madonna, eine Sandsteinplastik von 1340. Erwähnenswert sind weiter die Chorfenster. Die übrige Innenausstattung im neogotischen Stil stammt aus dem späten 19. Jh.

▸ Weingartenkapelle
Die auf dem Weingartenhügel stehende Kapelle hatte zwei Vorgängerbauten. Die heutige Steinkapelle wurde 1921–23 im Stil des Neo-Barocks errichtet.

▸ Hessencourrier
Der Hessencourrier ist Hessens erste Museumseisenbahn und verbindet Naumburg mit Kassel. Weitere Einzelheiten unter Kassel.

Museen

▸ Eisenbahnmuseum
Das alte Bahnhofsgebäude, das 1904 von der Kleinbahn Kassel-Naumburg erbaut wurde, ist heute Sitz des Museums. Es bietet den Besuchern einen Einblick in die Arbeit der früheren Eisenbahner und den Betrieb. Außerdem gibt es drei Modelleisenbahnen. **Öffnungszeiten:** An Fahrtagen des Museumszugs Hessencourrier und nach Vereinbarung über die Tourist-Information.

▸ Heimatmuseum
Untergebracht in einer alten Scheune, zeigt das Museum viel zu handwerklichen Berufen und Arbeitsweisen früherer Zeit, ebenso haus- und landwirtschaftliche Geräte sowie sakrale Gegenstände.
Kontakt: Rudolf Jacobi, Kronbergweg 30, 34311 Naumburg, ✆ 05625/5612. **Öffnungszeiten:** Nach Vereinbarung.

Natur und Freizeit

▸ Natur-Informationszentrum
Im Natur-Erlebnisraum im Obergeschoss des Haus des Gastes wartet ein vielseitiges Angebot zur Naturbeobachtung auf den Besucher. Ausstellungsobjekte sind u. a. ein Amphibium, Funde aus der Natur, die unter Großlupen betrachtet werden können, Felle, Spiele und mehr. Zum Zentrum gehören vielseitige Außenprojekte wie die historische Apfelwiese, die Hummelwerkstatt, die einfarbigen Gärten (Naumburg–blau, Elbenberg–rot, Altendorf–gelb, Heimarshausen–weiß) sowie ein Angebot an Führungen, Vorträgen und Kursen.
Adresse: Wie Tourist-Information, ✆ 05625-7909-73. **Öffnungszeiten:** Mo–Do 9–12 und 14–17 Uhr, Fr 9–13 Uhr.

Das Eisenbahnmuseum in Naumburg

▸ ☺ Hummelwerkstatt
Das Naturschutz-Informationszentrum wurde 1994 durch eine am Ortsausgang von Naumburg liegende Hummelwerkstatt

ergänzt. Dieser außerschulische Lernort bietet als Hummelzoo Hummelnistkästen und zwei Ameisen-Terrarien sowie einen Schulungsraum.
Kontakt: Über das Natur-Informationszentrum bzw. Tourist-Information. **Öffnungszeiten:** Jun–Aug Sa und So 14–16 Uhr sowie nach Vereinbarung.

▸ Wandern
Das um Naumburg verlaufende markierte Wanderwegenetz bietet eine Fülle von Möglichkeiten. Naumburg wird von berühmten Fernwanderwegen berührt. Am Märchenlandweg ist Naumburg der Froschkönigsort. Vom Friedhof Naumburg erschließen neun Rundwanderwege die Umgebung. Am Wanderparkplatz an der L 3215 beginnt der Grenzsteinweg, der entlang der historischen Grenze vom katholischen Erzbistum Mainz verläuft. Am Freibad AquArena beginnen zudem zwei Strecken, die für Nordic Walking oder Jogging gedacht sind.

▸ Radfahren
Durch Naumburg führt der Radfernweg R4, außerdem kann man auf dem Hessencourrier-Radweg bis nach Kassel radeln. Fahrräder können auch auf dem Kneipp-Kur-Campingplatz geliehen werden.

▸ Warte
Der zwischen Naumburg und Altenstädt gelegene mittelalterliche Wachturm bietet eine schöne Aussicht auf die Kernstadt Naumburg mit Umgebung.

▸ Elbenberger Türmchen
Das 1825 von Rudolf von Buttlar erbaute Elbenberger Türmchen dient heute als öffentlicher Aussichtsturm.

▸ Baden
Freibad AquArena Naumburg, Am Schwimmbad 3, 34311 Naumburg,

In der Hummelwerkstatt können Kinder Hummeln hautnah erleben.

☏ 05622/919933.
Freibad Heimarshausen, Elbstr., OT Heimarshausen, 34311 Naumburg.

▸ Reiten
Kinder-Märchenbauernhof Weidelshof
Familie Günst, Weidelshof 1, 34311 Naumburg (Hessen), ☏ 05625/1754, ✉ info@weidelshof.de, 🌐 www.weidelshof.de.
Landhotel Ferienhof Schneider, Kirschhäuser Str. 7, OT Heimarshausen, ☏ 05622/915112, ✉ info@landhotel-schneider.de, 🌐 www.landhotel-schneider.de.

Veranstaltungen und Feste

▸ Naumburger Karneval (Jan/Feb)
Zur Zeit des Karnevals, insbesondere am Rosenmontag, erobern die Narren Naumburg, denn die Kleinstadt ist eine weithin bekannte Karnevalshochburg.

▸ Hessische Pomologentage (Ende Okt/Anfang Nov)
Bei den Hessischen Pomologentagen steht der Apfel im Mittelpunkt. Dazu gehören ein Obstsortenbestimmungsseminar, ein Apfelmarkt, diverse kulturelle Veranstaltungen, Vorträge und mehr.

Neuenstein (Hessen)

C4

(Kreis Hersfeld-Rotenburg)

Die Gemeinde grenzt im Nordwesten an Bad Hersfeld, besteht aus acht Ortsteilen und zählt insgesamt rund 3100 Einwohner. Namensgeber für die Gemeinde war die Burg Neuwallenstein, heute als Schloss Neuenstein bekannt. Durch das Gemeindegebiet verlaufen die A7 und die Bahnstrecke Kassel–Fulda. Erwähnenswert sind die Wandgrabmäler der von Wallenstein im OT Raboldshausen und die Pfarrkirche in Obergeis.

www.neuenstein.net

Sehenswertes

Aua

In Aua wurde 1190 ein Kloster gegründet, das aber bereits 1229 nach Blankenheim verlegt wurde. Die frühere Klosterkirche dient heute als evangelische Kirche. Im Inneren befindet sich ein Taufstein aus dem 12. Jh. Eine weitere Sehenswürdigkeit ist die etwa 1000 Jahre alte Dorflinde mit Ummauerung.

Kirche Mühlbach

Die 1194 erbaute Kapelle mit Quadermauerwerk wurde Anfang des 14. Jhs. erweitert und dient heute als evangelische Kirche.

Schloss Neuenstein Saasen

Das Schloss erhebt sich auf einem steilen Kalksteinfelsen über Saasen und wurde 1267 urkundlich erstmals als Burg Neuwallenstein erwähnt. Diese Burg wurde 1318 zerstört und 1357 wieder aufgebaut. In der Folgezeit wechselten oft die Besitzer. Von 1639 bis 1643 erfolgte ein Umbau, wobei der Palas schlossartig erneuert wurde. 1745 wurden die Verteidigungsanlagen abgerissen, nur der 28 m hohe Bergfried blieb bis heute erhalten. Das Schloss wurde danach sehr unterschiedlich genutzt. Heute ist es Tagungs- und Veranstaltungszentrum.
Informationen: Schloss Neuenstein, Schlossbergweg 2, OT Saasen, 36286 Neuenstein, 06677/9181-0, neuenstein@schloss-info.de, www.schlossneuenstein.de.

Natur und Freizeit

Wandern und Radfahren

Durch die Lage im Knüllgebirge gibt es eine große Anzahl markierter Wanderwege. Themenbezogene Wege sind der Grenzstein-Rundweg, der Rundwanderweg Flachsröste bei Raboldshausen und der Archäologische Wanderweg am Eisenberg. Ein allgemein beliebtes Ziel ist der 636 m hohe Eisenberg mit dem Borgmannsturm, s. u. Kirchheim. Für Radfahrer ist der Geisbachtalradweg erwähnenswert.

Reiten

Green Valley Ranch, Kohlsmühle 1, 36286 Neuenstein, Informationen bei Horst-W. Möller, Kreuzeichenstr. 8, 36286 Neuenstein, 0175/2758315, Webmaster@Greenvalley-Ranch.de, www.Greenvalley-Ranch.de.

Wintersport

Am Eisenberg, s. u. Kirchheim.

Veranstaltungen und Feste

Die Gemeinde ist bekannt für ihre urigen Dorffeste. Weitere Veranstaltungen finden Sie im Veranstaltungskalender unter www.neuenstein.net. Viele kulturelle Veranstaltungen finden im Schloss Neuenstein statt. Nähere Infos unter www.schlossneuenstein.de.

Neuental

BC 3

(Schwalm-Eder-Kreis)

Die Gemeinde liegt zwischen Borken (Hessen) im Norden, Schwalmstadt im Süden, dem Kellerwald im Westen und dem Knüllgebirge im Osten. In den acht Ortsteilen leben insgesamt rund 3200 Menschen.

www.neuental.de

Sehenswertes

▸ Kirche Gilsa
Der Saalbau wurde 1719 erbaut. Aus dem Inneren ist besonders das wertvolle Eichengestühl erwähnenswert.

▸ Wehrkirche Bischhausen
Der dreiseitige Chor des Kirchenbaus geht auf das 15. Jh. zurück. An seiner Nordseite steht ein Treppenturm mit Schießscharten, der als Wehrturm benutzt wurde. Das Kirchenschiff mit Turm wurde im Jahr 1742 erbaut.

Museen

▸ Heimatmuseum Dorfstuben Zimmersrode
Zu den Ausstellungsstücken gehören u. a. eine Fachwerk-Bauernstube mit Schlafkammer, eine Dorfschule, alte landwirtschaftliche und handwerkliche Geräte sowie frühgeschichtliche Funde.
Adresse: Hauptstr. 8 (hinter dem Rathaus), 34599 Neuental. **Öffnungszeiten:** Nach Vereinbarung: Dieter Bruchhäuser, ☏ 06693/919250.

Natur und Freizeit

▸ Wandern und Radfahren
Durch die bewaldeten Höhen beiderseits der Schwalm verlaufen etliche markierte Wanderwege, darunter der Lulluspfad. Ein lohnenswertes Ziel ist auch die Altenburg, s. u. Bad Zwesten. Die Ortsteile sind auch auf Radwegen oder Nebenstraßen zu erreichen. Durch die Gemeinde führen die Fernradwege R4 und R19.

▸ Erholungszentrum Neuenhainer See
Der See bietet Liegewiese und Sandstrand, ein Volleyball-Feld, Paddel- und Tretboote sowie einen Spielplatz. Campingplatz und Gaststätte laden zu längeren Aufenthalten ein.
Kontakt: Neuenhainer See, Platzverwaltung, 34599 Neuental, ☏ 06693/1287, ✉ info@neuenhainer-see.de, www.neuenhainer-see.de.

Erholung und Spaß bietet das Erholungszentrum Neuenhainer See.

▸ Reiten
Reitschule Neuental, Torsten Hoffmann, Bachstr. 8, OT Gilsa, 34599 Neuental, ☏ 06693/919224, ✉ ReitschuleHoffmann@t-online.de.

Neukirchen/Knüll C4

(Schwalm-Eder-Kreis)

Die Kleinstadt liegt am Südwesthang des Knüllgebirges und ist gleichzeitig ein Luftkurort und Kneippheilbad. Sie wurde 1142 erstmals in einer Urkunde des Klosters Hersfeld erwähnt. Neben der Kernstadt gehören acht weitere ländliche Orte zur Stadtgemeinde mit insgesamt etwas über 7300 Einwohnern.

Pro Neukirchen, Kurhessenstr. 48
34626 Neukirchen/Knüll
06694/911350
06694/911351
pro-neukirchen@freenet.de
www.neukirchen.de

Sehenswertes

Stadtführungen
Für Einzelgäste jeweils am Fr um 15 Uhr ab Rathaus (Mindestteilnehmerzahl 8 Personen), für Gruppen jederzeit nach Vereinbarung.

Dorfbackhaus Riebeldorf
Das Brotbacken im Backhaus ist eine besondere Attraktion, bei der man von Mo–Fr zusehen kann, wie Brot auf alte Weise gebacken wird. Dort hergestellte Brote oder eine Backhausführung mit anschließender Backprobe können bei Pro Neukirchen bestellt werden.

Die Kirche von Seigertshausen

Kirche Seigertshausen
Die evangelische Kirche im Stadtteil Seigertshausen wurde 1866–68 im neugotischen Stil erbaut. Sie gilt als schönste Kirche im ehemaligen Landkreis Ziegenhain. Fast vollständig aus Sandstein errichtet, ist aus dem Innenraum besonders das Fensterbild im Chorraum erwähnenswert.

Kuranlage
In den Kuranlagen entlang des kleinen Baches Grenf finden sich zwölf 3 bis 4 m hohe Holzskulpturen, Spielbereiche für Kinder, Skaterplatz und im Winter eine Eislauffläche.

Märchenhaus
Das Märchenhaus liegt am historischen Marktplatz in Neukirchen und ist ein denkmalgeschütztes Fachwerkhaus aus dem 16. Jh. Es gibt zahlreiche aufgebaute Märchenszenen der Brüder Grimm und zum Teil über 150 Jahre alte Ausstellungsstücke zu den Märchen. Jeden Di um 15 Uhr finden Märchenerzählungen statt.
Adresse: Marktplatz 10, 34626 Neukirchen/Knüll.
Öffnungszeiten: Di und Do 10–12 und 15–17 Uhr sowie jeden ersten So im Monat 15–17 Uhr, für Gruppen nach Voranmeldung auch zu anderen Terminen.

Nikolaikirche
Die dreischiffige gotische Hallenkirche im Zentrum von Neukirchen geht auf 1142 zurück. Das zweischiffige Langhaus und die Geschosse des Turmes wurden um 1350 erbaut. Um 1497 erfolgten Erweiterungsarbeiten und der Umbau zur dreischiffigen Hallenkirche. Wahrzeichen der Stadt ist ihr 36 m hoher Turm, der als mächtiger Wehrturm erbaut wurde. Das Turmdach wird

von einem Rundgang umgeben, von dem sich ein wunderschöner Blick über Neukirchen und das Knüllgebirge bietet. In gleicher Höhe befindet sich die frühere Wohnung des Turmwächters. Diese Türmerstube kann auch für standesamtliche Trauungen (nur Apr–Okt) genutzt werden. Turmbesteigung mit Besichtigung der Türmerwohnung: Für Einzelgäste Fr um 16 Uhr, Treffpunkt am Kircheneingang, für Gruppen nach Voranmeldung.

Fischteich mit Christeroder Wasserfall

Museen

▸ Heimatmuseum
In der ehemaligen Lateinschule, einem Fachwerkhaus von 1768, residiert heute das Heimatmuseum. Es zeigt Ausstellungstücke zur Heimatkunde und Stadtgeschichte sowie vorgeschichtliche Sammlungen.
Adresse: Marktplatz 5 und 6, 34626 Neukirchen/Knüll. **Öffnungszeiten:** Nach Vereinbarung bei Frau Richardt, ☏ 06694/1506 oder über Pro Neukirchen.

Natur und Freizeit

▸ Wandern und Radfahren
Die Umgebung ist durch mehr als 70 km markierter Wanderwege erschlossen. Dazu gehört auch ein Rundwanderweg um die Stadt entlang ihrer Grenzen. Vom Nordic-Walking-Park im Angersbachtal sind vier unterschiedliche Strecken ausgeschildert. Für Radfahrer ist der Europaradweg im Rotkäppchenland von Interesse, der die ehemalige Eisenbahntrasse zwischen Oberaula und Schwalmstadt benutzt.

▸ Christeroder Wasserfall
Ein beliebtes Ausflugsziel ist der Christeroder Wasserfall in einem ehemaligen Basalt-Steinbruch. Der Wasserfall stürzt sich in einen Fischteich, der vom ortsansässigen Angelverein bewirtschaftet wird. Direkt neben dem Teich steht die Wasserfall-Hütte mit Bänken und lädt zur Rast ein.

▸ Baden
Frei- und Bewegungsbad Neukirchen, Birkenweg 17, 34626 Neukirchen, ☏ 06694/911106, ✉ fv.aquafit@gmx.de.

▸ Planwagenfahrten
Kontakt: Hotel Combecher, Kurhessenstr. 32, 34626 Neukirchen, ☏ 06694/978-0, ✉ info@combecher.de, 🌐 www.hotel-combecher.de.

▸ Reiten
Hof Kienberg, Elke Hintz, Hof Kienberg 1, 34626 Neukirchen/Knüll, ☏ 06694/1289, ✉ info@hof-kienberg.de, 🌐 www.hof-kienberg.de.

Veranstaltungen und Feste

▸ Kurmusik
In der Saison Sa und So gemäß örtlicher Veröffentlichung.

▸ Trachtenabende
Die Schwälmer Trachtengruppe aus Seigertshausen präsentiert ihre farbenfrohe Tracht zusammen mit Mundart und musikalischem Programm. Auftritte können für Gruppen über Pro Neukirchen gebucht werden.

▸ Jährlich wiederkehrende Veranstaltungen: **Tulpenfest** (letztes März-Wochenende) mit Krammarkt, Markttrubel, Karussells und anderen Attraktionen. **Maifeier** (1. Mai), die Veranstaltung findet am Christeroder Wasserfall statt. **Babiller Pfingstkirmes** (Fr–Pfingst-Di), **Kirmes auf dem Festplatz in der Birkenallee** mit großem Festzug am Pfingst-So. **Marktbrunnenfest** (am letzten Aug-Wochenende).

Niedenstein

C2

(Schwalm-Eder-Kreis)

Die Kleinstadt liegt im Südosten des Naturparks Habichtswald, gleichzeitig im Nordwestzipfel des Schwalm-Eder-Kreises. Seit 1982 auch staatlich anerkannter Luftkurort, zählt Niedenstein rund 5300 Einwohner in der Kernstadt und seinen vier weiteren Stadtteilen. Die Gegend ist schon mindestens seit der Jungsteinzeit besiedelt.

www.niedenstein.de

Sehenswertes

▸ Altenburg

Die nicht mehr zu erkennende Ringwallanlage wird durch den Eco-Pfad »Altenburg – Falkenstein« erläutert.

▸ Evangelische Stadtkirche Niedenstein

Die Kirche wurde 1777 erbaut. Erwähnenswert ist aus dem Inneren die Orgel von 1830.

▸ Ehemalige Synagoge und Jüdischer Friedhof

Die ehemalige große jüdische Gemeinde hatte eine eigene Synagoge (Oberstr. 16). Diese wurde 1816 erbaut. 1938 wurde der Innenraum geschändet und verwüstet, das Gebäude 1945 zu einem Wohnhaus umgebaut und 1988 mit einer Gedenktafel versehen. Der Jüdische Friedhof (Friedensstr.) geht auf 1832 zurück.

Museen

Altenburg- und Stadtmuseum Niedenstein: Grabungsfunde und Modelle zur Altenburg- und Stadtgeschichte.
Kontakt: 05624/6619
Wichdorfer Heimatmuseum: Handwerk und Landwirtschaft.
Kontakt: 05624/6855
Museum im Dorfgemeinschaftshaus Metze: Trachten und ländliches Wohnen.
Kontakt: 05603/1882
Heimatmuseum Kirchberg: Ländliches Leben vor 100 Jahren.
Kontakt: 05603/2164

Natur und Freizeit

▸ Wandern und Radfahren

Zum Wanderwegenetz der Umgebung gehören sieben Rundwege (bis zu 5 km Länge) sowie Fernwanderwege. Durch Niedenstein verläuft der Radweg R12. Ein Eco-Pfad um Kirchberg informiert über historische Flurnamen und Gebäude. Für Nordic-Walking-Fans

Für Wanderer ist Niedenstein mit seinem Wanderwegenetz sehr attraktiv.

gibt es den Nature Fitness Park Bad Emstal-Niedenstein. Infos unter www.niedenstein.de.

Naturdenkmal Tanzlinde
Vor dem Wichdorfer Tor steht eine tausendjährige Tanzlinde, unter der vermutlich früher auch Gerichtstage abgehalten wurden. In der Krone gab es einst ein Podest für die Musikanten, die aus luftiger Höhe für die Anwesenden aufspielten.

Hessenturm
Ein äußerst beliebter Aussichtspunkt ist der 1931 erbaute Hessenturm auf dem 475 m hohen Niedensteiner Kopf mit reizvoller Rundsicht über den Chattengau. Der Turm mit Gaststätte an seinem Fuß ist über den Wanderweg N1 erreichbar und von Ostern bis Ende Okt geöffnet.

Baden
Hallenbewegungsbad, Schulstr. 32, 34305 Niedenstein, 05624/1222.

Wintersport
Bei genügender Schneelage kann der Hang vom Niedensteiner Kopf mit Ski, Snowboard und Rodelschlitten befahren werden. Auch wird dann eine Langlaufloipe gespurt.

Niederaula

C4

(Landkreis Hersfeld-Rotenburg)

Die Marktgemeinde liegt an der Fulda sowie ihren Seitentälern und grenzt im Nordwesten an Kirchheim sowie im Norden an Bad Hersfeld. Niederaula wurde erstmals urkundlich im Jahr 779 erwähnt. Die Marktgemeinde umfasst acht Ortsteile mit etwa 6000 Einwohnern.

www.niederaula-online.de

Sehenswertes

Kirche Niederaula
Wahrzeichen von Niederaula ist die 1775 errichtete Barockkirche. Im Inneren wird sie durch Kanzel und Orgel im Rokokostil geprägt. Im mittelalterlichen Turm läuten Glocken von 1498, 1506 und 1955.

Niederaula liegt an der Fulda.

Natur und Freizeit

Wandern und Radfahren
Die bewaldeten Höhen beiderseits der Fulda werden von etlichen markierten Wanderwegen durchzogen. Durch die Gemeinde verlaufen die Radfernwege R1, R7 und R11.

Burgstall Wallenfels
Der Burgstall, auch Waldenfels genannt, ist ein Bodendenkmal, das am nördlichen Hang der Mengshäuser Kuppe liegt. Das Burggelände kann auf einem Forstweg erreicht werden. Die Höhenburg datiert man auf die erste Hälfte des 14. Jhs. Bei Ausgrabungen stieß man auf ein Mauerfundament, mittelalterliche Keramikscherben und Bruchstücke von Dachziegeln.

Heussner-Turm
Der Aussichtsturm steht auf der Mengshäuser Kuppe, ein 473 m hoher Waldberg und beliebtes Wanderziel, s. u. Haunetal.

Fliegen
Vom Flugplatz Langenberg beim OT Hattenbach sind Rundflüge möglich.
Informationen: Luftsportverein Bad Hersfeld, Postfach 1732, 36227 Bad Hersfeld, 0170/3395465, info@lsv-hersfeld.de, www.lsv-hersfeld.de.

Kanufahren
Die Fulda eignet sich gut für Kanutouren. Anlegestellen befinden sich in Kerspenhausen und Solms.

Nieste

D2

(Landkreis Kassel)

Der Luftkurort liegt am Westhang des Kaufunger Walds östlich von Kassel. Die Gemeinde entstand aus einer Ansiedlung um eine Klause für Jakobspilger und zählt rund 1800 Einwohner. In Nieste gibt es schöne Fachwerkhäuser und einen Dorfplatz mit altem Brunnen.

Tourist- und Bürgerservicebüro der Gemeinde Nieste
Wilhelm-Heitmann-Platz 3
34329 Nieste
05605/9441-20
05605/9441-29
gemeinde@nieste.de
www.nieste.de

Sehenswertes

Burg Sensenstein
Die Burg wurde 1373 als Grenzfestung gegen die braunschweigische Burg Sichelstein erbaut. Heute sind nur noch Reste der Wallanlage zu sehen. Besichtigungen müssen bei der Jugendburg Sensenstein angefragt werden.

Natur und Freizeit

Wandern und Radfahren
Nieste ist ein idealer Ausgangspunkt für Wanderungen im Kaufunger Wald und bietet weit über 100 km markierter Wanderwege. Lohnenswert sind u. a. der Eco-Pfad »Archäologie Gläsnertal« und der Eco-Pfad »Sensenstein«. Durch das Gläsnertal kann man auch zum Bilsteinturm aufsteigen, s. u. Großalmerode. Vom Wanderparkplatz Königsalm startet Premiumwanderweg P11 und führt zu schönen Aussichtspunkten sowie zu den Niester Riesen, beeindruckende Bäume. Durch Nieste führt auch der Märchenlandweg. Auf Nebenwegen lässt sich Nieste mit dem Fahrrad von Kassel aus erreichen.

Planwagenfahrten
Der Naturparkexpress fährt täglich für Gruppen durch das Gläsnertal bis zum Berggasthaus Bilstein. Reservierungen unter 05605/6836 oder 0174/1058191.

Der Naturparkexpress lädt ein, das Gläsnertal auf Rädern zu erkunden.

Niestetal

C2

(Landkreis Kassel)

Die Großgemeinde liegt an der Nieste zwischen Kassel im Westen und Nieste im Osten. Sie besteht aus den Ortsteilen Heiligenrode und Sandershausen sowie

Gut Ellenbach und Gut Windhausen. Beide Ortsteile wurden erstmals im 12. Jh. urkundlich erwähnt. In der Gemeinde wohnen rund 10 500 Menschen.

www.niestetal.de

Sehenswertes

▸ Gut Windhausen mit Germanischem Garten

Ein Kleinod im schlichten Barockstil sind das Schloss Windhausen sowie die Überbleibsel des einstigen Landschaftsgartens, auch als Germanischer Garten bekannt. Das Schloss wurde ab 1769 für den hessischen General und Staatsminister von Schlieffen erbaut. Es ist heute nicht öffentlich zugänglich.

▸ Kirche Heiligenrode

Die heutige evangelische Kirche wurde in der zweiten Hälfte des 18. Jhs. an der Stelle eines Vorgängerbaus errichtet. Entsprechende Funde belegen, dass es hier einst auch einen Friedhof gegeben hat. Die Kirche besteht aus einem Feldsteinunterbau und einem Fachwerkaufsatz mit Turmaufbau.

▸ Kirche Sandershausen

Die Kirche hat ihren Ursprung im 12. Jh., wurde aber im Dreißigjährigen Krieg weitgehend zerstört und 1738 wieder aufgebaut und vergrößert. 1944 brannte sie aus. Nach dem Zweiten Weltkrieg wurde die Kirche erneut wieder aufgebaut, dabei der Turm erhöht und die ursprünglich barocke Turmhaube durch ein zeltförmiges Dach ersetzt. Später erfolgten weitere Um- und Anbauten.

Natur und Freizeit

▸ Wandern und Radfahren

Niestetal ist an das Wanderwegenetz des Kaufunger Waldes angeschlossen. Am Gut Windhausen hat man einen Einstieg zum Eco-Pfad Sensenstein, s. u. Nieste. Auch der Herkulesweg X7 berührt als Fernwanderweg die Gemeinde. Radfahrer können auf markierten Radrouten Niestetal von Kassel aus erreichen. Von Niestetal führen dann Radrouten entlang der Nieste oder Losse weiter in den Kaufunger Wald.

▸ Freizeitgelände Heiligenrode

Die Gemeinde versteht sich als Wohnort mit hohem Freizeitwert. Dazu gehört auch das Naherholungs- und Freizeitgelände Heiligenrode am Rand von Teichanlagen.

▸ Baden

Wichtelbrunnenbad (Hallenbad)
Hugo-Preuß-Str. 39, OT Sandershausen, 34266 Niestetal, 0561/527005, wichtelbrunnenbad@niestetal.de.
Naturerlebnisbad Niestetal, Hugo-Preuß-Straße, OT Sandershausen, 34266 Niestetal, 0561/5297932.

Veranstaltungen und Feste

Im Saal der ev. Kirchengemeinde Sandershausen finden häufiger Kammermusikveranstaltungen statt, die über die Grenzen Niestetals bekannt sind. Das Freizeitgelände Heiligenrode wird für Parkfeste und musikalische Aufführungen auf der Seebühne genutzt.

Oberaula

C4

(Schwalm-Eder-Kreis)

Der Luftkurort Oberaula liegt in einem Talkessel an den Südhängen des Knüllgebirges. Erstmals 856 urkundlich erwähnt, blickt der Ort auf eine lange Tradition im Fremdenverkehr zurück. Zur Gemeinde gehören neben Oberaula fünf weitere Orte mit etwas mehr als 3200 Einwohnern.

Touristik Service Oberaula, Rathaus Hersfelder Str. 4, 36280 Oberaula
06628/9208-18
06628/9208-88
touristikbuero@oberaula.de
www.oberaula.de

Sehenswertes

Evangelische Kirche Oberaula
Bereits um 1000 wurde eine Kirche in Oberaula erwähnt. Das Langhaus der heutigen Kirche stammt jedoch von 1717, der markante Kirchturm mit Spitzhelm und vier Ecktürmchen aus dem 15. Jh.

Die evangelische Kirche von Oberaula

Natur und Freizeit

Wandern
Auf den Wanderer wartet ein umfangreiches Wanderwegenetz in lieblicher Mittelgebirgslandschaft. Dazu gehören neun Rundwege ebenso wie längere Wege des Knüllgebirgsvereins, u. a. der Borgmannweg oder der Kirschenwaldweg. Beliebt ist auch eine Besteigung des Eisenbergs (636 m) im Nordosten von Oberaula mit dem Borgmannturm, s. u. Kirchheim.

Radfahren
Die ehemalige Bahnstrecke wurde zum Europaradweg ausgebaut. Daneben lassen sich auf Nebenstraßen und Forstwegen auch die verschiedenen Ortsteile gut per Fahrrad erreichen. Im Ferienpark Aulatal können Fahrräder geliehen werden.
Adresse: In den langen Stangen, OT Hausen, 36280 Oberaula, 06628/92070, info@ferienpark-aulatal.de, www.ferienpark-aulatal.de.

Baden
Waldschwimmbad Oberaula, Schwimmbadstr. 1, 36280 Oberaula

Golf
Golfanlage Oberaula
18-Loch-Golfplatz mit 2 ha großer Drivingrange in harmonischer Mittelgebirgslandschaft.
Adresse: Am Golfplatz 1, OT Hausen, 36280 Oberaula, 06628/9154-0, info@golfclub-oberaula.de, www.golf-oberaula.de.

Reiten
Reiterhof Aumühle, Marianne Hühn, Aumühle 1, OT Wahlshausen, 36280 Oberaula, 06628/7481, Marianne.Klapper@t-online.de, www.reiterhof-aumuehle.de.

Veranstaltungen und Feste

Sommermarkt Oberaula (erstes Juli-Wochenende)
Zu dieser Veranstaltung gehören u. a. Gewerbeschau, Flohmarkt, kulinarische Angebote, Musik, Vorführungen der Volkstanz- und Trachtengruppe Oberaula und Kinderangebote. Traditionell findet am Sonntag eine Laufveranstaltung mit über 100 Aktiven statt.

See- und Lichterfest (zweites Aug-Wochenende)
Zur Veranstaltung am Osterteich gehören u. a. eine Seebühne mit Auftritten verschie-

dener Künstler und Bands, kulinarische Angebote, Lagerfeuer, Höhenfeuerwerk mit musikalischer Untermalung, Kerzen entlang des Teichs und mehr.

Im Tal der Aula

Oberweser

(Landkreis Kassel)

Die Gemeinde Oberweser liegt im Nordosten des Landkreises und erstreckt sich beiderseits der Weser nördlich von Hann. Münden. In den sechs Ortsteilen (Luftkurorte Gieselwerder, Gottstreu und Oedelsheim sowie Ferienorte Arenborn, Heisebeck und Gewissenruh) leben insgesamt rund 3400 Einwohner.

Tourist-Information der Gemeinde Oberweser, Brückenstr. 1, OT Gieselwerder, 34399 Oberweser
05572/9373-0
05572/9373-40
verkehrsamt@oberweser.de
www.oberweser.de

Sehenswertes

▸ Christuskirche Gieselwerder

Die evangelische Kirche geht auf 1813 zurück. Die heutige Fachwerkkonstruktion erfolgte erst bei einer Restaurierung im 20. Jh. Sehenswert sind im Inneren insbesondere die Farbgebung und das Farbenspiel der Fenster hinter dem Altar, Altar-Kruzifix und Taufbecken.

▸ Fachwerkhäuser

In den Ortsteilen stehen viele blumengeschmückte und restaurierte Fachwerkhäuser. Zu erwähnen sind u. a. der Kirchweg in Arenborn, die Brückenstraße in Gieselwerder, die Waldenserstraße in Gottstreu und die Ortsmitte von Oedelsheim.

▸ Rathaus Gieselwerder

Am Standort einer alten Wasserburg stand hier seit dem 11. Jh. der Amtssitz der Grafen von Werder. Anfang des 18. Jhs. wurde dann hier ein Fachwerkhaus errichtet, das 1913 niederbrannte und 1914 neu aufgebaut wurde. Seit 1967 dient es als Rathaus der Gemeinde. Davor steht ein Modell der alten Wasserburg.

▸ Waldenserkirche Gewissenruh

Die Saalkirche wurde aus unverputztem Wesersandstein 1779 errichtet. Die Orgel stammt erst von 1885. Bis 1825 fanden die Gottesdienste in französischer Sprache statt.

▸ Waldenserkirche Gottstreu

Die Kirche wurde weitgehend 1730 fertig gestellt und wurde aus verputztem Wesersandstein erbaut. Die erhöhte Kanzel hinter dem Altartisch stammt aus der Erbauungszeit, die Orgel erst von 1859.

Museen

▸ Dorfmuseum Oedelsheim

Das in einem 1656 erbauten diemelsächsischen Fachwerkhaus untergebrachte Dorfmuseum zeigt etwa 650 Ausstellungsstücke zur Ortsgeschichte, zum traditionellen Handwerk, zur Textilherstellung sowie zur Flößerei und Schifffahrt. Der hinter dem Museum gelegene Platz samt Scheune wird

für die Ausstellung Historische Agrartechnik genutzt.
Adresse: Göttinger Str. 8, OT Oedelsheim, 34399 Oberweser, 05574/307. **Öffnungszeiten:** Mai–Okt So 15–17 Uhr oder nach Vereinbarung.

Freilichtmuseum Mühlenplatz

Am Westrand von Gieselwerder liegt das Freilichtmuseum mit originalgetreu nachgebildeten Burgen und Schlössern, Kirchen und Rathäusern sowie Wassermühlen im Maßstab 1:25 und 1:40. Insgesamt sind etwa 60 Modelle auf dem weiträumigen Gelände zu besichtigen.
Adresse: Mühlenplatz 10, OT Gieselwerder, 34399 Oberweser, 05572/1510, www.mühlenplatz-gieselwerder.de. **Öffnungszeiten:** Apr–Sep täglich 10–18 Uhr, Anfang–Mitte Okt 10–17 Uhr oder nach Vereinbarung.

Heimatstube Arenborn

Die Heimatstube ist in einem Fachwerkhaus untergebracht, das zum Beginn des 19. Jhs. errichtet wurde. Sie zeigt Gegenstände aus bäuerlich oder handwerklich geprägten Bereichen vom Ende des 19. bis zum Anfang des 20. Jhs.
Adresse: Am Graben 3, OT Arenborn, 34399 Oberweser, 05574/1241 (Walter Decker). **Öffnungszeiten:** nach Vereinbarung.

Schiffermuseum Gieselwerder

Das in der ehemaligen Grundschule untergebrachte Museum widmet sich den Themen »Das Schiff als Arbeitsplatz und Lebensraum«, »Lade- und Löschstellen sowie Werften im Bereich der Oberweser«, »Schiffe aus Gieselwerder und ihre Geschichte« und »Reedereien an der Oberweser«.
Adresse: In der Klappe 11, OT Gieselwerder, 34399 Oberweser, 05574/1894 (Jürgen Noll). **Öffnungszeiten:** Während der Saison So 14–17 Uhr, sonst nach vorheriger Vereinbarung.

Waldensermuseum Gottstreu

Das im ehemaligen Schulhaus untergebrachte Museum informiert über den Weg der Waldenser Glaubensflüchtlinge vom Val Cluson bis an die Oberweser und die Geschichte der 1722 gegründeten Franzosendörfer Gewissenruh und Gottstreu.
Adresse: Waldenser Str. 1, OT Gottstreu, 34399 Oberweser, 05544/912159. **Öffnungszeiten:** Mai–Sep So 15–17 Uhr oder nach vorheriger Anmeldung.

Webereimuseum Kircher Gieselwerder

Das sich im Aufbau befindende Museum ist im rund 300 Jahre alten Fachwerkhaus »Kleiner Schneider« untergebracht, ein historisches Weser-Diemelhaus mit großer Diele für Pferdefuhrwerke, in dem einst viele Schneider lebten und arbeiteten. Neben der Ausstellung sind vielfältige Aktivitäten geplant, u.a. Kurse im textilen Handarbeiten, in der Museumsdiele Veranstaltungen aller Art.
Adresse: Steinweg 2, OT Gieselwerder, 34399 Oberweser, vorübergehend 05572/4448 (KulturGut Alte Schmiede GmbH), info@weberei-museum-kircher.de, weberei-museum-kircher.de,

Dampfer auf der Weser

Natur und Freizeit

▸ Wandern
Die Berge beiderseits der Weser bieten unendliche Wandermöglichkeiten auf markierten Wegen und teilweise fantastische Aussichten ins Wesertal. Zu den bekannteren Wegen gehört. u. a. der Panorama-Weg, ein Pilgerpfad, der von Gottsbüren kommt und über Gieselwerder nach Oedelsheim führt. Auch der Pilgerweg Loccum–Volkenroda oder der Märchenlandweg verlaufen durch das Gemeindegebiet. Auf Nordic-Walking-Freunde warten bei Oedelsheim drei verschiedene Strecken.

▸ Radfahren
Der bekannte Weser-Radweg R1 führt auch durch Oberweser und etliche Neben- und Forststraßen lassen sich mit dem Fahrrad erkunden. Fahrräder können bei folgenden Adressen gemietet werden:
Campingplatz Weiße Hütte, s. u. Kanufahren
Gasthaus Zum Lindenwirt, Weißehütte 14, OT Gottstreu, 34399 Oberweser, ✆ 05574/402, ✉ info@gasthauszumlindenwirt.de, 🌐 www.gasthauszumlindenwirt.de.
Hotel Kronenhof, Bremer Str. 11, OT Oedelsheim, 34399 Oberweser, ✆ 05574/9583-0, ✉ hotel-kronenhof@web.de, 🌐 www.kronenhof-oedelsheim.de.

▸ Teichanlage mit Insektenhotel Heisebeck
In Heisebeck gibt es eine idyllische Teichanlage mit zwei Teichen, Tretbecken, Grillhütte und einem Insektenhotel mit Informationstafeln über Insekten und Pilze.

▸ Baden
Freibad Gieselwerder, In der Klappe 23, OT Gieselwerder, 34399 Oberweser, ✆ 05572/4434.
Hallenbad Oedelsheim, Am Hallenbad 1, OT Oedelsheim, 34399 Oberweser, ✆ 05574/266.

Nichts geht über gutes Kartenstudium bei einer Radtour.

▸ Fähren (alle auch für Pkw)
Gierseilfähre Gewissenruh–Wahmbeck
Betriebszeiten: Mrz–Okt.
Gierseilfähre Oedelsheim–Gottstreu
Betriebszeiten: Fr–So 10–18 Uhr.
Märchenfähre Gewissenruh (Vorwerk)–Lippoldsberg, Betriebszeiten: Mitte März–Ende Okt, Mo–Fr 7–18 Uhr, Sa 8–18.30 Uhr, So 9–12 und 13–18.30 Uhr.

▸ Kanufahren
Die Oberweser ist ein ideales Revier für Wasserwanderer. Boote können beim Campingplatz Weiße Hütte geliehen werden.
Adresse: Weißehütte 1, OT Gottstreu, 34399 Oberweser, ✆ 05574/211939, ✉ info@camping-weser.de, 🌐 www.camping-wh.de.

▸ Reiten
Sportpferde Siemon, Kerstin Siemon, Waldenser Str. 22, OT Gottstreu, 34399 Oberweser, ✆ 05574/421, ✉ sportpferde-siemon@t-online.de, 🌐 www.sportpferde-siemon.de.

▸ Schiffsfahrten
Zwischen Oedelsheim sowie Gieselwerder und Bad Karlshafen verkehrt in der Sommersaison ein Linienschiff, s. u. Bad Karlshafen.

Ottrau

C4

(Schwalm-Eder-Kreis)

Die Gemeinde Ottrau liegt ganz im Süden des Landkreises in den Ausläufern des Knüllgebirges. In den sechs Ortsteilen leben rund 2300 Einwohner. Im Ortsteil Weißenborn erinnert eine Gedenktafel in der Lindenstr. 5 an Adam Heinrich und Johann Hermann Zimmer, Urgroßvater und Großvater der Brüder Grimm, die dort gelebt haben.

www.ottrau.de

Sehenswertes

Kirche Ottrau
Die Erzpriesterkirche gilt als älteste Taufkirche zwischen Schwalm und Fulda und geht auf das 9. Jh. zurück. Die ältesten erhaltenen Teile des heutigen Baus stammen aber aus dem 13. Jh., darunter auch Wandmalereien im Chor.

Klosterkirche Immichenhain
Das Kloster wurde 1173 gegründet und 1527 im Zuge der Reformation aufgehoben. Die aus dieser Zeit stammende Klosterkirche ist ein kurzer Rechteckbau. Im Inneren sind der Taufstein aus dem 12. Jh. und Wandmalereien aus dem 14. Jh. sehenswert.

Steinmühle Schorbach
Die Steinmühle stammt aus dem Jahr 1592 und liegt südlich vom Dorf Ottrau. Das Wasserrad und das Sägewerk können von außen jederzeit frei besichtigt werden, während eine Besichtigung der hochinteressanten Technik im Inneren der Steinmühle für Gruppen ab 10 Personen auf Voranmeldung möglich ist.

Kontakt: Förderverein Steinmühle, Konrad Kurz, Steinmühle 3, OT Schorbach, 34633 Ottrau, 06628/1018, j-w-kurz@arcor.de, www.steinmuehle.de.vu.

Natur und Freizeit

Wandern und Radfahren
Die reizvolle Mittelgebirgslandschaft ist durch etliche markierte Wanderwege erschlossen. Dazu gehört auch der Kulturhistorische Wanderweg ab Weißenborn mit neun Stationen zu geschichtlichen Ereignissen. Für Radfahrer ist die alte Strecke der Knüllwaldbahn heute als Radweg umgebaut worden.

Baden
Schwimmbad Ottrau, Am Schwimmbad 10, 34633 Ottrau.

Philippsthal (Werra)

DE4

(Landkreis Hersfeld-Rotenburg)

Die Marktgemeinde Philippsthal (Werra) liegt im Tal der Werra und an der Grenze zu Thüringen. In den sechs Ortsteilen wohnen rund 4200 Menschen. Erwähnt wurde Philippsthal (Werra) erstmals im Jahr 1191 im Zusammenhang mit einer Klostergründung. Dieses Kloster wurde im Bauernkrieg 1525 zerstört. Das im OT Röhrigshof ansässige Kalibergwerk verwandelte ab 1905 das einstige Handwerker- und Weberdorf in einen Industrieort.

Tourist-Information Waldhessisches Werratal, s. u. Heringen
www.philippsthal.de

Klosterkirche

Die Ende des 12. Jhs. erbaute dreischiffige Klosterkirche ist das Überbleibsel des ehemaligen Klosters. Die Kirche wurde im 18. Jh. umgebaut und ist heute als Schlosskirche bekannt. Im Inneren wird ein gotischer Taufstein auf das 13. Jh. datiert. In der ehemaligen westlichen Vorhalle unter dem Turm wurde 1743 auf Veranlassung von Landgraf Carl eine Familiengruft angelegt. Sehenswert ist auch die Barock-Orgel.

Schloss

Auf den Ruinen des Klosters ließ Prinz Philipp von Hessen 1685 bis 1735 ein Schloss errichten und nannte es Philippsthal. Hatte die Ortschaft ursprünglich den Namen Kreuzberg, bürgerte sich nun der Name Philippsthal ein. Das Schloss hat drei Flügel, die sich um einen trapezförmigen Innenhof gruppieren. Hauptgebäude war der Südflügel mit insgesamt drei Etagen. Es ist heute Sitz der Gemeindeverwaltung. Der Sitzungssaal wird auch gern als Trauzimmer genutzt. Erwähnenswert ist auch die einstige landgräfliche Bibliothek mit aufwendiger Stuckdecke, heute als Gemeindebibliothek genutzt. Das Torbogenhaus im Osten diente als repräsentativer Haupteingang, jetzt ist es Sitz des Grenzmuseums.

Das Schloss von Philippstal

Museen

Grenzmuseum

Das Torbogenhaus mit Mansarddach wurde 1734 erbaut und war einst der Hauptzugang zum Schloss. Bis 1998 befand sich hier eine Informationsstelle des Grenzzolldienstes, seither findet man hier das Grenzmuseum.
Adresse: Schloss 6, 36269 Philippsthal (Werra), ✆ 06620/1432 (Elisabeth Herrmann).
Öffnungszeiten: Nach vorheriger Vereinbarung.

Hugenottenhaus Gethsemane

Im OT Gethsemane wurde der Nachbau eines Hugenottenhauses realisiert. Es werden die Lebensverhältnisse der damaligen französischen Glaubensflüchtlinge anhand von Möbeln, Dokumenten und Modellen gezeigt.
Öffnungszeiten: Nach Vereinbarung, ✆ 06674/8163 (Bernd Schuldt).

Natur und Freizeit

Wandern und Radfahren

Die Berge beiderseits der Werra werden von markierten Wanderwegen durchzogen. Durch Philippsthal (Werra) verlaufen auch der Main-Werra-Weg, der im benachbarten Vacha beginnt und durch die Rhön nach Hammelburg führt, sowie der Lulluspfad, der den Edersee mit dem Rennsteig verbindet. Die Ortsteile sind auch gut auf Radwegen zu erreichen. Fahrräder können im Hotel Rhönblick geliehen werden.
Adresse: Vachaer Str. 2a, 36269 Philippsthal, ✆ 06620/469, ✉ info@hotel-rhoenblick.de, 🌐 www.hotel-rhoenblick.de.

Schlosspark mit Orangerie

Eine Oase der Ruhe ist der Schlosspark mit seinen alten Bäumen und Teichen. Dort befindet sich auch die 1731 erbaute Orangerie, die heute für verschiedene Festlichkeiten genutzt wird.

▸ Baden
Sportbad, Am Bad 3, 36269 Philippsthal (Werra), ☏ 06620/918638.

Veranstaltungen

Der Innenhof des Schlosses wird mehrmals im Jahr für verschiedene Märkte genutzt, darunter u. a. der **Aschermittwochsmarkt,** der **Pfingstmarkt** (1. Mi nach Pfingsten) oder der **Weihnachtsmarkt** (Mitte Dez). In der heutigen Schlosskirche finden dagegen häufiger Konzerte statt, Informationen im ev. Gemeindebüro, Am Bad 1, 36269 Philippsthal (Werra), ☏ 06620/202.

Reinhardshagen C1

(Landkreis Kassel)

Ihren Namen erhielt die Gemeinde vom Reinhardswald, einem der größten deutschen Waldgebiete. Sie besteht aus den Fachwerkorten Vaake und Veckerhagen und liegt nördlich von Hann. Münden auf der linken Stromseite im Wesertal. Westlich grenzt das große gemeindefreie Gebiet Gutsbezirk Reinhardswald an, während die Weser im Osten die Grenze zu Niedersachsen bildet. Vaake wurde erstmals 866 urkundlich erwähnt, Veckerhagen dagegen erst 1297. Die Gemeinde zählt rund 4800 Einwohner.

www.reinhardshagen.de i

Sehenswertes

▸ Evangelische Kirche Vaake
Die reizvoll am Weserufer stehende Kirche ist ein spätromanischer Bau aus der Mitte des 13. Jhs. mit Wandmalereien im Inneren, die aus der Zeit um 1400 stammen. An den Westturm schließt sich ein einschiffiges Langhaus an, dessen Balkendecke von 1678 stammt, und mit einem schmaleren, quadratischen Chor versehen ist.

▸ Evangelische Kirche Veckerhagen
Der mit Sandstein verblendete Fachwerkbau entstand 1778–80 im Übergangsstil vom Spätbarock zum Klassizismus. Die Kirche trägt einen stattlichen Haubendachreiter.

▸ Ehemalige Eisenhütte Veckerhagen
Die Hüttenanlage an der Oberen Kasseler Straße geht auf 1666 zurück. Hier wurde 1706 der erste Dampfkessel der Welt gegossen. Nach Stilllegung der Eisenhütte wurde das Areal zunächst noch von der Weserkeramik genutzt.

▸ Schloss Veckerhagen
Die barocke Dreiflügelanlage (Lange Straße/ Untere Kasseler Straße) unweit der Weser wurde Ende des 17. Jhs. neben der 1430/31 erbauten alten Burg als landgräfliches Jagdschloss erbaut. Die alte Burg wurde durch Brände 1914 und 1967 weitgehend zerstört, während das Schloss seit 1810 im Besitz der Industriellenfamilie Habich ist.

Natur und Freizeit

▸ Wandern und Radfahren
Durch den Reinhardswald führen etliche markierte Wanderwege, während das Wesertal durch den beliebten Wesertalradweg erschlossen ist. Veckerhagen hat außerdem Anschluss an den Reinhardswald-Radweg.

▸ Parkanlagen
Die Weserpromenaden in Vaake wie in Veckerhagen sind parkähnliche Anlagen mit Konzertpavillons. An der Promenade in Veckerhagen liegt eine drei Meter hohe Stele der Brama, eine der drei sagenhaften Töchter des mächtigen Reinhardswaldriesen Kruko.

▸ Baden
Freibad Veckerhagen, Am Freibad 1, OT Veckerhagen, 34359 Reinhardshagen, ☏ 05544/588.
Gartenhallenbad Vaake, Ahletal 8, OT Vaake, 34359 Reinhardshagen, ☏ 05544/524.

▸ Fähre Veckerhagen–Hemeln (auch für Pkw)
Die Fähre verkehrt ganzjährig und befördert Fußgänger, Radfahrer und bis zu 6 Pkws.

▸ Rehbein-Linie
Angebot: Schiffsfahrten auf der Weser, u. a. nach Hann. Münden und Bad Karlshafen.
Adresse: Mündener Fahrgastschifffahrt, Ostpreußenstraße 8, 34233 Fuldatal, ☏ 0561/18505, ✉ rehbeinlinieks@aol.com, 🌐 www.fahrgastschiffahrt.com.

Veranstaltungen

Überregionale Anziehungskraft hat alljährlich die **Weserbeleuchtung,** die abwechselnd in Vaake oder Veckerhagen stattfindet (erstes Aug-Wochenende). Daneben ist noch der **Weihnachtsmarkt** in Veckerhagen (zweites Adventswochenende) erwähnenswert.

Gierseilfähre in Reinhardshagen

Ringgau

E3

(Werra-Meißner-Kreis)

Die Gemeinde liegt zwischen Sontra im Westen und dem Bundesland Thüringen im Osten. Sie umfasst sieben Ortsteile mit rund 3100 Einwohnern. Bis zum 13. Jh. war das Gebiet thüringisch und gehört seit 1436 endgültig zu Hessen.

🌐 **www.ringgau.de** *i*

Sehenswertes

▸ Burgruine Boyneburg
Die von Datterode und Grandenborn zu Fuß erreichbare Ruine ist ein beliebtes Ausflugsziel, siehe unter Sontra.

▸ Kirche Lüderbach
Die einstige Wehrkirche wurde im 12. Jh. errichtet, der heutige Chorraum aber erst im 15. Jh. angebaut. Ein Totalumbau erfolgte 1837/38. Wertvollstes Stück im Inneren ist der geschnitzte Flügelaltar aus dem frühen 16. Jh.

▸ OT Röhrda
Röhrda mit alten Fachwerkhäusern, einer ehemaligen Wehrkirche und einem Rittergut ist auch als Mühlendorf bekannt. An den zwei Bachläufen standen einst acht Mühlen, woran heute nur noch ein Gedenkbrunnen erinnert.

▸ Schloss Lüderbach
Urkundlich erstmals 1195 erwähnt und seit 1980 im Privatbesitz, geht der heutige Bau in seinen ältesten Teilen auf die Zeit um 1560 zurück und wurde später mehrfach verändert.

▸ Wasserschloss Netra
Das am westlichen Ortsrand gelegene Schloss wird heute nur noch von zwei Seiten von Wasser umgeben und wurde im 16. Jh. anstelle einer Wasserburg erbaut.

Blick über Netra

▸ Wüstungskirche bei Gut Harmuthshausen
Südlich von Datterode am Fuß der Boyneburg fand man Überreste einer 16 m langen Kirche aus dem 11. oder 12. Jh. sowie Gräber und Brunnen. Die Grundmauern wurden restauriert, die Grabplatten sind am Gut ausgestellt.

Museen

▸ Heimatstube Datterode
Adresse: Am Kirchrain, OT Datterode, 37296 Ringgau, Kontakt über den Heimatverein Datterode, Kulleich 2, OT Datterode, 37296 Ringgau, ✆ 05658/8660 (Thomas Beck), 🌐 heimatverein-datterode.de. **Öffnungszeiten:** Nach Vereinbarung.

Natur und Freizeit

▸ Wandern und Radfahren
Die Umgebung ist durch ein gut markiertes Wegenetz erschlossen. Durch Ringgau verlaufen auch etliche Fernwanderwege. Die Ortsteile sind für Radfahrer auf Radwegen oder Nebenstraßen gut erreichbar. Durch Ringgau führt auch der Herkuels-Wartburg-Radweg.

▸ Berliner Turm
Der heutige Turm auf dem 410 m hohen Hüppelsberg bei Datterode wurde 1960 erbaut und 1994 nochmals aufgestockt. Er bietet weite Blicke zum Meißner, ins Werratal, über den Ringgau und nach Thüringen.

▸ Observation Post India
Nach dem Zweiten Weltkrieg errichtete die US-Armee an der innerdeutschen Grenze auf dem Sohlberg bei Lüderbach einen Beobachtungsposten, dessen Turm noch heute eine weite Sicht ermöglicht.

▸ Baden
Freibad Datterode, Hasselbach 6, OT Datterode, 37296 Ringgau, ✆ 05658/488.

▸ Reiten
Der Kreuzhof, Kreuzer Weg 10, OT Renda, 37296 Ringgau, ✆ 05659/523, ✉ kreuzhof@gmx.de, 🌐 www.der-kreuzhof.de.

▸ Ringgauer Landkäserei
Die Bio-Schaukäserei bietet einen Blick über die Schultern der Käser, Vorträge mit anschließender Verkostung und Käseverkauf. **Adresse:** Am Teich 21, OT Grandenborn, 37296 Ringgau, ✆ 05659/923255, ✉ info@ringgauer-landkaeserei.de, 🌐 www.ringgauer-landkaeserei.de. **Öffnungszeiten:** Mo–Do 10–15.30 Uhr, Fr 10–13 Uhr, Sa 10–14 Uhr.

Ronshausen

D3

(Landkreis Hersfeld-Rotenburg)

Ronshausen blickt auf eine 950-jährige Geschichte zurück, ist staatlich anerkannter Luftkurort und bildet mit dem kleineren Erholungsort Machtlos eine Gemeinde mit 2400 Einwohnern, die südöstlich von Bebra liegt und touristisch orientiert ist.

Verkehrsamt Ronshausen
Erlebnisregion Mittleres Fuldatal
Haus des Gastes, Eisenacher Str. 20-22,
36217 Ronshausen
06622/923119
06622/923120
touristik@ronshausen.de
www.ronshausen-touristik.de
www.ronshausen.de

Sehenswertes

Kirche Machtlos
Die klassizistische Fachwerkkirche wurde mit Bruchsteinen ausgeriegelt und 1852 erbaut, die Westseite des Langhauses aber 1899 mit Ziegelsteinen erneuert. Sie hat auf jeder Seite drei hohe Rundbogenfenster und auf dem Satteldach über dem Eingang einen Dachreiter. Das Innere ist mit einer Flachdecke versehen sowie einer u-förmigen Empore mit einer Orgel von 1825.

Kirche Ronshausen
Der im Kern romanische Sakralbau, der auch gotische Bauelemente aufweist, ist etwa 800 Jahre alt. Während der Chorturm vermutlich Anfang des 13. Jhs. erbaut wurde, wurde das romanische Kirchenschiff der ehemaligen Wehrkirche 1715 umgebaut. Dabei erhielt das Innere eine dreiseitige Empore und die Decke eine Brettertonne, die 1719 mit bäuerlicher Barockmalerei verziert wurde. Sie ist heute ein Vorbild für den osthessischen Bauernbarock. Die jetzige Turmhaube stammt von 1804, der Chorraum aus dem Jahr 1900.

Natur und Freizeit

Wandern
Durch die Gemeinde verlaufen mehr als 100 km markierte Wanderwege, darunter je sechs Rundwander- und Walkingstrecken ab Ronshausen und Machtlos. Drei idyllische Täler und den Allerhättenberg erschließt der Premium-Rundwanderweg Extratour Ronshausen. Am Ronshäuser See beginnt der Erlebnispfad Steinbachtal umd im Ferienpark der Märchen-Erlebnisweg mit Geocaching-Strecken.

Wandern auf der Hessen Extratour (Allerhättenberg)

Radfahren
Durch die Gemeinde verlaufen die Waldhessen-Radwege R13 und R15, über die Anschluss an weitere Fernradwege besteht. Radler und Mountainbiker haben die Wahl zwischen 17 Radrundtouren.
Fahrradverleih: Tankstelle Brandau, Eisenacher Str. 93, 36217 Ronshausen, 06622/2600.

Baden
BadePark Ronshausen, Am Sportplatz, 36217 Ronshausen, 06622/915239.

Rosenthal

B3

(Landkreis Waldeck-Frankenberg)

Die Kleinstadt liegt ganz im Süden des Landkreises im nördlichen Teil des Burgwalds. Sie zählt zu den kleinsten Städten Hessens. 1327 von Erzbischof Matthias von Bucheck als mainzischer Vorposten gegen die Landgrafschaft Hessen gegründet, wurde er zum Mittelpunkt des gleichnamigen Amtes und schon 1340 als Stadt erwähnt. In den drei Stadtteilen wohnen heute rund 2300 Menschen. Im Mai 2011 eröffnet der »Wildrosenweg Rosenthal – Geschichte und Geschichten am Wegesrand«.

www.rosenthaler.de

Sehenswertes

▸ Kirche Rosenthal
Der dreiseitig geschlossene Chor stammt aus dem 14. Jh., das Kirchenschiff und der Westturm von 1518. Beim Brand 1641 wurde das Gewölbe zerstört, Wiederaufbau 1646 mit Flachdecke. Das jetzt noch vorhandene Kruzifix soll damals unversehrt aus der Asche gezogen worden sein. 1888 wurde die Kirche an der Nordseite um 3 m erweitert und die Sakristei angebaut, der Turmhelm (1655 in Fachwerk errichtet) wurde abgebrochen und durch den jetzigen ersetzt. Oberhalb der Kirche lag einst eine Burg mit Mauer und Turm, die im 19. Jh. zur Schule (1831 u. 1841) bzw. Amtshaus (1870) umgebaut wurde.

▸ Rathaus Rosenthal
Das Fachwerkrathaus wurde 1654 anstelle des abgebrannten Rathauses erbaut. Erwähnenswert sind die reich verzierte Eingangstür, die Eckerker und der historische Sitzungssaal.

Das Rathaus von Rosenthal

Natur und Freizeit

▸ Wandern und Radfahren
Die Umgebung ist durch mehr als 100 km markierter Wanderwege erschlossen. Der Burgwald gilt als echtes Wanderparadies. Zehn Rundwege erschließen die nähere Umgebung, daneben lockt die Extratour Franzosenwiesen. Auch Fernwanderwege führen durch Rosenthal, u. a. der Wartburgpfad X9 oder der Studentenpfad X13. Nordic-Walking-Freunde können unter drei Strecken wählen. Für Radler sind die Fernradwege R6 (Waldecker Land–Rheintal) und der Lahn-Eder-Radweg von Bedeutung, die Rosenthal bzw. seine Ortsteile berühren.

▸ Baden
Solarbeheiztes Freibad Rosenthal, Willershäuser Str. 2, 35119 Rosenthal, 06458/50950.

▸ Reiten
Ferien- und Reiterhof Klingelhöfer, Willershäuser Str. 33, 35119 Rosenthal, 06458/203, Klingelhoefer@online.de, www.klingelhoefer.online.de.

Veranstaltungen und Feste

▸ Heimatfest (zweites Juli-Wochenende)
Die größte unter den alljährlichen Veranstaltungen bietet u. a. einen Festumzug am

So und ein Juxumzug am Mo, der lokale Ereignisse aufs Korn nimmt.

▸ Weitere Veranstaltungen

Reit- und Springturnier (letztes Juli-Wochenende), **Backhausfest Willershausen** (dritter So im Sep), **Adventsmarkt** (erster Advents-So).

Rotenburg a. d. Fulda

D3

(Landkreis Hersfeld-Rotenburg)

Die ehemalige Kreisstadt ist gleichzeitig Luftkurort, liegt im Fuldatal westlich von Bebra und zählt neben der Kernstadt acht weitere Stadtteile mit rund 13 600 Einwohnern. Die heutige Altstadt am linken Flussufer wurde erstmals 1248 als Stadt erwähnt, während heutige Stadtteile im Güterverzeichnis des Klosters Hersfeld bereits im Jahre 769 auftauchten. Um 1150 wurde die Burg Rodenberg erbaut. Mit Errichtung eines ersten Schlosses im Jahr 1470 wurde Rotenburg a. d. Fulda zeitweise zum Wohnort der Landgrafen. Zwischen 1627 und 1834 residierten im Schloss so genannte Quartfürsten. Mit dem Niedergang der Leineweberei verloren 1840 viele Bewohner ihre Existenzgrundlage.

Blick in die Brückenstraße

Verkehrs- und Kulturamt/Tourist-Information, Weingasse 3, 36199 Rotenburg a. d. Fulda
06623/5555
06623/933-153
verkehrsamt@rotenburg.de
www.rotenburg.de

Sehenswertes

▸ Stadtführungen

Einzelgäste können von Mai bis Okt an einer Stadtführung teilnehmen, die jeweils am ersten und dritten Fr im Monat um 15 Uhr ab Rathaus stattfindet. Für Gruppen können Stadtführungen mit Stadtführer, Trachtenfrau oder Nachtwächter beim Verkehrs- und Kulturamt bestellt werden.

▸ Altstadt

Die Altstadt bietet mit ihren zahlreichen Fachwerkhäusern aus dem 17. und 18. Jh. auch heute noch ein malerisches Stadtbild mit kleinen Gassen und Sträßchen. Das älteste Haus, vermutlich von 1478, steht in der Breitenstr. 39. Gegenüber liegt das alte Rentamt von 1531 (Breitenstr. 24). Das ansehnliche Fachwerkhaus in der Brückengasse 13 war einst das landgräfliche Jägerhaus. Weitere erwähnenswerte Gebäude sind das Steinerne Haus (Steinweg 1) als Wohnsitz der Kanoniker des Rotenburger Stifts von 1357 sowie die Alte Landvogtei mit Fachwerk-Obergeschoss, 1555 als Privathaus für den hiesigen Amtmann erbaut. Auch sind Teile der mittelalterlichen Stadtmauer aus dem 12. und 13. Jh. mit zwei Rundtürmen, namentlich Hexen- und Bürgerturm, erhalten. Verschiedene Stolpersteine erinnern an ehemalige jüdische Mitbewohner, die während der Nazidiktatur ihr Leben lassen mussten.

▸ Burgruine Rodenberg
Die Ruine der um 1150 erbauten Burg liegt im Wald versteckt auf dem 418 m hohen Berg Alter Turm. Sie wurde bereits im 15. Jh. zerstört.

▸ Marktplatz mit Rathaus
Mittelpunkt der historischen Altstadt ist der Marktplatz mit den Bronzefiguren »Tratsch der Marktweiber«. An ihm liegt auch der 1597/98 errichtete prächtige Renaissancebau des Rathauses (Marktplatz 15). Es wurde 1656 in abgeänderter Form neu aufgebaut.

Das Schloss des Landgrafen Ludwig II.

▸ Marstall
Das westlich vom Schloss 1603 erbaute rechtwinklige Gebäude, teils mit Fachwerk, wurde umfassend saniert und ist seit 1993 Aus- und Fortbildungsstätte der Hessischen Straßen- und Verkehrsverwaltung.

▸ St.-Jacobi-Kirche
Die heutige zweischiffige gotische Hallenkirche vom Ende des 15. Jhs. hatte einen Vorgängerbau. Auf der Chorempore steht eine Orgel von 1682, die Kanzel stammt von 1663, der Altar ist von 1581 und befand sich ursprünglich in der abgerissenen Schlosskapelle. Der Turm verfügt über fünf Glocken, von denen die älteste aus dem Jahr 1482 stammt und damit eine der ältesten Kirchenglocken Deutschlands ist.

▸ Schloss
Die ursprünglich vierflügelige Renaissance-Anlage mit einem quadratischen Innenhof und einem Vorgängerbau von 1470 wurde 1571–1607 neu errichtet und um 1790 umgebaut. Erhalten sind heute nur noch drei Flügel. Seit 1953 ist in der Anlage die Landesfinanzschule Hessen untergebracht. Der Schlosspark ist öffentlich zugänglich und wird auch für Veranstaltungen genutzt.

▸ Stiftskirche
Die evangelische Pfarr- und einstige Stiftskirche St. Elisabeth und Marien wurde ab 1371 anstelle des alten Hospitals erbaut. Die dreischiffige Kirchenhalle entstand erst zwischen 1484 und 1501. Die Gruft des Landgrafen Hermann von Hessen im Nordturm geht auf 1651 zurück. Halbrundapsis im Westen, der dreiseitige Ostabschluss, der Südturm sowie die Gewölbe und Pfeiler in der Kirchenhalle entstanden zwischen 1822 und 1892 im Stil der Neugotik.

▸ Wasserkraftwerk Haag
Zur Führung gehören u. a. ein 30-Min.-Film über die Geschichte von der Herrenmühle zum jetzigen Wasserkraftwerk, eine Besichtigung des Werkes mit drei Turbinen, witterungsabhänig Besichtigung der Fischtreppe und Rechenreinigungsanlage.
Adresse: Hinter der Mühle 2a, 36199 Rotenburg a. d. Fulda, ✆ 06623/7455.
Führungen: jeden ersten Di im Monat um 18.30 Uhr sowie jeden dritten Sa im Monat um 15 Uhr, Anmeldung erforderlich!

Museen

▸ Jüdisches Museum in der ehemaligen Mikwe
Zu sehen sind u. a. freigelegte Reste eines jüdischen Ritualbads aus dem 17. Jh., ein Tauchbad von 1835 mit Umbauten von 1925 sowie Zeugnisse des jüdischen Lebens in Rotenburg.
Adresse: Brauhausstr. 2, 36199 Rotenburg a. d. Fulda, 🌐 www.mikwe.de. Führungen/Besichtigung: von Mai–Okt jeden So 15–16 Uhr oder nach Voranmeldung, ☎ 06623/2482, ✉ h.i.nuhn@gmx.de.

▸ Kreisheimatmuseum
Im Weißen Haus im Vorhof des Schlosses zeigt das Museum u. a. frühgeschichtliche Funde, Kupferstiche früherer Stadtansichten, Waffen und Kartenmaterial aus dem 17. Jh., ferner eine Dokumentation über das Leben der Menschen in früherer Zeit.
Adresse: Äußerer Schlosshof, 36199 Rotenburg a. d. Fulda, ☎ 06623/914696, 🌐 www.kreisheimatmuseum-rotenburg.de. **Öffnungszeiten:** Mi, Fr und So 14–17 Uhr.

▸ Museum für zeitgenössische Kunst, Kultur und Karikatur (muzkkka)
Künstler aus der Region stellen hier ihre Werke aus. Daneben gibt es wechselnde Sonderausstellungen.
Adresse: Obertor 8, 36199 Rotenburg a. d. Fulda, ☎ 06623/9148514, ✉ mail@muzkkka.de, 🌐 www.muzkkka.de. **Öffnungszeiten:** Di–So 10–18 Uhr.

▸ Puppen- und Spielzeugmuseum
Das Museum zeigt eine private Sammlung von Puppen und Spielzeug aus der Zeit von 1830 bis 1940.
Adresse: Familie Wächter, Bürgerstr. 1, 36199 Rotenburg a. d. Fulda, ☎ 06623/41600. **Öffnungszeiten:** Mi–So 14–18 Uhr, von Mitte Jan bis Ende Feb jeder erste So im Monat geschlossen.

Natur und Freizeit

▸ Wandern
Die Umgebung bietet mehr als 200 km markierte Wanderwege, darunter der Fuldasteig, der die Höhen beiderseits der Fulda auf meist schmalen Wegen und Pfaden erschließt. Entlang des Fernwanderwegs Wildbahn stehen Kunstwerke des ARS NATURA, künstlerische natur- und ortsbezogene Arbeiten. Auch der Wartburgpfad verläuft durch Rotenburg, und der durch das Knüllgebirge führende Borgmannweg hat hier seinen Ausgangspunkt.

▸ Radfahren
Radtouren durch das Fuldatal erfreuen sich großer Beliebtheit. Durch Rotenburg a.d. Fulda führen die Fernradwege R1 und R5. Entlang des Fuldasteigs sind auch Strecken für Mountainbiker ausgeschildert, darunter ab Herz-Kreislauf-Zentrum die legendäre und schwierige Tour B1.
Fahrradverleih: **German Quest Events,** Rotenburger Str. 12, OT Braach, 36199 Rotenburg a. d. Fulda, ☎ 06623/919720, 🌐 www.german-quest.de.
Jugendherberge Rotenburg (Mai–Okt), Obertor 17, 36199 Rotenburg a. d. Fulda, ☎ 06623/2792, ✉ rotenburg@djh-hessen.de, 🌐 www.rotenburg.jugendherberge.de.

▸ Baden
Rodenberg SPA
Erlebnisbad in Göbel’s Hotel mit Saunabereich, Beauty- und Wellnessangeboten, auch für Nicht-Hotelgäste!
Adresse: Heinz-Meise-Str. 98, 36199 Rotenburg a. d. Fulda, ☎ 06623/88-110, 🌐 www.goebels-hotel.com.
Waldschwimmbad mit Freizeitgelände
Adresse: Im Heinebach, 36199 Rotenburg

a. d. Fulda, 06623/44100. **Öffnungszeiten:** Mitte Mai–Mitte Sep.

Indoor-Spielpark Koala Kids World
Der Spielpark gehört zu Göbel's Hotel und bietet auf 1000 qm Möglichkeiten zu klettern, toben und rutschen.
Adresse: Siehe unter Rodenberg SPA.
Öffnungszeiten: Mo–Fr 14–19 Uhr, Sa und So 10.30–19 Uhr, während der Schulferien 11–19 Uhr.

Kanufahrten
Die Fulda ist ein ideales Gewässer für Wasserwanderer. Bei German Quest Events, s. u. Radfahren, kann man 2er- und 3er-Kanus leihen. Mai–Sep auch beim Campingplatz: 06623/5556.

Reiten und Kutschfahrten
Gut Dankerode, Stötzinger Str. 2, OT Dankerode, 36199 Rotenburg a. d. Fulda, 06623/41607, info@gut-dankerode.de, www.gut-dankerode.de.
Islandpferdehof Erkshausen, Hauptstr. 2a, OT Erkshausen, 36199 Rotenburg a. d. Fulda, 06623/5108, www.isihof-koethe.de.
Ponyranch Ponderosa, siehe unter Rodenberg SPA (Göbel's Hotel).
Reiterverein Rotenburg, Wilhelminenhof, Dickenrücker Str., 36199 Rotenburg a. d. Fulda, 06623/41576, www.reiterverein-rotenburg.de.

Wildgehege
Das frei zugängliche Wildgehege liegt unweit vom Freischwimmbad. Zu finden sind u. a. Rehe, Hirsche, Wildschweine und Ziegen.

Veranstaltungen und Feste

Kuckucksmarkt Braach
Dieser Kunst-, Handwerks- und Bauernmarkt findet von Mai–Okt jeweils am letzten Monatswochenende statt.

Weitere regelmäßige Veranstaltungen
Heimat- und Stadtfest (erstes Juli-Wochenende) und **Historischer Weihnachtsmarkt** (Anfang/Mitte Dez).

Schauenburg

C2

(Landkreis Kassel)

Die nach der gleichnamigen Ruine benannte Wohngemeinde liegt inmitten des Naturparks Habichtswald und grenzt im Südwesten direkt an Kassel an. In den fünf Ortsteilen leben rund 11 000 Menschen. Ältester OT ist Martinhagen, der im 11. Jh. gegründet wurde. Besonders Hoof ist noch geprägt von zahlreichen Fachwerkhäusern aus dem 17. und 18. Jh.

www.gemeinde-schauenburg.de

Sehenswertes

Burgruine Schauenburg
Die Burgruine oberhalb von Hoof wurde vermutlich zwischen 600 und 800 n. Chr. erbaut, urkundlich wurde sie jedoch erstmals 1089 erwähnt. Schon Mitte des 16. Jhs. war sie nicht mehr bewohnbar und verfiel. Die Reste sind heute ein beliebtes Wanderziel und Aussichtspunkt.

Kirche Elmshagen
Der Kirchenunterbau stammt aus dem 13. Jh. und ist romanischen Ursprungs. Später wurde die Kirche aufgestockt, das Fachwerkgeschoss aufgesetzt und im Osten ein Chorraum angebaut.

Schauenburger Märchenwache Breitenbach
Im Mittelpunkt der Märchenwache stehen zwei Grimm'sche Märchenbeiträger aus Breitenbach und Hoof, der verabschiedete Dragonerwachtmeister Johann Friedrich

Die Märchenwache in Breitenbach

Krause und die Demoiselle Marie Hassenpflug, verheiratete von Dalwigk, derer der in Breitenbach geborene und in Hamburg lebende Künstler Albert Schindehütte in vielen seiner Werke gedenkt. Neben wechselnden Ausstellungen finden hier kulturelle Veranstaltungen statt.
Adresse: Lange Str. 2, OT Breitenbach, 34270 Schauenburg, 05601/925678, info@maerchenwache.de, www.maerchenwache.de. **Öffnungszeiten:** So 15–18 Uhr und nach Vereinbarung.

Schandpfahl Elmshagen
Wahrzeichen des OT ist der hölzerne Schandpfahl mit Kette und Handeisen, der aus dem Mittelalter stammt.

Museen

Museum für dörfliches Leben Hoof
Adresse: Wahlgemeinde 19, OT Hoof, 34270 Schauenburg. **Öffnungszeiten:** jeden ersten So im Monat 14–17 Uhr oder nach Vereinbarung unter 05601/1215 (Manfred Bollerhey).

Museumsbahn Hessencourrier
Die Museumsbahn kommt auf ihrer Fahrt von Kassel nach Naumburg auch über Schauenburg, siehe ansonsten unter Kassel.

Natur und Freizeit

Wandern und Radfahren
Der Naturpark Habichtswald ist durch etliche markierte Wanderwege erschlossen. Es gibt auch ein großes Netz an ausgeschilderten Radwegen, darunter der Hessencourrier-Radweg und der Warmetal-Radweg.

Hirzstein
Das Felsmassiv oberhalb von Elgershausen zeichnet sich durch eine artenreiche Vielfalt von Flora und Fauna aus. Gleichzeitig ist der Hirzstein einer der beliebtesten Aussichtspunkte im Habichtswald.

Martinstein
Dieser riesige Basaltkegel im OT Martinhagen direkt neben der Kirche überragt alle Häuser der unmittelbaren Nachbarschaft.

Burgberg in der Wintersonne

Wintersport
Am Hohen Gras, bereits auf Kasseler Stadtgebiet, wird im Winter bei entsprechender

Schneelage ein Skilift betrieben, in den Abendstunden auch mit Flutlicht. Daneben gibt es einen Rodelhang und gespurte Loipen.

Veranstaltungen und Feste

▸ Theaterscheune Elmshagen
In einer umgebauten Scheune des Gutes finden regelmäßig Vorstellungen des TicTac Theaters für Kinder statt, daneben aber auch andere kulturelle Veranstaltungen für Kinder und Erwachsene.
Adresse: Gut Elmshagen, Falkensteinstr. 1, OT Elmshagen, 05601/920595, info@tictactheater.de, www.theaterscheune.de.

▸ Theatergruppe Martinhagen
Informationen: Doris Hengge, Korbacher Str. 635, OT Martinhagen, 34270 Schauenburg, www.thema90.de.

Schenklengsfeld D4

(Kreis Hersfeld-Rotenburg)

Die Großgemeinde mit 14 Ortsteilen liegt in den Ausläufern der Kuppenrhön, wurde um 800 urkundlich erstmals erwähnt und gehört seit 1648 zu Hessen. Sie grenzt im Nordwesten an Bad Hersfeld und zählt 4600 Einwohner. Die Bronzeskulptur »Laenschelder Strohäischer« gegenüber dem Rathaus erinnert an den Spitznamen für die Einwohner im alten Amt Landeck, dessen Mittelpunkt Schenklengsfeld einst war.

www.gemeinde-schenklengsfeld.de

Sehenswertes

▸ Burgruine Landeck
Die Ruine liegt oberhalb des OT Oberlengsfeld auf dem Landecker Berg und wurde im Mittelalter von Äbten des Klosters Hersfeld errichtet. Im Dreißigjährigen Krieg wurde die einst gewaltige Burganlage zerstört. Die restaurierten Reste können heute besichtigt werden.

▸ Historischer Friedhof
Auf dem unteren Teil des Friedhofs, auch Historischer Friedhof genannt, findet man 263 handwerklich kunstvoll gestaltete Grabsteine aus dem 17. bis 19. Jh. Die am Friedhofseingang stehende achteckige, schindelverkleidete Kapelle in Holzbauweise stammt von 1610.

Ein kunstvoller Grabstein auf dem Historischen Friedhof

▸ Jüdischer Friedhof
Der Jüdische Friedhof mit gut erhaltenen Grabsteinen geht auf 1870 zurück. Ein Gedenkstein von 1988 erinnert an die Vertreibung und Vernichtung der früheren jüdischen Mitbewohner.

▸ Kirche Schenklengsfeld
Der imposante Bau der evangelischen St.-Mauritiuskirche prägt mit einem 40 m hohen Turm das Ortsbild. Er gehörte zu einer Kapelle, die im 12. oder 13. Jh. erbaut wurde und erhielt seinen Helm 1822. Das heutige Kirchenschiff stammt aus der Zeit um 1740.

Museen

▸ Judaica-Museum Schenklengsfeld
Das Museum im Erdgeschoss des ehemaligen Lehrerwohnhauses der jüdischen Gemeinde zeigt das Leben sowie die Religion einer jüdischen Gemeinde und verfügt über Fachbibliothek sowie Seminarraum. **Adresse:** Landecker Str. 37, 36277 Schenklengsfeld. **Öffnungszeiten:** Nach Vereinbarung unter ☏ 06629/7736 (Karl Honikel).

Natur und Freizeit

▸ Wandern und Radfahren
Durch die hügelreiche Landschaft führen zahlreiche markierte Wanderwege, darunter neun Rundwege ab Schenklengsfeld und sieben ab Wipperhausen, ebenso der Frau-Holle-Pfad X4 oder der Europäische Fernwanderweg E6. Radfahrer können viele Nebenstraßen gut befahren und erreichen auf dem Solztalradweg, der alten Bahntrasse, Bad Hersfeld.

▸ Linde Schenklengsfeld
Die vermutlich älteste Linde Deutschlands steht auf dem ehemaligen Marktplatz, wurde im Jahr 760 gepflanzt, hat eine Krone mit etwa 110 m Umfang und einen aus vier Teilen bestehenden Stamm mit einem Umfang von 18 m.

Deutschlands älteste Linde steht in Schenklengsfeld.

▸ Baden
Freibad Schenklengsfeld, Dreienbergstr. 38–40, 36277 Schenklengsfeld, ☏ 06629/6202.

▸ Reiten
Reit- und Ferienanlage Jörg Weitz, Im Kessel 1, OT Schenksolz, 36277 Schenklengsfeld, ☏ 06629/919711, ✉ info@reitanlage-weitz.de, 🌐 www.reitanlage-weitz.de.

Veranstaltungen und Feste

Lindenblütenfest (jedes zweite Jahr an einem Juni-Wochenende) sowie **Kuppenrhöner Landmarkt** (an einem So im Sep).

Schrecksbach

C4

(Schwalm-Eder-Kreis)

Die Gemeinde besteht aus sieben Ortsteilen und liegt ganz im Süden des Landkreises an der Grenze zum Vogelsbergkreis. Nicht nur im Hauptort findet man viele liebevoll restaurierte Fachwerkhäuser. Insgesamt leben rund 3300 Einwohner in der Gemeinde.

🌐 **www.schrecksbach.de** *i*

Sehenswertes

▸ Burghaus Schrecksbach
Das Sandsteingebäude wurde schon im 13. Jh. erwähnt. Der heutige rechteckige Bau in der Dorfmitte geht auf das 16. Jh. zurück und ist mit einem runden Treppenturm sowie Schießscharten versehen. Vom Keller aus bestand einst ein unterirdisches Gängesystem, das vermutlich mehrere Ansitze miteinander verband oder als Notausgang diente.

▸ **Kapelle Schönberg**
Der Bau steht auf einem das Schwalmtal beherrschenden Basaltkegel mit weiter Aussicht. Die Kapelle wurde um 1000 errichtet und erlebte etliche Umbauten, was sich noch heute an den romanischen und gotischen Fenstern zeigt. Im Glockenturm befinden sich drei historische Glocken. Bis zur Reformation war Schönberg Wallfahrtsort.

Museen

▸ **Dorfmuseum Holzburg**
Das Museum im ehemaligen Pfarrhaus zeigt u. a. eine umfangreiche Ausstellung zur Schwälmer Tracht.
Adresse: Brunnenstr. 11, OT Holzburg, 34637 Schrecksbach, 🌐 www.dorfmuseum-holzburg.de. **Öffnungszeiten:** April–Okt 14–17 Uhr oder nach Vereinbarung unter ☏ 06698/911405 (Dr. Anton Merk) oder 06698/8365 (Hartmut Schalla).

Natur und Freizeit

▸ **Wandern und Radfahren**
Zahlreiche markierte Wanderwege wollen erkundet werden und verbinden die Ortsteile miteinander. Durch das Tal verläuft der Schwalm-Radweg R20, der Anschluss an die Fernradwege R4 und R14 hat.

▸ **Moto-Cross-Strecke**
Der Motorsportclub Schrecksbach unterhält eine 1800 m lange Moto-Cross-Strecke mit steiler Auf- und Abfahrt, die auch von Nichtmitgliedern benutzt werden kann. Hier fanden auch schon Moto-Cross-Weltmeisterschaftsläufe statt.
Informationen: Bodo Lange, Im Hermesgrund 17A, 34637 Schrecksbach, ☏ 06698/8149, ✉ bodol@aol.com, 🌐 www.mcs-schrecksbach.de. **Öffnungszeiten:** ausgewählte Sa April–Okt.

Schwalmstadt

B4

(Schwalm-Eder-Kreis)

Schwalmstadt entstand 1970 durch die Fusion der Kleinstädte Treysa und Ziegenhain mit umliegenden Ortschaften. Somit gibt es bis heute zwei Stadtkerne, die rund 4 km auseinanderliegen. Die Altstadt von Treysa liegt auf einem Höhenrücken an der Mündung der Wiera in die Schwalm, während Ziegenhain östlich im Tal der Schwalm liegt. In den 13 Stadtteilen leben rund 18 600 Menschen. Treysa wurde bereits 786 in einer Urkunde des Klosters Hersfeld erwähnt, während Ziegenhain bis 1450 Sitz der gleichnamigen Grafen war und 1537 bis 1542 durch Landgraf Philipp I. von Hessen zu einer Wasserfestung ausgebaut wurde.

Schwalm-Touristik
Paradeplatz 7, OT Ziegenhain,
34613 Schwalmstadt
☏ 06691/71212
📠 06691/5776
✉ schwalm-touristik@schwalmstadt.de
🌐 www.schwalm-touristik.de

Sehenswertes

▸ **Stadtführungen**
Für Einzelgäste: Jeden zweiten Sa im Monat um 14.00 Uhr ab Gedenkstätte und Museum Trutzhain bzw. jeden dritten Sa im Monat um 14.30 Uhr von der Tourist-Information in Ziegenhain, Dauer jeweils etwa 1 Std. Für Gruppen können jederzeit Termine vereinbart werden.

▸ **Ehemaliges Hospital Treysa**
Das erstmals 1367 urkundlich erwähnte Hospital liegt im unteren Teil der Steingasse. Über der Kapelle, die heute für kulturelle Ver-

anstaltungen genutzt wird, erhebt sich ein hübscher sechseckiger Turm. Erwähnenswert sind die Wandmalereien im Inneren sowie die hinter der Kapelle liegenden spätgotischen Hospitalgebäude.

▸ Stein- oder Töpfertor
Das Tor in der Steingasse trennte früher die Ober- und Unterstadt Treysas. Um das Tor herum liegen einige der ältesten Häuser Treysas aus dem 16. /17. Jh.

▸ Haus Zum Rosengarten Ziegenhain
Das vierstöckige Fachwerkhaus, eines der schönsten Deutschlands, wurde um 1620 erbaut. Auffällig sind die zwei vorspringenden, dreigeschossigen Eckerker mit Zeltdach. Seit 1876 wird das Gebäude als Gasthof genutzt, während das gegenüberliegende Fachwerkhaus, heute Hotel Landgraf, um 1800 als zweites Pfarrhaus erbaut wurde.

Fachwerkhaus in Treysa

▸ Hexenturm Treysa
Unweit vom Hospital liegt der Hexenturm, der einzige fast vollständig erhaltene Rundturm der unteren Stadtbefestigung. Im Inneren gab es ein Verlies für Gefangene. Auch an anderen Stellen findet man noch Reste der historischen Stadtbefestigung aus dem 12. Jh.

▸ Marktbrunnen Treysa
Der Marktkumpf ist ein Brunnen mit fließendem Wasser und einer Brunnenfigur von 1683, dem so genannten Johannismännchen, das die Marktgerechtigkeit symbolisiert. Der Sage nach soll es sich um den Treysaer Bürger Johannes Ruland handeln, der die Oberstadt durch ein Leitungssystem mit fließendem Wasser versorgte und sich damit vor dem Galgen rettete.

▸ Rathaus Treysa
Der dreistöckige Fachwerkbau mit Schieferanbau geht auf das 14. oder 15. Jh. zurück. Während des Dreißigjährigen Krieges wurde er jedoch zerstört, sodass aus dieser Zeit nur noch die aus Bruchstein gemauerten Fundamente und die Südwand existieren. Im Jahr 1651 wurde dann der Wiederaufbau abgeschlossen.

▸ Paradeplatz Ziegenhain mit Lüdertor und Neuer Wache
Der Platz ist das historische Zentrum der einstigen Wasserfestung. Um ihn gruppieren sich Gebäude des ehemaligen Schlosses, die heute aber überwiegend zur Justizvollzugsanstalt gehören. Im Osten wird der Platz vom Lüdertor begrenzt. An beiden Torseiten befinden sich noch Reste der ersten Stadtmauer aus dem 13. Jh. Am Paradeplatz liegen auch die Neue Wache, ein spätbarocker Putzbau von 1769, einst Unterstand für die Wachsoldaten, heute Sitz der Tourist Information, ferner die Stadtkirche (s. dort), das Pfarrhaus von 1650 und das Zeughoftor.

Soldat am Ortseingang von Ziegenhain

▸ Schloss Rommershausen
Die Schlossanlage besteht aus drei Einzelgebäuden um einen trapezförmigen Hof. Der Nordflügel entstand 1539, der Ostbau 1549 im Stil der Spätgotik und Frührenaissance, der dritte Flügel schließlich 1672 im Barockstil. Seit 1756 ist das Schloss im Besitz der Familie von Schwertzell. Es kann nach Vereinbarung besichtigt werden. ✆ 06697/463.

▸ Stadtkirche Ziegenhain
Sie wurde 1665–67 an Stelle eines gotischen Vorgängerbaus als Garnisons-, Bürger- und Grabeskirche erbaut. Im Inneren findet man eine Orgel von 1769–71.

▸ Totenkirche Treysa
Die ehemalige Pfarrkirche St. Martin entstand im 12./13. Jh. Nach 1830 wurde sie zur Ruine. Wahrzeichen von Treysa ist ihr weithin sichtbarer Turm. Dieser so genannte Buttermilchturm dient noch heute als Glockenturm und überragt mit seinem eigenwilligen achteckigen Helm die Dächer der Altstadt.

▸ Wallfahrtskirche Maria Hilf Trutzhain
Die Kirche wurde als Barackenbau 1949 eingeweiht, dreimal erweitert und 1964/65 durch einen Neubau ersetzt. Sie erhielt ihren Namen in Anlehnung an die gleichnamige Wallfahrtskirche bei Zuckmantel im Sudetenland und ist seitdem Treffpunkt der Wallfahrer aus Quinau im böhmischen Erzgebirge. Die jährlich am ersten So im Juli stattfindende Quinauer Wallfahrt ist die einzige Nordhessens.

▸ Wasserfestung Ziegenhain
Von der einst viertgrößten Festung in Hessen ist noch ein großer Teil des inneren Wassergrabens erhalten. Die Mauern und Wälle wurden Anfang des 19. Jhs. abgetragen. An der Festungsstraße im Bereich des Kleinen Wallgrabens steht ein »Festungssoldat« zur Bewachung der Wasserfestung.

Wallgraben

Museen

▸ Gedenkstätte und Museum Trutzhain
Der Stadtteil Trutzhain wurde 1951 auf dem Gelände des ehemaligen Kriegsgefangenen-Mannschaftsstammlagers STALAG IX A gegründet. Etwa 80 Prozent der in Holzständerbauweise auf Ziegelfundamenten errichteten Fachwerkbaracken wurden zu Wohnzwecken umfunktioniert und stehen heute unter Denkmalschutz. In der Gedenkstätte wird die Geschichte des Lagers und der Gemeindegründung durch Flüchtlinge und Vertriebene dokumentiert.
Adresse: Seilerweg 1, OT Trutzhain, 34613 Schwalmstadt, 06691/7106 62, info@gedenkstaette-trutzhain.de, www.gedenkstaette-trutzhain.de.
Öffnungszeiten: Di–Fr 9–13 Uhr (nicht während der Ferien) und 14–16 Uhr (nicht Fr) und jeden vierten So im Monat 14–17 Uhr.

▸ Museum der Schwalm Ziegenhain
Das Steinerne Haus am Paradeplatz war seit 1363 Burgmannensitz, wurde 1659–61 zur dreiflügeligen Hofanlage umgebaut und ist heute Museumssitz. Die Ausstellung umfasst u. a. Schwälmer Trachten, alte Geräte, Möbel usw.
Adresse: Paradeplatz 1, OT Ziegenhain, 34613 Schwalmstadt, 06691/3893, Schwaelmer-Heimatbund@t-online.de, www.museumderschwalm.de. **Öffnungszeiten:** Di–Fr 10–12 und 15–17 Uhr, Sa 15–17 Uhr, So 14–17 Uhr.

Das Museum der Schwalm Ziegenhain

▸ Museum für historische Schreibmaschinen
Der Stenografenverein Treysa unterhält in seiner Computer-Schule eine Sammlung von etwa 80 historischen Schreibmaschinen.
Adresse: Reichenberger Str. 22, OT Treysa, 34613 Schwalmstadt, 06691/9116868, www.bz-treysa.de. **Öffnungszeiten:** Mi 14–19 Uhr oder nach Absprache.

▸ Museumsbahnverein Eisenbahnfreunde Treysa e. V.
Als Sitz dient das alte Bahnbetriebswerk mit einer Drehscheibe und dem ehemaligen Kantinengebäude. Hier sind (Dampf-)Lokomotiven und Wagenmaterial aus den 1950/60er Jahren beheimatet. Der Verein veranstaltet mehrfach im Jahr historische Sonderzugfahrten.
Adresse: Ullrichsweg 26, OT Treysa, 34613 Schwalmstadt, 0172/5676796, 06691/23339, info@eftreysa.de, eftreysa.de.
Öffnungszeiten: nach Vereinbarung.

▸ Museumstöpferei Dörrbecker
Adresse: Töpferweg 18, OT Treysa, 34613 Schwalmstadt, 06691/2839. **Öffnungszeiten:** Mi 14.30-17 Uhr, Sa 9-17 Uhr und nach Absprache.

Natur und Freizeit

▸ Wandern
Die nähere Umgebung ist durch Rundwanderwege erschlossen, die ihren Ausgangspunkt in Treysa oder Ziegenhain haben. Auch verschiedene Fernwanderwege berühren

Schwalmstadt, darunter der Hessenweg 11, der Wartburgpfad oder der Elisabethpfad.

▸ Radfahren
Über zehn regionale Radrouten erschließen den Schwalm-Eder-Kreis. Schwalmstadt liegt an den hessischen Fernradwegen R4, R11 und R14, ferner am Schwalmradweg und am Bahnradweg durch das Rotkäppchenland von Treysa nach Bad Hersfeld. Mountainbiker finden eine 450 m lange Strecke am Rand von Treysa.

▸ Hügelgrab Wiera
Auf dem Hopfenberg oberhalb von Wiera wurde um 1930 ein Hügelgrab aus der Bronzezeit freigelegt. Der das Grab umgebende Ring aus Steinen und die Grablege in der Mitte sind noch heute gut zu erkennen.

▸ Meteoriteneinschlagsstelle Rommershausen
1916 schlug im Interessentenwald bei Rommershausen ein 63 kg schwerer Meteorit ein. Den Feuerball hat man seinerzeit in einem Umkreis von rund 50 km wahrnehmen können. An der heute noch gut erkennbaren Einschlagsstelle steht ein Gedenkstein.

▸ Naturlehrgebiet Treysa
Das Naturlehrgebiet ist 1,2 ha groß und lädt durch seine Vielseitigkeit immer wieder zum Spaziergang ein. Zum Gelände gehören Teiche, Hecken, Trockenmauern, ein Sinnespfad, Streuobstwiese, Bienenstand, Hügel- und Heilpflanzenbeet sowie Kompostanlage. **Adresse:** Wiegelsweg 19, OT Treysa, 34613 Schwalmstadt. **Öffnungszeiten:** Mai–Okt, Führungen auf Anfrage unter ✆ 06691/918057.

▸ Baden
Europabad Treysa
Großzügiges Hallenbad mit Saunawelt und Massagepraxis. **Adresse:** Pestalozzistr. 3, OT Treysa, 34613 Schwalmstadt, ✆ 06691/919300, ✉ info@europabad.de, 🌐 www.europabad.de.
Freibad Ziegenhain, Loriolstr. 2, OT Ziegenhain, 34613 Schwalmstadt, ✆ 06691/4967.

▸ Reiten
Hessische Staatsdomäne Schafhof
Junker-Hoose-Str. 11, OT Ziegenhain, 34613 Schwalmstadt, ✆ 06691/929905, ✉ domaene-schafhof@t-online.de.
Schlossgestüt Ziegenhain, Kornhausstr. 1–2, OT Ziegenhain, 34613 Schwalmstadt, ✆ 0173/2924835.

▸ Segelfliegen
Vom Segelflugplatz östlich von Ziegenhain sind Mitflug und Flugunterricht möglich. **Adresse:** Flugsportvereinigung Schwalm, Postfach 2247, OT Ziegenhain, 34607 Schwalmstadt, ✆ 06691/911787 (Ludwig May), für Mitflüge ✆ 06691/921966 (Herr Rohde), 🌐 www.fsv-schwalm.de.

Veranstaltungen und Feste

Die Freilichtbühnen Schwalmberg und die Totenkirche sind regelmäßig Veranstaltungsorte für Open-Air-Events.

▸ Weitere Veranstaltungen u. a.
Salatkirmes Ziegenhain (am zweiten Wochenende nach Pfingsten), **Hutzelkirmes Treysa** (zweites Aug-Wochenende) und **Michaelismarkt Treysa** (Sep).

Schwarzenborn

(Schwalm-Eder-Kreis)

Schwarzenborn liegt im Herzen des Knüllgebirges und ist einwohnermäßig die kleinste Stadt Hessens, mit einem sehr gut erhaltenen mittelalterlichen

Stadtgrundriss. Neben Schwarzenborn gehört Grebenhagen zur Stadtgemeinde, die insgesamt knapp 1100 Einwohner hat. Bekannt ist sie – neben den Schwarzenbörner Streichen – als Standort der Bundeswehr. Die früheste urkundliche Erwähnung geht ins 9. Jh. zurück.

www.schwarzenborn.de

Sehenswertes

Rathaus

Das Rathaus in Schwarzenborn ist ein dreigeschossiges Fachwerkgebäude, wurde 1703 erbaut und 2004/5 grundsaniert.

Evangelische Kirche Schwarzenborn

Erbaut wurde die Kirche im Zusammenhang mit der planmäßigen Anlegung der Stadt im 14. Jh. Der Kirchturm, der dem heiligen Jakobus geweiht war, wurde im romanischen Stil begonnen, während das Kirchenschiff im Stil der Gotik erbaut wurde. Im Dreißigjährigen Krieg wurde die Kirche zerstört und erst 60 Jahre später wieder aufgebaut.

Der Aussichtsturm auf dem Knüllgipfel

Blick vom Knüll Richtung Norden

Natur und Freizeit

Wandern und Radfahren

Die Umgebung ist durch markierte Wanderwege erschlossen. Beliebt ist die Besteigung des Knüllköpfchens. Durch die Gemeinde verlaufen auch der Wartburgpfad und der Hessenweg 11. Schwarzenborn liegt außerdem am Efzetalradweg R17, der von Wabern kommend weiter Richtung Neukirchen und bis nach Loshausen führt.

Knüllturm

Auf der zweithöchsten Erhebung des Knüllgebirges, dem 634 m hohen Knüllköpfchen, steht seit 1978 der 12 m hohe Knüllturm. Er bietet an klaren Tagen eine umfassende Rundsicht.

Wintersport

Bei entsprechender Schneelage stehen zwei leichte bis mittelschwere Langlaufloipen bei Schwarzenborn und um das Knüllköpfchen zur Verfügung sowie mehrere Rodelbahnen.

Veranstaltungen und Feste

Oldtimertreffen (2. Wochenende im Aug)

Hier können am Sonntag ca. 400 Oldtimerfahrzeuge vor der Kulisse der kleinen, mittelalterlichen Stadt auf dem malerischen Tanzplatz und rund um die Kulturhalle bewundert werden. Für entsprechende Atmosphäre sorgt Oldiemusik, die z. T. live dargeboten wird. Auch für die Bewirtung ist auf das Beste gesorgt.

Söhrewald

C2

(Landkreis Kassel)

Die Gemeinde liegt südöstlich von Kassel am Rand des Landkreises. Namensgebend war der bewaldete Höhenzug der Söhre. Einst wurden hier Basalt- und Braunkohlevorkommen abgebaut. Alle drei Ortsteile wurden erstmals im 13. oder 14. Jh. urkundlich erwähnt. Heute zählt die Gemeinde rund 5000 Einwohner.

www.soehrewald.de

Sehenswertes

▸ Kirche Wellerode

Der Bau steht an der Stelle einer von einer Friedhofsmauer umgebenen alten Kapelle, deren Turm teilweise in die heutige Kirche von 1901/22 integriert wurde. Erwähnenswert sind vor allem die bemalten Glasfenster.

▸ Ruine Stückkirchen

Südöstlich von Wellerode liegt die Wüstung Lobesrode. Dort findet sich seit dem 19. Jh. auch die Kirchenruine, heute ein beliebtes Wanderziel.

Museen

▸ Modellbahnmuseum Söhrewald

Dieses Privatmuseum ist das weltweit einzige mit einer Ausstellung aller Modelle der Firma Liliput, daneben umfasst die Sammlung vorbildgetreue Modellbahnen aller Erdteile und allerlei rund um die Eisenbahn. **Adresse:** Ernst-Reiner Claus, Schwarzebachweg 16, OT Wellerode, 34320 Söhrewald, 05608/4338, info@liliputmuseum.de, www.liliputbuch.de. **Öffnungszeiten:** Nach Vereinbarung.

Natur und Freizeit

▸ Wandern und Radfahren

Der Söhrewald bietet ein großes markiertes Wanderwegenetz, aber auch viele Strecken für Mountainbiker. Die alte Bahntrasse der Söhrebahn wurde für Radfahrer und Wanderer ausgebaut. Der Eco-Pfad »Bergbau in der Söhre« ermöglicht eine Zeitreise in die Bergbaugeschichte. **Weitere Infos unter** www.soehrewald.de.

▸ Baden

Waldschwimmbad Wattenbach, Poststr., OT Wattenbach, 34320 Söhrewald.

Stellbergsee

Der durch den Bergbau entstandene See von 1,4 ha wird heute gern als Naturbadesee genutzt.

▸ Reiten

Islandpferdehof Söhrewald, Schulstr. 29, OT Wellerode, 34320 Söhrewald, 05608/1428, kanngießer-spedition@web.de, www.island-pferdehof.de

Sontra

D3

(Werra-Meißner-Kreis)

Die Kleinstadt gehörte einst zu Thüringen, ist Luftkurort und liegt ganz im Süden des Landkreises im Tal des gleichnamigen Flusses. In Erinnerung an den einstigen Kupferschieferbergbau und die Zugehörigkeit zur Hanse trägt sie den Beinamen Berg- und Hansestadt. Neben der Kernstadt gehören fünfzehn ländliche Stadtteile zur Gemeinde, die rund 8000 Einwohner zählt. Sontra wurde erstmals im 8. Jh. erwähnt, das Stadtrecht erhielt die Kleinstadt 1368. Im Stadtkern gibt es noch viele denkmalgeschützte Fachwerkhäuser.

Bürgerbüro und Tourist-Information
Marktplatz 6, 36205 Sontra
05653/9777-40
05653/9777-50
Touristinfo@sontra.de
www.sontra.de

Sehenswertes

Jüdischer Friedhof
Unweit vom Heinrich-Schneider-Stadion am Quesselsberg liegt an einem Hang der alte Jüdische Friedhof mit etwa 150 alten Grabdenkmälern.

Rathaus
Das heutige Fachwerk-Rathaus wurde 1668 auf den Grundmauern des Vorgängerbaus errichtet, welches im Dreißigjährigen Krieg zerstört wurde. Im Rathaussaal wurden auch öffentliche Festlichkeiten abgehalten. Wegen Raummangel erfolgte 1868 ein schlichterer Anbau.

Ruine Boyneburg
Die Burgruine ist ein beliebtes Wanderziel und liegt östlich von Wichmannshausen hoch über der Ringgau-Hochfläche auf einer Bergkuppe. Die Burg wurde an Stelle einer frühmittelalterlichen Wallanlage erbaut und urkundlich erstmals 1107 erwähnt. Einst von strategischer Bedeutung, wurde sie im Dreißigjährigen Krieg teilweise niedergebrannt. Der letzte Vogt verließ sie 1672. Heute sind noch Reste erhalten. An jedem Himmelfahrtstag wird hier das Brotspendefest gefeiert.

Stadtkirche
Der heutige Bau der evangelischen St.-Marien-Kirche wurde 1483-93 errichtet. Die gotische Hallenkirche hat ein Haupt- und ein kürzeres Seitenschiff, und man bezog damals einen mittelalterlichen Wehrturm, der heutige Glockenturm aus dem 12. Jh., mit ein. Sie erlitt mehrfach Brandschäden und wurde immer wieder aufgebaut. Erwähnenswert ist die 1710/11 geschaffene Orgel, die als klanglich beste im weiten Umkreis gilt.

Museen

Bergbaumuseum
Im Gewölbekeller des Rathauses findet man einen Stollennachbau, dessen Eingang man im Sontraer Land gefunden hatte. Der rekonstruierte Stollen ist aus Eichenholz, das aus dem 15. Jh. stammt. Zu sehen sind ferner alte Bergbaugeräte, Beförderungsmittel, Mineralien und Fossilien.
Adresse: Marktplatz 6, 36205 Sontra, 05653/7717 (Rudi Kraft), info@kupferschieferbergbau-sontra.de, www.kupferschieferbergbau-sontra.de. **Öffnungszeiten:** Jeden ersten Sa im Monat 11–14 Uhr bzw. nach Absprache.

Steinmühlenmuseum mit Backhaus
In der noch funktionsfähigen Mühle wurde bis 1985 Mehl gemahlen. Heute kann man hier erleben, wie die Arbeit des Müllers früher vonstattenging. Im angrenzenden Backhaus besteht die Möglichkeit, im alten Steinofen Brot zu backen, und Kinder können den Brotteig selbst kneten.
Adresse: Steinmühlenweg 5, 36205 Sontra, 05653/8643. **Öffnungszeiten:** Sa 10–12 und 14.30–17 Uhr sowie nach Vereinbarung. Brotbacken nur nach Voranmeldung für max. 15 Personen.

Museum Wichmannshausen
Das aus Buntsandstein errichtete Gebäude vom Boyneburger Schloss bietet mit seinen langen Zimmerfluchten den Rahmen für das Museum. Schwerpunkt ist die Darstellung des bäuerlichen Lebens in früheren Zeiten, daneben gibt es wechselnde Sonderausstellungen. Als Museum zum Anfassen ist es

auch bei Kindern beliebt, denn hier können alte Kleidungsstücke anprobiert oder Schiefertafel und Griffel benutzt werden.
Adresse: Schlossplatz 1, OT Wichmannshausen, 36205 Sontra, www.museum-wichmannshausen.de.
Öffnungszeiten: Mai–Sep jeden So 15–17 Uhr, Advents-So 14-17 Uhr und nach Vereinbarung unter 05653/7399 (Ulrike Hahn), u.hahn@museum-wichmannshausen.de.

Natur und Freizeit

Wandern und Radfahren

Die Umgebung ist durch etliche markierte Wanderwege erschlossen, darunter ab Sontra vier ausgeschilderte Rundwege. Daneben locken noch der Vogellehrpfad und ein Waldlehrpfad. Auch führen mehrere Fernwanderwege durch das Stadtgebiet. An das Fern-Radnetz ist Sontra durch die Radwege R5, R13 und R14 angeschlossen.
Fahrradverleih:
Krawczyk Reifen- und Fahrradhandel, Freiherr-vom-Stein-Str. 28, 36205 Sontra, 05653/91235, reifenkrawczyk@t-online.de und Fahrradhandel Reimuth, In der Aue 3, OT Wichmannshausen, 36205 Sontra, 05653/527, felix.reimuth@t-online.de.

Baden

Freizeit- und Erlebnisbad, Sportpark Langhelle, Jahnstr., 36205 Sontra, 05653/914206.

Kutsch- und Planwagenfahrten

Familie Schmauch-Roglin, Kupferstr. 14, OT Hornel, 36205 Sontra, 05653/8161.

Reiten

Rettenhof, Claudia & Christian Siebald, OT Hübenthal, 36205 Sontra, 05653/917314.

Reptilienzoo

Der Zoo zeigt mehr als 150 Tiere in 70 verschiedenen Arten.
Adresse: Mühlbergstr. 12–15, 36205 Sontra, 05653/917368, info@reptilien-zoo.de, www.reptilien-zoo.de. **Öffnungszeiten:** Do–So 10–18 Uhr, Führungen um 11, 14 und 16 Uhr oder nach Vereinbarung.

Segelfliegen

Der Mittelhessische Verein für Flugsport bietet vom Flugplatz Auf dem Dornberg bei Sontra Gästen Mitflugmöglichkeiten an.
Adresse: Kressenteichweg 5, 36205 Sontra, 05653/7675 (nur bei Flugbetrieb), mail@segelflug-sontra.de, www.segelflug-sontra.de. **Flugbetrieb:** normalerweise Sa ab 14 Uhr und So ab 11 Uhr.

Veranstaltungen und Feste

Traditionell jährlich wiederkehrende Veranstaltungen

Heimat- und Schützenfest (letztes Juni-Wochenende), **Sommerfest der Kleingärtner** (Aug), **Kupferstädter Bauernmarkt** (Sep), **Martinsmarkt** (erstes Nov-Wochenende) und der **Weihnachtsmarkt** (erstes Dez-Wochenende).

Spangenberg

(Schwalm-Eder-Kreis)

Die Kleinstadt liegt im Nordosten des Kreises und grenzt im Westen an Melsungen. Sie trägt den Beinamen Liebenbachstadt. Dieser steht in Verbindung mit einer Sage, die auch von den Brüdern Grimm aufgegriffen wurde. Urkundlich wurde Spangenberg erstmals 1261 erwähnt, 1309 wurden die Stadtrechte verliehen. Wahrzeichen von Spangenberg ist das hoch über der Stadt gelegene

Schloss. Neben der Kernstadt gehören zwölf weitere Ortsteile zu Spangenberg, das rund 6200 Einwohner zählt.

MIT Spangenberg GmbH
Tourist- und Stadtinformation
Rathausstr. 7, 34286 Spangenberg
05663/5090-40/41
05663/5090-43
service-center@spangenberg.de
www.spangenberg.de

Sehenswertes

Altstadt
Der mittelalterliche Fachwerk-Stadtkern innerhalb der Stadtmauer ist fast vollständig erhalten. Mit verwinkelten Gassen und romantischen Ecken fühlt man sich in vergangene Zeiten zurückversetzt. Den Marktplatz säumen besonders schöne Ackerbürgerhäuser, dort steht das älteste Haus der Stadt, vermutlich aus dem 14. Jh.

Eulenturm und Stadtmauer
Zur Stadtmauer, von der noch Reste erhalten sind, gehörten einst neun Wehrtürme, von denen der Eulenturm und zwei weitere erhalten sind. Der Eulenturm kann besichtigt werden und bietet eine herrliche Rundsicht über die Stadt (Schlüssel in Tourist- und Stadtinformation).

Eulenturm

Hospital und St.-Elisabeth-Kirche
Außerhalb der Altstadt gelegen, wurde das Hospital 1338 gegründet und ist als einzigartige mittelalterliche Wohlfahrtseinrichtung noch heute erhalten. Die Kirche ist ein einschiffiger, gotischer Bau.

Der Marktbrunnen mit dem Denkmal von Else und Kuno

Marktbrunnen
Auf dem Marktplatz liegt das 1902 gestiftete Liebenbachdenkmal mit Marktbrunnen. Das Denkmal zeigt die Liebenden Kuno und Else. Der Sage nach durften die Bürgermeistertochter Else und der Handwerker Kuno erst heiraten, wenn sie eine Wasserleitung von den Liebenbachquellen in die Stadt gelegt hätten. Nach Erfüllung der Aufgabe fielen sie sich erschöpft in die Arme und starben.

Schloss
Auf einem Berg oberhalb der Stadt liegt das Schloss Spangenberg, das einen herrlichen Ausblick über die Stadt

bietet. Erbaut wurde es 1235. Über Jahrhunderte wurde es von den Landgrafen von Hessen als Jagdschloss genutzt, 1945 in Brand geschossen und nach dem Zweiten Weltkrieg wieder aufgebaut. Heute befinden sich hier ein Hotel und Restaurant sowie das Jagd- und Schlossmuseum. Der Rittersaal wird für kulturelle Veranstaltungen genutzt, für Hochzeiten auf dem Schloss steht ein Trauzimmer zur Verfügung.

▸ Stadtkirche

Die evangelische Stadtkirche St. Johannes wurde zwischen dem 13. und 15. Jh. im romanisch-gotischen Stil erbaut. Aus dem Inneren sind die spätgotische Pieta und die Orgel aus dem 18. Jh. erwähnenswert. Die älteste der vier Glocken stammt aus dem Jahr 1386.

Museen

▸ Heimatmuseum

Das Museum befindet sich am ehemaligen Burgsitz, dem Wohnsitz von Margarethe von der Saale, einer Nebenfrau von Landgraf Philipp dem Großmütigen. Die Ausstellung gibt einen Einblick in die Lebens- und Arbeitswelt der vergangenen Jahrhunderte. **Adresse:** Burgsitz 2–3 (Brauhausplatz), 34286 Spangenberg, ✆ 05663/509040 (MIT Spangenberg GmbH). **Öffnungszeiten:** Mai–Okt, jeden ersten So im Monat 14–17 Uhr.

▸ Jagd- und Schlossmuseum

Das Museum im ehemaligen, 1983 wieder aufgebauten Zeughaus des Schlosses zeigt in drei Räumen historische und zeitgenössische Jagdarten, Jagdmalerei, eine Trophäensammlung und stellt die Schlossgeschichte bis zum 19. Jh. und der Preußischen Forstschule vor.
Adresse: Schloss Spangenberg, 34286 Spangenberg, ✆ 05663/509040 (MIT Spangenberg GmbH). **Öffnungszeiten:** Mai–Okt Sa und So 14–17 Uhr, für Gruppen auch nach Vereinbarung.

Natur und Freizeit

▸ Wandern und Radfahren

Die ausgedehnte waldreiche Mittelgebirgslandschaft zeichnet sich durch gut markierte Wege aus. Von Spangenberg erschließen neun Rundwanderwege die Umgebung, sieben weitere verbinden Ortsteile im Landetal. Auch berühren etliche Fernwanderwege die Gemeinde. Durch die Lage am Radweg R12 (Chattengau-Fulda-Weg) gelangt man gut ins Fuldatal mit weiteren Tourenmöglichkeiten, z. B. der Fernradweg R1 (Fuldatal-Radweg). Besondere Attraktion ist der Kunstwanderweg ARS NATURA.

▸ Vockeröder Heide

Ein beliebtes Wanderziel und Aussichtspunkt ist die Vockeröder Heide oberhalb des gleichnamigen Stadtteils. In diesem Naturschutzgebiet finden sich zahlreiche botanische Raritäten, ebenso seltene Schmetterlinge oder Libellen.

▸ Baden

Liebenbachbad
Sport- und Freizeitzentrum, Jahnstr. 25, 34286 Spangenberg, ✆ 05663/931579.
PreMedical-Active Resort
Erlebnis-Hallenbad mit Saunabereich und diversen Gesundheitsangeboten.
Adresse: Frühmessergasse 9, 34286 Spangenberg, ✆ 05663/939939-0, 🌐 www.premedical-active.de. **Öffnungszeiten:** Mo 15–22 Uhr (Damensauna), Di–Fr 9–22 Uhr, So 10–20 Uhr, feiertags geschlossen.

▸ Reiten

Reitsportverein Teichmühle, oder **Reit- und Fahrverein Spangenberg,** ✆ 05653/509040 (MIT Spangenberg GmbH).

Veranstaltungen und Feste

▸ Wichtigste jährliche Veranstaltungen
Spangenberger Musiksommer (Mai–Okt), **Internationales Reitturnier CSI** (Jul), **Kirmes** (Sep) und **Adventsmarkt** (1. Advents-So).

Trendelburg

C1

(Landkreis Kassel)

Das beschauliche Fachwerkstädtchen Trendelburg überragt weithin sichtbar mit der auf einem Felsen im 13. Jh. erbauten Burg Trendelburg das idyllische Diemeltal. Es liegt im Nordwesten des Landkreises an der Grenze zu Nordrhein-Westfalen. Stadtrechte bestehen seit 1472. Neben der Kernstadt gehören sieben weitere Stadtteile zu Trendelburg mit rund 5300 Einwohnern.

Tourist Information
Am Brunnen 6, 34388 Trendelburg
05675/7499-18
05675/7499-30
verkehrsamt@trendelburg.de
www.trendelburg.de

Sehenswertes

▸ Altstadt
Die Altstadt, die teilweise von der Stadtmauer umgeben ist, liegt auf dem Burgberg. Sehenswert sind das Rathaus mit gotischem Tor, daneben die historische Stadtkirche mit mittelalterlichen Fresken und Grabplatten der Ritter von Stockhausen und die Fachwerkhäuser.

▸ Burg Trendelburg
Die Burg aus dem 13. Jh. thront auf einem 50 m hohen Sandsteinfelsen und wurde im 15. Jh. erneuert. Während die Burg heute als Hotel genutzt wird, ist der Burghof frei zugänglich. Der Turm bietet eine weite Aussicht, und die Burgkapelle ist für Trauungen beliebt. Vom Turm soll angeblich Rapunzel ihr Haar hinabgelassen haben.

Der Turm der Trendelburg

▸ Evangelische Pfarrkirche
Die ehemalige St. Marien-Kirche stammt aus dem 14. Jh., brannte aber 1443 ab und wurde danach als Hallenkirche dreischiffig und größer wieder aufgebaut. Schätze im Inneren sind die Kanzel, das geschnitzte Chorgestühl, die wertvollen Fresken und das farbenprächtige Chorfenster.

▸ Rathaus
Der malerische Fachwerkbau aus dem 15. Jh. wird auch heute noch von einem Teil der Stadtverwaltung genutzt. Beachtenswert ist die Sonnenuhr links oben von 1582 und die am rechten Türpfosten angekettete Trendelburger Elle.

Das Trendelburger Rathaus

▸ Ritualbad Mikwe
Zufällig 2001 entdeckt, kann man das kleine Badehaus zu Öffnungszeiten der Tourist Information besichtigen. Das quadratische Becken mit drei Stufen wurde durch Regen- oder Quellwasser gespeist und vermutlich nach einem Großbrand in der Stadt 1866 aufgegeben.

▸ Siechenkirche
Von dem zwischen Trendelburg und Sielen gelegenen Dorf ist nur noch der spätromanische rechteckige Wehrturm erhalten. Er gehörte zu einer Stiftung für Arme und Kranke, die in der Kirche vom 16. bis 18. Jh. untergebracht waren.

▸ Wallfahrtskirche Gottsbüren
Im OT Gottsbüren liegt diese imposante Hallenkirche aus dem 14. Jh., die auf eine mittelalterliche Wallfahrt zurückgeht. Sie besitzt eine bedeutende Orgel (um 1755) und sehenswerte spätgotische Wandmalereien.

▸ Wasserschloss Wülmersen
Das ehemalige Rittergut wurde erstmals 1108 erwähnt und Jahrhunderte landwirtschaftlich genutzt. Die heutigen Gebäude entstanden überwiegend zwischen dem 14. und 18. Jh. Prägend für die Silhouette ist der sechseckige Glockenturm von 1610 mit einem rekonstruierten Fachwerkaufbau.

Museen

▸ E-ON live Museum Wülmersen
Das Laufwasserkraftwerk war von 1924–1985 in Betrieb. Heute kann man die alte Technik sowie elektrische Geräte aus unterschiedlichen Zeiten bewundern.
Adresse: OT Wülmersen, 34388 Trendelburg.
Öffnungszeiten: Mai–Okt Mi 9-12 Uhr.

▸ Heimatmuseum, Infozentrum Wasser und alte Schleuse
Eine landgräfliche Diemelmühle wurde bereits 1455 erwähnt und versorgte die Stadt mit Trinkwasser. Das sanierte Gebäude ist heute Sitz eines Heimatmuseums sowie eines Informationszentrums zum Thema Wasser. Benachbart liegt die alte Schleuse des Landgraf-Carl-Kanals, der nie vollendet wurde.
Adresse: Zur alten Mühle 10, 34388 Trendelburg, ☏ 05675/720396 (Walter Geringswald), ✉ kontakt@heimatverein-trendelburg.de, 🌐 www.heimatverein-trendelburg.de. **Öffnungszeiten:** April–Okt Sa und So jeweils nachmittags, Nov–März nach Vereinbarung.

▸ Landmuseum Wülmersen
Das Museum in einer Scheune des Wasserschlosses Wülmersen zeigt Ausstellungen zur ländlichen Lebens- und Arbeitswelt. In der benachbarten Neuen Scheune von 1912 befindet sich eine agrarhistorische Sammlung, die nur mit Führung besichtigt werden kann.
Adresse: Wasserschloss Wülmersen, 34388 Trendelburg, ☏ 05675/7210348 (Dorothea Fellinger), ✉ d.fellinger@wasserschloss-wuelmersen.de, 🌐 www.was-

serschloss-wuelmersen.de. **Öffnungszeiten:** Mai–Okt Di–Fr 10–18 Uhr, Sa 14–17 Uhr und So 11–18 Uhr.

Natur und Freizeit

▸ Wandern und Radfahren
Entlang der Diemel und in Tälern und Bergen des Reinhardswaldes verlaufen die Fernwanderwege Märchenlandweg M, der Reinhardswald-Westweg H sowie der Rundweg Natur-Fluss N. Trendelburg liegt am Diemelradweg, außerdem am Hessischen Fernradweg R4.
Fahrrad- und Mountainbikeverleih: Hofgut Stammen, Schlossstr. 29, 34388 Trendelburg, ☏ 05675/725094, ✉ info@hofgut.de, 🌐 www.hofgut.de.

▸ Naturdenkmal Nasser Wolkenbruch
Der Nasse Wolkenbruch zwischen Trendelburg und Friedrichsfeld ist ein rund 47 m tiefer Krater mit See und einem Umfang von 470 m, der durch Einsturz unterirdischer Hohlräume entstand. Einer Sage nach starb die Riesin Trendula beim Einsturz durch einen Blitzschlag, sie erscheint alle sieben Jahre am See, um gerettet zu werden.

▸ Baden
Beheiztes Freibad Trendelburg, Zur Abgunst 28, 34388 Trendelburg, ☏ 05675/808.

▸ Kanufahren
Kanutouren bieten Hofgut Stammen (siehe oben) und Kanu-Schumacher, Domäne 6, 34388 Trendelburg, ☏ 05675/725905, ✉ info@kanu-schumacher.de, 🌐 www.kanu-schumacher.de.

▸ Kutsch- und Planwagenfahrten
Siegfried Hoyer, Exen 5, ☏ 05675/5031.

▸ Reiten
Oldenburger Zuchtstall, Hans-Georg Lecke, Zur Abgunst 8, 34388 Trendelburg, ☏ 05675/725146, ✉ info@oldenburger-zuchtstall.de, 🌐 www.oldenburger-zuchtstall.de
Pinto- und Kamelgestüt, Stefan Rosenberger, im Faulen Hohl 1, OT Sielen, 34388 Trendelburg, ☏ 05675/9771, 🌐 http://kamelgestuet-trendelburg.de.
Rancho Paradiso, Westernreiten, Uwe Apel, Bensdorf 1, OT Gottsbüren, 34388 Trendelburg, ☏ 0172/5606288, ✉ info@rancho-paradiso.com, 🌐 www.rancho-paradiso.com.

▸ Fliegen
Am Motorsportflugplatz Hölleberg bestehen nach Absprache Mitflugmöglichkeiten.
Informationen: Luftsportverein Hölleberg, Buchenweg 16, 34388 Trendelburg, ☏ 05675/454, ✉ info@edvl.de, 🌐 www.edvl.de.

Veranstaltungen und Feste

In der Kulturhalle finden regelmäßig Veranstaltungen statt, daneben gibt es die Schützenfeste in Deisel und Langenthal, Heimatfeste sowie das Brauchtumsfest Gottsbüren.
Informationen: Kulturgemeinschaft Trendelburg, Franz-Josef Meermeier, Am Schaarbusch 7, 34388 Trendelburg, ✉ fjm.trendelburg@freenet.de, 🌐 www.kulturgemeinschaft-trendelburg.de.

Twistetal

B2

(Landkreis Waldeck-Frankenberg)

Die Gemeinde liegt rund 6 km südwestlich von Bad Arolsen und besteht aus sieben Ortsteilen mit rund 4500 Einwohnern. In den ruhigen Dörfern findet man noch etliche gepflegte Fachwerkhäuser und einige restaurierte kleinere Wassermühlen.

🌐 **www.twistetal.de**

Sehenswertes

▸ Kirche Berndorf
Auf einer Anhöhe am Nordrand des Dorfes gelegen, zählt sie zu den ältesten Kirchen im Waldecker Raum. Die dreischiffige romanische Pfeiler-Basilika mit quadratischem Westturm stammt vom Anfang des 12. Jhs. Sehenswert ist im Inneren ein hölzernes Taufbecken vom 1579.

▸ Kirche Nieder-Waroldern
Im Inneren der Dorfkirche befindet sich ein kunstvoller Flügelaltar. Dieser war einst in der Klosterkirche Korbach und wurde 1519 von einem Korbacher Franziskaner gemalt.

Natur und Freizeit

▸ Wandern und Radfahren
Die umliegende Hügellandschaft wird von einigen markierten Wanderwegen durchzogen. Beim OT Mühlhausen existiert außerdem ein Waldlehrpfad. Die Gemeinde wird von den Hessenwegen 4 und 6 berührt.
Für Radfahrer verläuft durch Twistetal der Fernradweg R6.

▸ Baden
Freibad Berndorf, Erlengrund, OT Berndorf, 34477 Twistetal, ✆ 05631/62709.
Freibad Twiste, Am Schwimmbad, OT Twiste, 34477 Twistetal, ✆ 05695/1661.

Veranstaltungen und Feste

Weithin bekannt ist die **Freilichtbühne Twiste.** Zwischen Juni und Aug wird hier Mi, Sa und So je ein Stück für Erwachsene und Kinder aufgeführt, das immer viele Besucher anzieht.
Adresse: Waldstr., OT Twiste, 34477 Twistetal, Postanschrift: Im Bangern 4, OT Twiste, 34477 Twistetal, ✆ 05695/8135, ✉ info@freilichtbuehne-twiste.de, 🌐 www.freilichtbuehne-twiste.de.

Vellmar

C2

(Landkreis Kassel)

Die bereits im Jahre 775 erstmals erwähnte Kleinstadt grenzt im Süden direkt an Kassel an. In den drei Stadtteilen leben heute 18 200 Menschen. Vellmar ist die jüngste Stadt im Landkreis.

🌐 **www.vellmar.de**

Sehenswertes

▸ Kirche Frommershausen
Die evangelische Kirche ist schätzungsweise 850 Jahre alt und anfangs spätgotisch errichtet worden. Aus der Zeit um 1252 dürfte das Tabernakel an der Ostseite im Inneren stammen. Die Orgel wurde 1756–69 erbaut. Der charakteristische Turm steht auf der Nordseite und hat 115 cm starke Mauern.

▸ Kirche Obervellmar
Die Pfarrkirche mit einem Westturm wurde an der Stelle eines Vorgängerbaus im spätgotischen Stil errichtet. Die Glocken im Turm sind die ältesten im Landkreis und stammen von 1400 bzw. 1440. Das 1616 erneuerte Kirchenschiff wurde 1824 in klassizistischer Form erweitert. Die Orgel im Inneren geht auf 1773 zurück.

Museen

▸ Heimatmuseum Obervellmar
Der Geschichtsverein Vellmar zeigt im 1790 erbauten Bauernhof Heise eine volkskundliche Sammlung mit vielen interessanten Exponaten.
Adresse: Alte Hauptstr. 22, OT Obervellmar,

34246 Vellmar, Führungen auf Anfrage 0561/823985 (Karl-Heinz Gauder), geschichtskreis@vguenther-online.de, www.geschichtskreis-vellmar.de. **Öffnungszeiten:** April–Sep jeden zweiten und vierten So im Monat 14–18 Uhr, Okt–März jeden zweiten So im Monat 14–18 Uhr.

Natur und Freizeit

▸ Wandern und Radfahren
Eine Teilstrecke des Märchenlandweges verläuft auf schöner Route durch die Stadt. Radfahrer finden zahlreiche ausgeschilderte Radrouten, und auch der Reinhardswaldradweg führt durch Vellmar.

▸ Ahnepark mit Miniatureisenbahn
Der westlich des neuen Stadtzentrums gelegene Park umfasst einen reichen Baumbestand, Blumenlandschaften sowie große Wasserflächen und eine Vielzahl sportlicher und kultureller Einrichtungen. Daneben stehen vielerorts kunstvoll gestaltete Plastiken. Für Kinder verkehrt zwischen April und Okt an den meisten So die Ahneparkbahn, eine Miniaturbahn mit kleiner Dampflok, Verkehrszeiten 14–18 Uhr, im Okt 13.30–17.30 Uhr.

▸ Baden
Freibad Obervellmar, Heckershäuser Str. 3, OT Obervellmar, 34246 Vellmar, 0561/8200648.
Hallenbad Vellmar
Neben dem Hallenbad gibt es eine Sauna mit angeschlossener Massagepraxis und Wellnessangeboten.
Adresse: Brüder-Grimm-Str. 11, 34246 Vellmar, 0561/8200656.

▸ Reiten
Reit- und Fahrverein Ahnatal-Vellmar, Bachstr. 12, 34246 Vellmar, 0561/827343, info@rv-vellmar.de, www.rv-vellmar.de.
Ullmann's Hof, Thomas Trümper, Hainbachweg 1, 34246 Vellmar, 0561/822648, info@ullmanns-hof.de, www.ullmanns-hof.de.

Veranstaltungen und Feste

▸ Kleinkunstbühne Piazza
Breites Programm mit Comedy, Kabarett sowie Musik an mehr als 100 Tagen pro Jahr. **Adresse:** Am Festplatz, Brüder-Grimm-Str., 34246 Vellmar, 0561/8617893, piazza@vellmar.de.
Weitere Höhepunkte sind das Zeltfestival »Sommer im Park« (zehn Tage Ende Mai/Anfang Juni) und das Parkfest (Juni).

Vöhl

B2

(Landkreis Waldeck-Frankenberg)

Die Großgemeinde Vöhl liegt im Herzen des Landkreises im Nordwest-Teil des Naturparks Kellerwald-Edersee sowie am Rande des Nationalparks Kellerwald-Edersee und umschließt den gesamten westlichen Teil des Eder-Stausees. Sie zählt 15 meist kleine Ortsteile mit etwas weniger als 6000 Einwohnern. Größtenteils erstreckt sich die heutige Gemeinde auf dem Gebiet der alten »Herrschaft Itter« aus dem Hochmittelalter. Der gleichnamige Hauptort wurde urkundlich erstmals 1144 genannt, doch wird er schon früher bestanden haben.

Edersee Touristic – Geschäftsstelle Vöhl
Schlossstr. 1 (Gemeindeverwaltung),
34516 Vöhl
05635/9931-34
05635/9931-99
touristinfo@voehl.de
www.edersee.com
www.voehl.de

Sehenswertes

▸ Asel mit Asel Süd
Das 1297 erstmals erwähnte Asel musste durch den Bau der Edertalsperre 1914 auf die angrenzenden Höhen verlegt werden. Nach der Flutung wurde Asel Süd, das frühere Gut Asel, abgetrennt. Heute können Fußgänger und Radfahrer bei Niedrigwasser die alte, 1887 erbaute Brücke über die Eder benutzen. Sonst bringt eine kleine Fähre die Besucher über den Edersee.

▸ Burg Hessenstein Ederbringhausen
Die Burg wurde im 14. Jh. als Ersatz für die nahegelegene zerstörte Keseburg erbaut und dient jetzt als Jugendburg. Die Fassaden des Hauptgebäudes und des Torhauses erinnern noch immer an das Mittelalter.

▸ Bergkirche Thalitter
An der Stelle der 1350 erbauten Bartholomäuskapelle, errichtet 1715/16 von den Herren von Itter, erinnert die Bergkirche Thalitter an den früheren Kupferbergbau. Sie steht am Berghang an der Straße nach Obernberg.

▸ Burgruine Itterburg Thalitter
Die Itterburg wurde 1126 erstmals urkundlich erwähnt und stand ursprünglich im Eigentum der Herren von Itter. Die heutigen Reste, Teile des Palas und Mauern des Zwingers, liegen gegenüber der Bergkirche.

▸ Hessisches Forstamt
Das Gebäude gehörte einst zum ersten Vöhler Schloss, wurde um 1386 erbaut und diente als Wirtschaftsgebäude.

▸ Kirche Obernburg
Die Kirche wurde im romanischen Stil ursprünglich vor 1200 errichtet und zwar mit einem Wehrturm und einem quadratischen Chor. Nachdem das Gewölbe vom rechteckigen Kirchenschiff im Dreißigjährigen Krieg zerstört wurde, ersetzte man es 1661 durch eine Holzkonstruktion. Erwähnenswert sind Eingangstür, Kruzifix, Empore, die Barockorgel und fünf stehende Grabplatten.

▸ Martinskirche Vöhl
Die evangelische Kirche hatte Vorgängerbauten, steht auf der Kuppe des Schulbergs und bildet das Zentrum des alten Ortskernes. Der romanische Torbogen und die Grundmauern des Chorraums weisen darauf hin, dass der erste Kirchenbau wohl im 12. Jh. errichtet wurde. Der heutige Kirchturm stammt von 1769, das Kirchenschiff von 1843.

▸ Rathaus
Das Rathaus wurde in den 40er Jahren des 19. Jhs. aus Steinen des alten Schlosses erbaut und diente zunächst als Amtsgericht.

Blick auf Asel Süd mit Brücke Ederstausee

Steinhaus
Das Gebäude (Henkelstr. 6a) wurde um 1845 auch aus Steinen des früheren Schlosses erbaut, allerdings zunächst als Stall. Später wurde es liebevoll restauriert und dient heute als Trausaal.

Synagoge
Das Fachwerkhaus in der Mittelgasse 9 vermittelt nicht den Eindruck, dass hier einst eine Synagoge bestand. Erbaut 1827, diente der Bau zunächst als Schule und dann von 1829 bis 1936 als Synagoge. Heute wird das Gebäude für Veranstaltungen zu jüdischen Themen genutzt. Nach Vereinbarung kann es auch besichtigt werden.
Kontakt: Förderkreis Synagoge in Vöhl, 05635/336 (Kurt-Willi Julius), julius@synagoge-voehl.de, www.synagoge-voehl.de.

Natur und Freizeit

Wandern
Von den Ortsteilen erschließen über vierzig Rundwege die nähere Umgebung. Zu den berühmten Rundwegen zählen der »Urwaldsteig« (Deutschlands schönster Wanderweg 2010) und der »Kellerwaldsteig«. Nordic-Walking-Freunde finden ab Asel, Herzhausen und Oberorke insgesamt 13 Strecken unterschiedlicher Länge und Anforderung.

Radfahren
50 km lang ist der Ederseerundweg (ER), von dem ein Großteil seiner Strecke am Ufer entlangführt. Andere Fernradwege, die Vöhl berühren, sind der R5 (Eder-Fulda-Weg), der Ederauenradweg (EA) oder die Seen-Tour (S).
Fahrradverleih: Camping- und Ferienpark Teichmann, Zum Träumen 1A, OT Herzhausen, 34516 Vöhl, 05635/245, info@camping-teichmann.de, www.camping-teichmann.de.

Hutewald Basdorf
Früher wurden die Schweine im Herbst in die Hutewälder getrieben. Diese alte Waldnutzung lebt bei Basdorf wieder auf. In einem etwa 7 ha großen Eichenbestand leben jetzt wieder selten gewordene Hausschweinrassen und können dort beobachtet werden.
www.hutewald-basdorf.de, info@hutewald-basdorf.de.

Maislabyrinth Basdorf
Das natürlich gewachsene Maislabyrinth ist ein lehrreicher Freizeitspaß, ergänzt durch Rahmenprogramme und Sonderveranstaltungen. Daneben lockt ein Mini-Abenteuerland für Kinder.
Adresse: Brunnenstr. 10, OT Basdorf, 34516 Vöhl, 05635/596, info@maislabyrinth-edersee.de, www.maislabyrinth-edersee.de. **Öffnungszeiten:** Juli und Aug täglich 11–19 Uhr (Sa und So bis 20 Uhr), Sep Di–Fr 14–18 Uhr sowie Sa und So 12–18 Uhr oder nach Absprache.

Schlosspark Vöhl
Vom einstigen Ende des 14. Jhs. erbauten Schloss ist heute außer dem Schlosspark, Resten der Schlossmauer mit Türmchen, einem Wappenstein und einem historischen Brunnen nichts mehr erhalten. Der Schlosspark wird aber gern für Open-Air-Veranstaltungen genutzt.

NationalparkZentrum Kellerwald
Fantasievoll inszeniert und mit High Tech werden hier außergewöhnliche Einblicke in die Wildnis des Nationalparks Kellerwald-Edersee möglich. Ergänzt wird alles durch Sonderausstellungen und Einzelveranstaltungen.
Adresse: Weg zur Wildnis 1, OT Herzhausen, 34516 Vöhl, 05635/992781, info@NationalparkZentrum-Kellerwald.de, www.NationalparkZentrum-Kellerwald.de.

Nationalpark Kellerwald-Edersee

Der Nationalpark liegt südlich des Edersees inmitten des Naturparks Kellerwald-Edersee (s. u. Bad Wildungen) und umfasst ein noch stärker geschütztes Gebiet von 57 qkm, das unbewohnt ist und einen der letzten naturnahen Rotbuchenwald-Bestände Mitteleuropas schützt. Man findet hier aber auch 200 ha ehemalige Hutewälder, daneben viele seltene Farn- und Blütenpflanzen, Flechten und Großpilzarten. Auch die Tierwelt ist artenreich mit Rothirsch, Reh und Schwarzwild, Mufflon, Damwild, ferner Fuchs, Dachs, Marder, Iltis, Hermelin, Mauswiesel usw. vertreten. Außerdem leben hier viele Fledermausarten, Brutvögel und Käfer. Im Nationalpark wird die Natur noch sich selbst überlassen, umgestürzte Bäume werden nicht von den Wanderwegen geräumt und müssen umgangen oder überklettert werden!
www.nationalpark-kellerwald-edersee.de

Öffnungszeiten: April–Okt täglich 9–19 Uhr, Nov–März Di–So 10–16.30 Uhr.

▸ **Baden**

Badestellen Edersee
Der Edersee gilt als eines der saubersten Binnengewässer Deutschlands. Einen Badestrand unterhält der Campingplatz Asel Süd.
Adresse: Asel Süd 1, OT Asel, 34516 Vöhl, 05635/608, info@camping-asel-sued.de, www.camping-asel-sued.de.

Badesee des Camping- und Ferienparks Teichmann
Der 6 ha große Badesee bietet Freibad, umliegende Wiesen und diverse Sportmöglichkeiten, s. u. Radfahren.

Henkel-Erlebnisbad Vöhl
Das Freibad verfügt über Erlebnisbereiche und eine Saunalandschaft.
Adresse: Schlossstr., 34516 Vöhl, 05635/370.

Freibad Marienhagen, Am Hagen 8, OT Marienhagen, 34516 Vöhl, 05635/993380.

Orkeland SPA
Die exklusive Felsentherme bietet Schwimmen, Saunieren, Relaxen, drinnen wie draußen auf 2700 qm sowie eine Vielzahl von Wellness-Anwendungen und Beautybehandlungen.
Adresse: Sport- und Wellnesshotel Freund, Sauerlandstr. 6, OT Oberorke, 34516 Vöhl,

Drachenbootrennen auf dem Edersee (Herzhausen)

06454/709-0, info@hotelfreund.de, www.hotelfreund.de.

Bootsverleih
Camping- und Ferienpark Teichmann, s. u. Radfahren sowie Campingplatz Asel Süd, s. u. Baden.

Fähre Asel–Asel Süd
Das Fährboot kann 11 Personen mit Fahrrädern transportieren und verkehrt nur bei Hochwasser von 9–17 Uhr, im Sommer evtl. länger. Fährmann 05635/993652.

Kutsch- und Planwagenfahrten
Bauernhof Schneider, Dorfstr. 11, OT Harbshausen, 34516 Vöhl, 05635/1288.
Ferienhof Stracke, Arolser Str. 11, 34516 Vöhl, 05635/275, info@ferienhof-stracke.de, www.ferienhof-stracke.de.
Hotel Freund Oberorke, s. u. Baden.
Wilfried Schmal, Nordstr. 6, 34516 Vöhl, 05635/1288.

Reiten
Hotel Freund Oberorke, s. u. Baden.
Maislabyrinth Basdorf, siehe dort.
TD Westerntraining, Tanja Dübbert, Nordstr. 10, 34516 Vöhl, 05635/99293-88, tanja@td-westerntraining.de, www.td-westerntraining.de.

Schiffsfahrten
Siehe unter Waldeck.

Veranstaltungen und Feste

Drachenbootrennen Herzhausen (Ende Mai)
Die Nordhessischen Meisterschaften ziehen jedes Jahr mehrere Tausend Besucher an und finden vor Herzhausen auf dem Edersee statt. Die Drachenboote mit 12,5 m Länge und 20 Paddlern werden von einem Trommler angetrieben.

Henkelhalle
Das frühere Henkelhaus (Schlossstr. 10) wird für Veranstaltungen, Sitzungen und Konferenzen genutzt.

Volkmarsen

B2

(Landkreis Waldeck-Frankenberg)

Die Kleinstadt im Waldecker Land liegt im Nordosten des Landkreises und grenzt im Norden bereits an Nordrhein-Westfalen. Sie wurde erstmals 1155 erwähnt und zählt heute fünf Stadtteile mit etwas über 6800 Einwohnern. Ihr Wahrzeichen ist die Kugelsburg, die über ihr thront. Bekannt ist die Stadt auch für ihre Heilquelle Sauerbrunnen.

www.volkmarsen.de

Sehenswertes

Katholische Kirche St. Marien
Die frühgotische dreischiffige Hallenkirche mit Rechteckchor, einem mächtigen Westturm und reichlich verziertem Südportal wurde vermutlich ab 1260 erbaut. An der Nordseite des Turms wurde im 16. Jh. die Marienkapelle angebaut. Im Dreißigjährigen Krieg brannte die Kirche vollständig aus und wurde 1669 wieder aufgebaut.

Kugelsburg
Die Burg thront über dem Erpetal sowie der Stadt und liegt östlich der Kernstadt auf der Westkuppe des Kugelsbergs. Um 1200 erbaut und urkundlich erstmals 1225 erwähnt, erlebte sie viele Besitzer und wurde im Siebenjährigen Krieg teilweise zerstört. Danach verfiel die Burg. Die heutigen Reste sind ein beliebtes Ausflugs- und Wanderziel mit Gaststätte und Falknerei. Die Aussichts-

plattform des Turms bietet eine weite Sicht über die Umgebung.

Die katholische Pfarrkirche St. Marien

▸ Rathaus
Der zweigeschossige Steinbau wurde erstmals 1327 erwähnt und hat einen Turm über der Freitreppe.

▸ Steinwerk
Aus dem frühen 14. Jh. stammt das Steinwerk (Pfortenstr. 17). Es wurde als Speicherbau und Zufluchtsstätte für Adelige und Patrizier genutzt. Heute finden hier Seminare und Veranstaltungen statt.

▸ Wittmarkapelle
Die heutige einschiffige Kirche zwischen Volkmarsen und Weida wurde um 930 erbaut, hatte aber vermutlich einen dreischiffigen Vorgängerbau und ist an Christi Himmelfahrt das Ziel einer feierlichen Prozession.

Museen

▸ Heimat- und Landwirtschaftliches Museum
Gezeigt werden Ausgrabungsfunde der Kugelsburg, heimat- und landwirtschaftliche Ausstellungsstücke.
Adresse: Kasseler Str. 6, 34471 Volkmarsen, ✆ 05693/1078 (Helmut Lilienthal). **Öffnungszeiten:** Mai–Sep jeden ersten So im Monat 14-17 Uhr oder nach Vereinbarung.

▸ Geschichtswerkstatt des Vereins Rückblende Gegen das Vergessen e.V.
Ausstellung über das deutsch-jüdische Leben in unserer Region im Laufe der Jahrhunderte.
Adresse und Öffnungszeiten: siehe unter Heimat- und Landwirtschaftliches Museum. ✆ 05693/469 (Ernst Klein).

Natur und Freizeit

▸ Wandern und Radfahren
Die Umgebung ist durch verschiedene markierte Wanderwege erschlossen. Beliebtes Ziel ist die Kugelsburg. Daneben locken u. a. ein Waldlehrpfad und der Scheidrundweg. Auch der Hessenweg 6 führt über Volkmarsen. Radfahrer finden ebenfalls etliche ausgeschilderte Radwege oder Nebenstraßen. Der Radweg 51 verbindet Volkmarsen mit Warburg.

▸ Freizeitanlage Am Sauerbrunnen
Zur Freizeitanlage an der Straße nach Ehringen gehören ein Brunnenhaus, in dem das heilende Mineralwasser abgegeben wird, ferner eine Grünanlage mit Wassertretbecken, Minigolfanlage und Abenteuerspielplatz.
Kontakt: Kur- und Verkehrsverein Volkmarsen, Michaeliweg 1, 34471 Volkmarsen, ✆ 05693/352. **Öffnungszeiten des Brunnenhauses:** April–Okt täglich 10–18 Uhr, Nov–Mrz täglich 10–16 Uhr.

▸ Hollenkammer
Die Hollenkammer liegt südlich von Lütersheim an der Ostflanke des Wattertals. Das Naturdenkmal ist eine kleine Sandstein-Felshöhle, die natürlich entstanden ist und heute der Lebensraum von Fledermäusen.

▸ Baden
Burgschwimmbad Volkmarsen, Kasseler Str., 34471 Volkmarsen, ✆ 05693/990834 (Info Stadt) bzw. ✆ 05693/294 (Kiosk).
Freibad Ehringen, Niederelsunger Str., OT Ehringen, 34471 Volkmarsen, ✆ 0162/4562320.

▸ Falknerei Kugelsburg
Die Falknerei ist über einen kleinen Lehrpfad zu erreichen.
Vorführungen: Frühjahr–Herbst, erstes bis drittes Wochenende Sa um 15 Uhr und So um 11 sowie 15 Uhr, weitere Informationen unter ✆ 05647/946300.

▸ Kutsch- und Planwagenfahrten
Hugo Rauch, Pfortenstr. 25, 34471 Volkmarsen, ✆ 05693/344.

▸ Reiten
Reit- und Fahrverein Volkmarsen, Postfach 1165, 34467 Volkmarsen, ✆ 05606/534677 (Ludwig Rippert).

Veranstaltungen und Feste

▸ Nordhessenhalle Volkmarsen
Größere kulturelle Veranstaltungen finden in dieser Halle statt.
Adresse: Schulstr. 11, 34471 Volkmarsen, ✆ 05693/687-412, ✉ nordhessenhalle@volkmarsen.de, 🌐 www.nordhessenhalle.de.

▸ Wichtige Ereignisse im Laufe des Jahres
Karneval mit großer Prunk- und Fremdensitzung und Rosenmontagsumzug (Feb) und das **Stadtfest** (Sep).

Wabern

C3

(Schwalm-Eder-Kreis)

Die Großgemeinde liegt in der Niederhessischen Senke, der Flussebene von Eder und Schwalm. Wirtschaftlich bedeutend für den Markt ist die Industrieanlage zur Zuckergewinnung. Wabern wurde im Jahr 803 erstmals urkundlich erwähnt und zählt heute mit den neun weiteren Ortsteilen rund 7400 Einwohner.

🌐 **www.wabern.de**

Sehenswertes

▸ Karlshof (Jagdschloss Wabern)
Das Schloss wurde Anfang des 18. Jhs. als Lust- und Jagdschloss erbaut und später als Karlshof nach dem Landgrafen Karl benannt. An der Parkseite der Fassade findet man noch heute Medaillons mit den Köpfen des Landgrafen und seiner Gemahlin. Der Anfang des 18. Jhs. errichtete Marstall im Park wird heute als Schule benutzt. Seit 1955 ist der Karlshof im Besitz des Landeswohlfahrts-

Der Karlshof in Wabern beheimatet heute soziale Einrichtungen.

verbands Hessen und dient hauptsächlich der Förderung und Ausbildung von Jugendlichen.

▸ Kirche Harle
Die Kirche hatte einen Vorgängerbau aus der Zeit 1200/1250 und steht auf einem Basaltfelsen, der unter dem Altarraum noch zu sehen ist. Mit dem Bau wurde 1492 begonnen. Das markante Kirchturmdach mit seinen vier kleinen Ecktürmchen wurde 1525 errichtet, während der Turm selbst von der Vorgängerkirche stammt. Im Jahre 1680 wurde eine weitere Empore eingebaut.

▸ Muqeet-Moschee
Der gelbe Bau an der Forststraße ist eine von hundert in Deutschland durch die Ahmadiyya Muslim Jamaat geplanten Moscheen. Sie zeichnen sich durch Verzicht auf teuren Wandschmuck oder Deckenleuchter und viel Eigenarbeit der Gemeinde aus.

▸ Schloss und Burgruine Falkenberg
Das Schloss liegt im gleichnamigen Ortsteil am Fuß des Burgbergs, einst die Unterburg und heute das Schloss, während auf dem Gipfel des Burgbergs noch die Überreste der alten Oberburg liegen, die heutige Burgruine Falkenberg. Das Schloss geht auf 1510 zurück und hatte viele Besitzer. Seit 1978 ist es im Besitz eines Vereins, der hier verschiedene soziale Einrichtungen betreibt.
Adresse: Schlossstr. 6, OT Falkenberg, 34590 Wabern, ✆ 05683/9980-0, 🌐 www.schloss-falkenberg.de.

Natur und Freizeit

▸ Wandern und Radfahren
Über den Höhenzug im Osten von Wabern verlaufen der Schwalmhöhenweg und auch der Hessenweg 2, während die Niederung in erster Linie ideal für Radfahrer ist. So führt der Ederradweg R10 Richtung Fritzlar, der Efzetalradweg R17 nach Homberg (Efze) und der Schwalmradweg Richtung Borken.

▸ Wichtellöcher Uttershausen
Am Südhang des Dosenbergs liegen diese Wichtelhöhlen und sind ein sagenumwobenes Geotop. Die Gänge der Wichtellöcher führen bis zu 30 m weit in den Muschelkalk hinein.

▸ Kutsch- und Planwagenfahrten
Fuhrhalterei Döring, Gippes 6, OT Zennern, 34590 Wabern, ✆ 05683/8312, ✉ goetz-doering@freenet.de, 🌐 www.fuhrhalterei-doering.de.

Veranstaltungen und Feste

▸ Harlekinade (Juni/Juli)
Seit den 1990er Jahren treffen sich Mimen, Magier und Musiker aus aller Welt im Park des Karlshofes und tragen ihr Programm auf mehreren Bühnen vor. Die Harlekinade leidet jedoch unter Finanzsorgen und findet nicht mehr jährlich statt.

Wahlsburg

CD1

(Landkreis Kassel)

Die nordöstlichste Gemeinde Hessens besteht aus den zwei Ortsteilen Lippoldsberg und Vernawahlshausen mit etwas weniger als 2300 Einwohnern, liegt an der Weser sowie ihrem Nebenfluss Schwülme und wird von bewaldeten Bergen umgeben. Der Gemeindename geht auf eine frühere karolingische Fliehburg zurück. Lippoldsberg ist staatlich anerkannter Luftkurort und wurde erstmals 1059 erwähnt, während Vernawahlshausen erstmals 1233 genannt wurde.

🌐 www.wahlsburg.de

Sehenswertes

Ehemaliges Kloster Lippoldsberg mit Kirche

Das Kloster wurde 1093 gegründet und ab 1100 als Benediktinerinnen-Kloster geführt. Die dreischiffige romanische Basilika, die Klosterkirche St. Georg und Maria, wurde 1151 geweiht und zählt zu den bedeutendsten romanischen Bauten in Deutschland. Mit der Reformation blieb das Kloster zwar bestehen, durfte aber keine Novizinnen mehr aufnehmen. Der Klosterhof wurde 1569 in einen Gutshof umgewandelt und bis 1913 genutzt. Die Klosterkirche bekam 1722 ihre heutige barocke Haube und wurde 1824 neu ausgemalt. Nach Klosterauflösung war auch ein Hospital eingerichtet worden, das von 1880 bis 1976 als soziale Einrichtung bestand. 1983/84 wurde ein Fachwerkhaus vom alten Klostergelände umgesetzt und es dient heute als Gemeindeverwaltung. 1960 wurden das Klosterhaus umgebaut und der westliche Kreuzgangflügel rekonstruiert, während die Kirche mehrfach restauriert wurde.
Öffnungszeiten der Kirche:
9–18 Uhr, im Sommer teils auch länger, **Führungen** durch Audio-Guide oder nach Voranmeldung in der Klosterpforte, s. u. Romanisches Museum.

St. Margarethenkirche Vernawahlshausen

Die teilweise romanische Kirche ist das älteste Gebäude des Ortes und stammt in ihren Anfängen aus der Zeit um 1100. Der quadratische Altarraum wurde damals als romanischer Chor mit Kreuzkappengewölbe erbaut und 1589 durch ein nach Westen angebautes Kirchenschiff erweitert. Während die Orgel aus dem späten 16. Jh. stammt, wurde der barocke Fachwerkaufsatz des Turms 1744 erbaut. Teilweise sichtbar sind im Inneren auch noch Fresken aus dem frühen 17. Jh.

Museen

Museum und Werkstatt Schäferhaus

Alte Wohnungseinrichtungen, Kaufmannsladen, Backhaus, Bienenhaus und Schmiede zeigen dem Besucher, wie die Menschen früher ihren Alltag verbracht haben. Viele Exponate dürfen auch angefasst und ausprobiert werden.
Adresse: Schäferhof 22, OT Lippoldsberg, 37194 Wahlsburg, ☏ 05572/921195.
Öffnungszeiten: Mai–Okt 15–17 Uhr oder nach Vereinbarung unter ☏ 05572/7494 (Willi Reich).

Museum im Wasserkraftwerk

Das Museum der E.ON informiert über die Geschichte und Funktionsweise des Kraftwerks.
Adresse: Mühlenstr. 2, OT Lippoldsberg, 37194 Wahlsburg. **Öffnungszeiten:** Nach Vereinbarung unter ☏ 05572/9378-11 (Gemeindeverwaltung, Frau Riedel).

Romanisches Museum und Informationszentrum in der Klosterpforte

Eine thematische Ausstellung zeigt die mittelalterliche und klösterliche Lebensweise mit Fundstücken aus der alten Klosteranlage, ergänzt um Informationen zur romanischen Baukunst. Regelmäßig gibt es auch Sonderausstellungen.
Adresse: Klosterhof 10, OT Lippoldsberg, 37194 Wahlsburg, ☏ 05572/999226, ✉ klosterpforte@klosterkirche.de, 🌐 www.klosterkirche.de. **Öffnungszeiten:** täglich 9–18 Uhr.

Natur und Freizeit

Wandern und Radfahren

Durch die Gemeinde verläuft ein Pilgerweg zwischen Loccum und Volkenroda oder der Märchenlandweg. Jenseits der Weser lockt der Reinhardswald mit unendlichen Möglichkeiten. Beide Uferseiten der Weser sind durch Radwege erschlossen, darunter der Weser-Radweg R1.

Fähre

Märchenfähre Lippoldsberg–Gewissenruh Siehe unter Oberweser.

Schiffsfahrten

Siehe unter Bad Karlshafen.

Veranstaltungen und Feste

In der Klosterkirche finden regelmäßig Konzerte und Veranstaltungen statt. Informationen im Romanischen Museum, siehe dort.

Waldeck

B2

(Landkreis Waldeck-Frankenberg)

Die Stadt Waldeck erstreckt sich vom Nordostende des Edersees in Richtung Norden bis zum »Langen Wald« und umfasst zehn Stadtteile mit etwa 7200 Einwohnern. Der Name Waldeck steht aber auch für die frühere Grafschaft, das spätere Fürstentum Waldeck-Pyrmont, den ehemaligen Freistaat Waldeck und schließlich den Landkreis Waldeck. Touristische Zentren sind die Stadtteile Waldeck mit dem gleichnamigen Schloss und die Halbinsel Scheid. Das Wahrzeichen der Stadt, die Burg, wurde erstmals im Jahre 1120 erwähnt, ein Stadtsiegel ist aus dem Jahr 1266 bekannt. Ein Teil des Stadtgebiets liegt im Naturpark Kellerwald-Edersee.

Bürger- und Tourismusbüro
Sachsenhäuser Str. 10a, 34513 Waldeck
05623/973782
05623/973878
tourismus@waldeck.de
www.waldeck.de (Tourismus)
www.waldeck-stadt.de

Sehenswertes

Burg Waldeck

Das 1120 urkundlich erwähnte Wahrzeichen der Stadt erhebt sich rund 200 m über den Edersee, war bis 1665 Stammsitz der Grafen von Waldeck und wird auch als Schloss bezeichnet. Später diente es unterschiedlichen Zwecken. Heute findet man hier Hotel, Restaurant und ein Museum. Der älteste Teil ist der Bergfried im Osten, ein dreigeschossiger Sandsteinbau, der um 1300 entstanden sein soll. Weitere Teile stammen aus dem 15. und 16. Jh., so auch der 120 m tiefe Brunnen, die Vorburg mit ihren drei Toren und der Nordflügel mit hofseitigem Treppenturm. Eine große Terrasse im Süden bietet heute eine grandiose Sicht über den Edersee bis zur Staumauer.

Burg Waldeck liegt idyllisch über dem Edersee.

Ehemalige Klosterkirche Netze

Das Kloster Marienthal, zu dem die Kirche gehörte, wurde 1228 gegründet und mit der Reformation aufgehoben. Danach dienten die Gebäude als Meierei und seit 1929 als Staatsdomäne. Die erhaltene Klosterkirche geht auf einen Vorgängerbau zurück und wurde 1280 als zweischiffige chorlose Hallenkirche eingeweiht. Der stattliche Turm aus der ersten Hälfte des 12. Jhs. stammt noch von der Vorgängerkirche. Es folgten weitere Veränderungen und Erweiterungen. Erwähnenswert sind der dreiteilige gotische Flügelaltar (um 1370), eine der Kirchenglocken, die im 11. Jh. von Mönchen gegossen wurde und die Grabkapelle St. Nikolaus, in der Angehörige des waldeckischen Grafenhauses beigesetzt wurden.

‣ Klosterruine Ober-Werbe
Die oberhalb des Ortes auf einem Kalkfelsen stehende romanische Ruine gilt als reizvollste im Waldecker Land. Ein Kloster soll hier bereits 1038 bestanden haben, wenngleich die erste urkundliche Erwähnung 1124 erfolgte. Mit der Reformation wurde das Kloster aufgegeben und es war ab 1578 eine gräfliche Meierei, die 1640 ins Tal verlegt wurde. Nach dem Dreißigjährigen Krieg begann ein Verfall, die meisten Klostergebäude wurden abgerissen oder teilweise als Baumaterial genutzt.

‣ Sachsenhäuser Warte
Die auch als Rollborner Warte bekannte mittelalterliche Turmanlage im Südwesten des Stadtteils ist einer von ehemals drei Beobachtungs- und Verteidigungstürmen. Der gut erhaltene Turm kann über Steigeisen bestiegen werden und bietet eine schöne Aussicht.

‣ Stadtkirche Sachsenhausen
Die evangelische Kirche im Zentrum wurde in der zweiten Hälfte des 13. Jhs. erbaut. 1562 stürzte der Kirchturm ein und zerstörte das Gewölbe, die Wiederinstandsetzung erfolgte ein Jahr später. Das Innere bietet einige Kostbarkeiten aus dem 16./17. Jh. sowie die Orgel von 1884. Die Kirche hat vier Glocken, von denen die älteste aus dem 15. Jh. stammt.

‣ Stadtkirche Waldeck
Ältester Teil der Kirche ist der Chorraum aus der Zeit um 1300. Das Kirchenschiff entstand im 16. Jh., nur die Westmauer ist älter. Der Turm steht an der Nordostseite des Chores und hatte vermutlich früher Ecktürme. Der Schnitzaltar stammt von 1483.

Museen

‣ Dorfstube Nieder-Werbe
Ausgestellt sind Zeugnisse der Heimatgeschichte, daneben wird die Geschichte des Edersees dokumentiert.
Adresse: Ober-Werber Str. 3, OT Nieder-Werbe, 34513 Waldeck. **Öffnungszeiten:** Nach Vereinbarung unter ✆ 05634/860.

‣ Heimatmuseum Höringhausen
Das Museum zeigt Exponate aus Haus, Hof und Handwerk.
Adresse: Hauptstr. 39, OT Höringhausen, 34513 Waldeck. **Öffnungszeiten:** Nach Vereinbarung unter ✆ 05634/1677.

‣ Burgmuseum im Schloss Waldeck
Das Museum steht im Zeichen einer Ausstellung »Hinter Schloss und Riegel« und gibt einen Einblick in die Geschichte der Burg als Zucht- und Arbeitshaus und des Landes.
Adresse: Schlossstr., 34513 Waldeck, ✆ 05623/5890. **Öffnungszeiten:** März–Okt täglich 10–18 Uhr.

Natur und Freizeit

‣ Wandern
Ein gut markiertes Wanderwegenetz erschließt die Region am Edersee. Auch verschiedene bekannte Fernwander- oder Rundwege verlaufen durch Waldeck, darunter der Kellerwaldsteig, der Urwaldsteig, der Ederseeweg, der Herkulesweg oder der Studentenpfad. Nordic-Walking-Freunde finden ab Waldeck, Nieder-Werbe und auf der Halbinsel Scheid Strecken unterschiedlicher Länge und Schwierigkeit.

Wanderrast am Urwaldsteig bei Waldeck

Radfahren

Sehr bekannt ist der rund 50 km lange Ederseerundweg. Durch Waldeck verlaufen aber auch andere Fernradwege wie der R6 oder die Seen-Tour. Auch wurde die Trasse der früheren Ederseebahn zu einem Radweg ausgebaut. **Fahrradverleih: Hotel Seeblick,** Güldener Ort 12, 34513 Waldeck, ✆ 05623/3894, ✉ frankharbusch@t-online.de, 🌐 www.erlebnis-seeblick.de.

Quad Center Edersee, s. u. Quadtouren

Verleih von E-Bikes: Waldhotel Wiesemann, ✆ 05623/5348 oder Fähre Scheid, ✆ 0171/5142066.

Europahain Scheid

An der Kreisstraße nördlich von Scheid liegt der Europahain. Hier sind die 25 EU-Mitgliedsstaaten (Stand Mai 2004) mit je drei landestypischen Baumarten vertreten.

Geofoyer Nieder-Werbe

Die multimediale Ausstellung informiert über die Erdgeschichte. Geo-Fenster vermitteln einen spannenden Einblick in das frühzeitliche Leben, und der Dorfpfad zeigt Wissenswertes über heimische Bausteine und geologische Grundlagen der Region. **Adresse:** Haus der Natur, Ober-Werber Str. 13e, OT Nieder-Werbe, 34513 Waldeck, ✆ 05634/993428. **Öffnungszeiten:** täglich 9–18 Uhr.

Baden

Freibad Freienhagen, Am Schwimmbad 1, OT Freienhagen, 34513 Waldeck, ✆ 05634/450.

Halbinsel Scheid, Strandbad Waldeck, Ederseerandstr. 8, 34513 Waldeck, ✆ 05623/5675.

Bootsverleih

Bootsverleih Thomas Andree, Waldecker Buch, 34513 Waldeck (West), ✆ 05623/6297, ✉ info@bootsverleih-andree.de, 🌐 www.bootsverleih-andree.de.

Segelschule Frank Rudolph, Dr.-Mauser-Str. 2, 34513 Waldeck, ✆ 05623/6060, ✉ segelschule-edersee@t-online.de, 🌐 www.segelschule-edersee.de. **Öffnungszeiten:** in der Saison 9.30-18 Uhr, in den Ferien bis 20 Uhr.

Drachenbootausflüge und -rennen

Sportkanu Events, Edertalstr. 56, OT Netze, 34513 Waldeck, ✆ 0163/2367468, ✉ stephan@sportkanu.de, 🌐 www.sportkanu.de.

Fähre Scheid–Rehbach

Adresse: Liegewiese Scheid, 34513 Waldeck, ✆ 05631/95690, ✉ info@edersee-faehre.de, 🌐 www.edersee-faehre.de.

Fliegen

Flugschule Edersee

Es werden Rundflüge mit unterschiedlichen Flugzeugen und Lehrgänge angeboten. **Adresse:** Flugschule Edersee Siegfried Vent, Sudetenstr. 22, 34513 Waldeck, ✆ 05623/5382, ✉ siggi@flugschule-edersee.de, 🌐 www.flugschule-edersee.de. **Flugbetrieb:** März–Nov 10-18 Uhr, manchmal auch länger.

Golf

Golfplatz Waldeck

Neben einem öffentlichen 9-Loch-Golfplatz wird auch eine von Gästen nutzbare 18-Loch-Anlage angeboten. **Adresse:** Domänenweg 12, 34513 Waldeck,

05623/9989-0, info@golfinwaldeck.de, www.gc-waldeck.de. **Öffnungszeiten:** Mai–Okt täglich 9–19 Uhr, Nov–April 10–16 Uhr.

Kutsch- und Planwagenfahrten
Helmut Neukel, Wilhelmstr. 24, OT Sachsenhausen, 34513 Waldeck, 05634/456.

Quad-Touren
Quad-Center Edersee, Gewerbering 4, OT Sachsenhausen, 34513 Waldeck, 05634/994226, info@quad-center-edersee.de, www.quad-center-edersee.de.

Reiten
Pferdezentrum Edersee, Ulrich Heinze, Am Klosterbrunnen 11–13, OT Ober-Werbe, 34513 Waldeck, 05634/1470, PferdezentrumEdersee@web.de, www.pferde-zentrum-edersee.de.
Reiterhof Ludwig Lind, Naumburger Str. 3, OT Netze, 34513 Waldeck, 05634/7619.

Schiffsfahrten
Personenschiffahrt Edersee
Mit zwei modernen Schiffen werden in der Saison Rundfahren von Waldeck zur Ederseesperrmauer sowie zur Halbinsel Scheid bzw. Bringhausen und zurück angeboten. Bei Hochwasser gibt es auch einzelne Fahrten nach Herzhausen oder Asel.
Adresse: Ederseerandstr. 8b, 34513 Waldeck West, 05623/5415, personen-schiffahrt-edersee@t-online.de, www.personenschiffahrt-edersee.de.

Sommerrodelbahn Edersee
Eine 850 m lange Sommerrodelbahn, viele Kinderspielgeräte, Minigolf und Streichelgehege sorgen für Abwechslung.
Adresse: Unter dem Hagen 1, OT Nieder-Werbe, 34513 Waldeck, 05634/6646, kontakt@sommerrodelbahn-edersee.de, www.sommerrodelbahn-edersee.de. **Öffnungszeiten:** April, Mai und Okt 11–18 Uhr, Juni 10–18.30 Uhr, Juli und Aug 10–19.30 Uhr, Sep 11–18.30 Uhr, im Winter an So (nur bei schönem Wetter) ab 14 Uhr.

Tauchen
Barakuda Tauchbasis Edersee
Angeboten werden Tauchkurse, geführte Tauchgänge und Verleih der Tauchausrüstung.
Adresse: Horst Schmalz, Am Buchholz 2, OT Höringhausen, 34513 Waldeck, 05634/91174, info@edersee-tauchen.de, www.edersee-tauchen.de.

Waldecker Bergbahn
Die Bergbahn stellt die kürzeste Verbindung zwischen dem Luftkurort und dem unterhalb gelegenen Edersee dar.
Adresse: Schlossstr., 34513 Waldeck, 05623/5354, elektrorischard@t-online.de. **Betriebszeiten:** April–Okt täglich 9.30–17.30 Uhr (Mitte Mai–Anfang Sep bis 18.30 Uhr).

Veranstaltungen und Feste

Waldecker **Edersee Triathlon** (Juli), www.triathlon-waldeck.de, ferner das **Pfingstreitturnier** (Mai/Juni), in ungeraden Jahren in Sachsenhausen, in geraden in Waldeck.

Waldkappel

D3

(Werra-Meißner-Kreis)

Waldkappel, das urkundlich erstmals 1226 genannt wird, liegt im Südwesten des Kreises im Tal der Wehre zwischen Hessisch Lichtenau im Nordwesten und Sontra im Südosten. Seit 1414 gehören zu Waldkappel insgesamt 15 Stadtteile mit rund 4600 Einwohnern. In der Kernstadt gibt viele sehenswerte Fachwerhäuser.

www.waldkappel.de

Sehenswertes

St.-Georgs-Kirche Waldkappel

Die evangelische Pfarrkirche wurde als dreischiffige Hallenkirche im Stil der Spätgotik erbaut. Ältester Teil ist der Kirchturm von 1393–95. Während des Dreißigjährigen Krieges wurde das Kreuzrippengewölbe zerstört und durch eine Kassettendecke ersetzt. Im Inneren befindet sich die größte Orgel des Orgelbaumeisters Friedrich Hilpert von 1861.

Museen

Heimatmuseum Waldkappel

Das Museum zeigt Exponate zur Ortsgeschichte, ferner Stadtmodelle sowie alte Schriftdokumente usw.
Adresse: Friemer Str. 10, 37284 Waldkappel, **Kontakt:** Geschichtsverein Waldkappel, Bergstr. 7, 37284 Waldkappel, ✆ 05656/1025, ✉ info@geschichtsverein-waldkappel.de, 🌐 www.geschichtsverein-waldkappel.de. **Öffnungszeiten:** Jeder dritte So im Monat 14–16 Uhr außer Juli und Aug oder nach telefonischer Vereinbarung.

Heimatstube Bischhausen

Dokumentiert wird hier die Geschichte des Stadtteils. Gezeigt werden auch alte bäuerliche Handwerkstechniken sowie Einrichtungsgegenstände.
Adresse: Am Graben 4, OT Bischhausen, 37284 Waldkappel. **Öffnungszeiten:** nach Vereinbarung mit Lothar Hellwig, Landstr. 25, OT Bischhausen, 37284 Waldkappel, ✆ 05658/484, ✉ lotharhellwig@t-online.de, 🌐 www.bischhausen-online.de.

Natur und Freizeit

Wandern und Radfahren

Neben einem 50 ha großen Waldpark direkt beim Stadtkern locken über 150 km markierter Wanderwege in der Umgebung. Waldkappel liegt am Elisabethpfad 2 Eisenach-Marburg, am Barbarossaweg X8, am Hessenweg 8 und am Wanderweg der Deutschen Einheit. Durch Waldkappel führen auch der Herkules-Wartburg-Radweg und der 83 km lange Meißner-Radrundweg.

Aussichtsturm Mäuseberg

Der heutige Stahlgitterturm liegt etwa 2 km südöstlich der Kernstadt, geht auf 1965 zurück und hatte mehrere Vorgängerbauten. Er bietet eine schöne Rundsicht.

Aussichtsturm Ziegenküppel

Der südwestlich von Rechtebach gelegene Holzaussichtsturm von 2010 mit Schutzhütte an seinem Fuß bietet eine schöne Aussicht, u.a. zum Hohen Meißner und zur Kernstadt.

Baden

Freibad Waldkappel, Im Schemmerfeld 1, 37284 Waldkappel, ✆ 05656/525, 🌐 www.freibad-waldkappel.de.

Wehretal-Draisine Bischhausen

Auf einer landschaftlich reizvollen Bahnstrecke, der ehemaligen Kanonenbahn, verkehren auf 2 km Länge Fahrrad-Draisinen für bis zu sechs Personen. Entlang der Strecke geht es an eisenbahntechnisch historischen Signalen, Schranken- und Sicherungsanlagen vorbei.
Kontakt: Verein zum Erhalt von Signal- und Sicherungstechnik, Romano Sawikowsky, Mittelgasse 7, 37284 Waldkappel, ✆ 05658/9229850, ✉ ves.waldkappel@web.de, 🌐 www.ves-bahn.de. **Öffnungszeiten:** März–Okt Fr 13–18 Uhr, Sa und So 10–18 Uhr, Nov–Feb So 13–16 Uhr oder nach Vereinbarung.

Wintersport

Skigelände »Im Gelltal« mit 300-m-Schlepplift.

Wanfried

E2

(Werra-Meißner-Kreis)

Wanfried ist die kleinste Stadt im Werra-Meißner-Kreis östlich von Eschwege im Werratal und grenzt an das Nachbarland Thüringen. Neben der Kernstadt gehören vier weitere Stadtteile zu Wanfried mit etwas mehr als 4400 Einwohnern. Im Jahre 813 urkundlich erstmals erwähnt, erhielt man das Stadtrecht bereits 1608. Bekannt ist das Wanfrieder Abkommen, das im September 1945 im Herrensitz Kalkhof von US-Amerikanern und Sowjets unterzeichnet wurde.

Tourist-Info Eschwege, Meinhard, Wanfried, siehe unter Eschwege.
www.wanfried.de
www.werratal-tourismus.de

Sehenswertes

Stadtführungen
Für Einzelgäste und kleine Gruppen bis 10 Personen: Mai–Okt Sa um 14.30 Uhr ab Rathaus (Marktstr. 18). Erlebnis-Stadtführungen der Wanfrieder Gästeführerzunft in Gewandung für Gruppen nach Terminvereinbarung. Stadt-Erlebnisführungen für Einzelgäste: Infos unter www.werratal-tourismus.de.

Altstadt
Zahlreiche prunkvolle Fachwerk-Handels-, Bürger- und Wirtshäuser erinnern auch noch heute an die einstige Bedeutung Wanfrieds und laden zu einem Stadtrundgang ein.

Alte Post (Marktstr. 15)
Das heute im Privatbesitz befindliche Gebäude wurde um 1650 erbaut und diente von 1654 bis 1902 als Poststation des Thurn und Taxis'schen Postunternehmens.

Alter Werrahafen
Der Endpunkt der Weser-Werra-Schifffahrt war vom 17. Jh. bis zur zweiten Hälfte des 19. Jhs. ein bedeutender Handelsplatz, der auch als »Wanfrieder Schlagd« bekannt ist. Zu sehen sind heute noch zwei große Schlagdhäuser von 1670 (Schlagdstr. 31 und 33) sowie kleinere Lagerhäuser, außerdem das Herrenhaus von 1678 (Schlagdstr. 18–22), der Wohnsitz für den Schlagdvogt. Heute liegen hier nachgebaute alte Handelsschiffe, die Werraschuten Wisera und Brombeerchen, wobei erstere beliebt als Ort für Trauungen ist.

Harmes'sches Handelshaus

Evangelische Kirche (Kirchstr. 5)
Die Kirche wurde anstelle eines baufällig gewordenen Vorgängerbaus 1884–88 im Stil der Neugotik erbaut. Bei der Renovierung 2008–10 wurden kunstvolle, globale Ornamente im Kirchenschiff und im Altarraum freigelegt.

Harmes'sches Handelshaus (Schlagdstr. 6)
Das Fachwerkgebäude wurde 1673 im Barockstil erbaut und besticht durch seine aufwän-

digen Flachschnitzereien sowie den eingeschnittenen Köpfen mit herausgestreckten Zungen an den Eckständern.

‣ Herberge im Kleegarten – Frank'scher Gutshof Heldra (Vor der Lücke 1)
Die Herberge ist Teil des Frank'schen Gutshofes und ein Juwel im malerischen fachwerkreichen Heldra. Das Hauptgebäude stammt von 1621. Sein Inneres präsentiert sich auch noch heute so wie es ab 1741 eingerichtet wurde. Heute kann man hier einkehren, übernachten, privat Feste feiern oder die Kulturscheune für Theater, Hochzeiten und mehr nutzen.

‣ Keudell'sches Schloss (Marktstr. 2)
Das Bauwerk geht vermutlich auf die Zeit um das Jahr 1000 zurück und gehörte bis zum Stadtbrand während des Dreißigjährigen Krieges der Familie von Keudell. Nach Kriegsende errichtete man auf dem Kellergewölbe ein dreigeschossiges Fachwerkhaus, das im 19./20. Jh. weitere Veränderungen erfahren hat und unterschiedlich genutzt wurde. Heute befindet sich hier das Dokumentationszentrum zur Deutschen Nachkriegsgeschichte mit Heimatmuseum.

‣ Landgrafenschloss (Vor dem Schloss)
Das Gebäude geht auf eine mittelalterliche Tal- und Wasserburg zurück, die urkundlich bereits 1015 erwähnt wurde. Das Schloss gilt als ältestes erhaltenes Wohngebäude der Stadt und steht heute in Privatbesitz.

‣ Rathaus (Marktstr. 18)
Das dreistöckige Fachwerk-Rathaus steht auf dem Kellergewölbe eines älteren Gebäudes und wurde Mitte des 17. Jhs. als Handelshof erbaut.

‣ Wasserburg Aue
Die am Ortsrand gelegene Ruine wurde vermutlich im 13. Jh. als Niederungsburg erbaut. Im Dreißigjährigen Krieg wurde die Anlage komplett zerstört. Anfang des 20. Jhs. wurde die Ruine dann noch mit einem Turm versehen. 2004 begann man mit Ausgrabungen und Sanierung. Besonders sehenswert ist noch ein Sandsteinportal, das Zeugnis von der einstigen Pracht ablegt.
🌐 www.wasserburg-aue.de.

‣ Zum Schwan (Marktstr. 20–22)
Das Gebäude wurde um 1655 auf einem alten Rundbogenkeller erbaut. Es diente als Gutsgehöft mit Übernachtungsmöglichkeiten, war bekannt als Herberge beim Rathaus und dient heute noch als Hotel.

Museen

‣ Dorfmuseum Heldra
Das Museum widmet sich dem Dorfleben in früherer Zeit, alten Handwerksberufen und der innerdeutschen Grenzsituation.
Adresse: August-Hermann-Francke-Platz, OT Heldra, 37281 Wanfried. **Öffnungszeiten:** nach Absprache unter ✆ 05655/8259 (Hubert Steube) oder ✆ 05655/681 (Herbert Trümner) oder ✆ 05655/679 (Werner Jung).

‣ Heimatmuseum mit Dokumentationszentrum zur deutschen Nachkriegsgeschichte Wanfried
Das Heimatmuseum im Keudell'schen Haus gibt einen Einblick in die Siedlungsgeschichte der Region und die Wanfrieder Stadtgeschichte. Das Dokumentationszentrum dagegen informiert mit Bibliothek, Archiv und Videofilmen über das geteilte Deutschland und insbesondere das Leben in der DDR und in der Zeit nach Grenzöffnung. Ein Modell des Dorfs Großburschla zeigt den Umfang der ehemaligen Grenzsicherungsanlagen.
Adresse: Marktstr. 2, 37281 Wanfried, ✆ 05655/8052. **Öffnungszeiten:** Sa 15-17 Uhr, So 10-12 Uhr oder nach Absprache

unter 05655 (Klaus Streitenberger) oder 05655/1312 (Uwe Eberhardt).

Natur und Freizeit

Wandern

Die Umgebung ist durch eine Reihe hervorragender Wanderwege erschlossen worden, darunter der Premium-Rundwanderweg P5 zum Plesseturm, ferner der Premium-Rundwanderweg P6 von Heldra zum Turm der Deutschen Einheit, der Premium-Rundwanderweg P12 Mainzer Köpfe oder der Weg 24/24a zum Auer Blick oberhalb des gleichnamigen Ortsteils mit weiter Aussicht ins Werratal Richtung Eschwege. Durch Wanfried verlaufen auch der Werra-Burgen-Steig und der Dietermannpfad. Nordic-Walking-Freunde haben in Wanfried drei Strecken unterschiedlicher Länge und Schwierigkeit zur Auswahl.

Aussicht vom Auer Blick ins Werratal Richtung Eschwege

Radfahren

Das Werratal ist ein ideales und beliebtes Revier für Radfahrer. So führen der Werratal-Radweg und der Herkules-Wartburg-Radweg über Wanfried. Schließlich endet in Wanfried der Hessische Fernradweg R5 Eder-Fulda-Werra. An den Radwegen liegen teilweise Kunstwerke einheimischer Künstler.

Fahrradverleih: 2-Rad-Rabe, In der Werraaue 2, 37281 Wanfried, 05655/612, www.2radrabe.de.

Plesseturm

Der Turm auf 480 m Seehöhe wurde 1964 erbaut und ist heute ein Wahrzeichen von Wanfried. Der 22 m hohe Turm ermöglicht einen einzigartigen Blick in das Werratal und ist ein äußerst beliebtes Wanderziel.

Turm der Deutschen Einheit Heldrastein

Wenngleich der Turm schon in Thüringen liegt, ist er doch von Heldra aus ein beliebtes Wanderziel. Er steht auf 504 m Seehöhe und bietet Informationstafeln zur Teilung und Wendezeit in Deutschland sowie vom Turm selbst eine weitreichende Aussicht.

Baden

Freibad Wanfried, Plouescatstr., 37281 Wanfried, 05655/277.

Kanu fahren

Die Werra ist ein ideales Gewässer für Kanufahrten, aber auch Angelrevier. Bootsverleih siehe unter Eschwege.

Reiten

Reiterverein Wanfried/ Reitsportschule Ziska, Kalkhof, 37281 Wanfried, 0172/9406459, www.reiterverein-wanfried.de.

Veranstaltungen und Feste

Die wichtigsten jedes Jahr stattfindenden Veranstaltungen sind das **Wanfrieder Volks-, Schützen- und Heimatfest** (Juli), ein traditionelles Volksfest, das auf 1568 zurückgeht, ferner der **Rad und Fun Tag** (Aug), ein Rad-

Natur und Freizeit

▸ Wandern und Radfahren
Unter den Wanderwegen sind insbesondere zu erwähnen der Fernwanderweg E6, ferner der 7 km lange Rundweg durch das Naturschutzgebiet Rhäden sowie der Grenzlehrpfad vom Grenzmuseum entlang der früheren innerdeutschen Grenze. Der OT Hönebach wird vom Waldhessen-Radweg R15 berührt. Dieser kommt aus Richtung Bebra und führt weiter nach Dankmarshausen in Thüringen und entlang der Werra.

▸ Natur- und Vogelschutzgebiet Rhäden Obersuhl
Das Schutzgebiet, ein ehemaliges Sumpfgelände, erstreckt sich südwestlich von Obersuhl und ist durch einen 7 km langen Rundweg erschlossen. Bedingt durch die zahlreichen kleinen Seen ist dies die Heimat unzähliger Vogelarten, die von drei Beobachtungsständen verfolgt werden können. Am Zugang, bei der Blumenstein-Schule, erläutert ein Informationszentrum in mehreren Ausstellungsräumen die Vogelwelt, bedrohte Tier- und Pflanzenarten und das Thema Natur & Umwelt.
Adresse: Rhädenweg, OT Obersuhl, 36208 Wildeck, ✆ 06626/1887. **Öffnungszeiten:** April–Okt So 9–12 Uhr (gilt nur für das Info-Zentrum).

▸ Baden
Freibad Obersuhl, Vohlstr. 17, OT Obersuhl, 36208 Wildeck, ✆ 06626/8341.
Kleinschwimmhalle, Jugendbegegnungsstätte, Rhädenweg 99, OT Obersuhl, 36208 Wildeck, ✆ 06626/535.

▸ Reiten
Reit- und Fahrverein Richelsdorf, Steinkaute 3, OT Richelsdorf, 36208 Wildeck, ✆ 06626/309, 🌐 www.rfv-richelsdorf.de.

Freibad Obersuhl

▸ Wintersport
Eislaufen Bosserode
Im Winter wird am Ortsrand eine künstliche Eislauffläche angelegt und erlaubt dann auch Schlittschuhlaufen bei Flutlicht.

Willingen

A2

(Landkreis Waldeck-Frankenberg)

Der Kur- und Wintersportort liegt im Upland, dem hessischen Teil des Sauerlands und grenzt direkt an Nordrhein-Westfalen. Urkundlich wurde Willingen erstmals 1380 erwähnt und ist heute eine der bedeutendsten Fremdenverkehrsgemeinden ganz Deutschlands und ein international bekannter Wintersportort im Rothaargebirge. Die Gemeinde zählt neun Ortsteile mit knapp 6300 Einwohnern.

Tourist Information
Am Hagen 10 (im Besucherzentrum)
34508 Willingen
✆ 05632/401180
📠 05632/401150
✉ willingen@willingen.de
🌐 www.willingen.de (Tourismus)
🌐 willingen.org (Gemeinde)

Sehenswertes

▸ Eisenbahn-Viadukt
Wahrzeichen der Gemeinde ist der Eisenbahn-Viadukt. Er entstand zusammen mit der Bahnstrecke zwischen Brilon Wald und Korbach 1913–17. Die Brücke ist 294 m lang und steht auf 10 Pfeilern. 1999 war sie so marode, dass die Bahnstrecke gesperrt werden musste. Nach umfassenden Sanierungsarbeiten konnte der Bahnbetrieb im Dezember 2003 wieder aufgenommen werden.

▸ Glasmanufaktur
Im Austellungs- und Verkaufsraum erhalten Sie einen Einblick in die Glasbläserkunst und können sogar selbst eigenes Glas herstellen.
Adresse: Zur Hoppecke 9, 34508 Willingen, ☏ 05662/985515, ✉ info@glasmanufaktur-willingen.de, 🌐 www.glasmanufaktur-willingen.de. **Öffnungszeiten:** April–Okt Mo–Fr 10–17 Uhr, Sa und So 10–16 Uhr, Nov–März Mo–Fr 10–12.30 Uhr und 14–17 Uhr, Sa 10–12.30 Uhr und 14–16 Uhr, So 10–12.30 Uhr.

▸ Mühlenkopfschanze Stryck
Die Skisprungschanze wurde 1951 errichtet und im Jahr 2000 komplett umgebaut. Es ist die größte Skisprungschanze der Welt Außerhalb von Veranstaltungen kann die Anlage besichtigt werden. Vom Auslauf verkehrt eine Standseilbahn bis hoch zum Anlaufturm mit Blick hinab zur 107 m langen Anlaufspur.
Adresse: Ski-Club Willingen, Zur Mühlenkopfschanze 1, OT Stryck, 34508 Willingen, ☏ 05632/960-0, ✉ info@weltcup-willingen.de, 🌐 www.weltcup-willingen.de.
Öffnungszeiten: Anlaufturm täglich 10–17 Uhr, Standseilbahn Di–Fr 11–17 Uhr, Sa und So 10–17 Uhr, geführte Besichtigungen ab Fan-Shop Di und Fr um 14 Uhr (Dauer 1,5 Std.), für Gruppen ab 10 Personen nach Vereinbarung.

▸ Schwalenburg Schwalefeld
Die Ringwallanlage nördlich von Schwalefeld auf dem Hegeberg geht wohl auf das 8. bis 10. Jh. zurück. 1537 wurde die Burg urkundlich erwähnt. Von der Anlage sind heute noch verfallene Mauern und Tore des inneren und mittleren Rings zu sehen.

Eisenbahnviadukt

Museen

▸ Besucherbergwerk Schiefergrube Christine
Im Iberg liegen vier Schieferfelder, die bis 1971 ausgebeutet wurden. Ab 25 Personen kann man im Bergmanns-Kochgeschirr »unter Tage essen« (Kontakt: Hotel Zur Alten Post, ☏ 05632/6502). Der Rundgang führt durch einen Teil des früheren Stollensystems. Die Lufttemperatur liegt in der Grube zwischen 6 und 8° C.
Adresse: Schwalefelder Str. 28, 34508 Willingen, ☏ 05632/6288. **Öffnungszeiten:** April–Okt Führungen ab 8 Personen Mo–Sa um 10, 11, 15 und 16 Uhr, So um 10 und 11 Uhr, Nov–März Mi–So um 10 und 11 Uhr.

▸ Curioseum Usseln
Kitsch, Kunst und Krempel wurden hier auf 1500 qm zusammengetragen. Entdecken Sie,

was Menschen im Laufe ihres Lebens gebaut, benutzt, gesammelt und auch wieder weggeworfen haben.
Adresse: Düdinghäuser Str. 1, OT Usseln, 34508 Willingen, 05632/6232, www.curioseum-willingen.de. **Öffnungszeiten:** Mai–Okt täglich 10–18 Uhr, Nov–April Sa und So 10–17 Uhr.

Upländer Milchmuhseum Usseln

Das Museum in der alten Molkerei zeigt ehemalige Molkereigeräte, historische Exponate aus dem Alltag der häuslichen Milchgefäße, die Geschichte der Molkerei und vielerlei Kurioses rund um die Milch. Das Museum zum Anfassen bietet aber auch das Melken der Museumskuh und für Kinder eine Milchrallye.
Adresse: Korbacher Str. 6, OT Usseln, 34508 Willingen, 05632/922222, info@muhseum.de, www.bauernmolkerei.de. **Öffnungszeiten:** Di–Fr 10–17 Uhr, Sa und So 11–17 Uhr, Führungen für Einzelgäste Mi und Fr um 11 Uhr, für Gruppen nach Absprache, Käse-&-Wein-Abende für Einzelgäste jeden letzten Fr im Monat um 19 Uhr, für Gruppen nach Vereinbarung. Anmeldung in jedem Fall erforderlich!

Heimatstube Usseln

Das Museum widmet sich dem früheren dörflichen Leben.
Adresse: Ringstr. 52, OT Usseln, 34508 Willingen, 05632/7092 (Friedrich Born) oder 05632/5312 (Willi Engelbrecht). **Öffnungszeiten:** Mi und Sa 16-18 Uhr oder nach Vereinbarung.

Natur und Freizeit

Wandern

Die Umgebung ist durch eine Vielzahl von markierten Wanderwegen erschlossen. Dazu zählen von Willingen und den Ortsteilen allein 40 Rundwanderwege zwischen 3 und 14 km Länge. Sehr bekannt ist auch der Uplandsteig, der rund um Willingen führt. Auch ein Pilgerweg »Besinnungsweg Lebensspuren« lässt sich in mehreren Etappen ablaufen. Andere bedeutende Wege sind der Briloner Kammweg, der Europäische Fernwanderweg 1, der Hessenweg 6 oder der Diemelrundweg. Für Nordic-Walking-Freunde gibt es vier ausgeschilderte Routen vom Kernort Willingen aus. **Informationen:** www.wanderwelt-willingen.de.

Radfahren

Willingen wird vom Fernradweg R5 und vom Diemelradweg berührt, letzterer führt von Usseln entlang der Diemel bis zu ihrer Mündung bei Bad Karlshafen. Daneben gibt es lokale Radwege, insbesondere in den Tallagen. Perfekt ist die Umgebung auch für Mountainbiker, denn Willingen gehört zur Bike Arena Sauerland. Ungeübte finden bei der Eissporthalle einen Übungsparcours. Eine Bike-Crossbahn befindet sich auch noch in Schwalefeld. Auf Profis warten sechs Strecken mit 150 km Länge allein in der näheren Umgebung von Willingen. Und wer es gemütlicher mag, kann sich ein Elektro-Bike in mehreren Hotels oder auch am Lagunen-Erlebnisbad leihen.
Fahrradverleih: Snow & Bike Factory, Zur Hoppecke 5, 34508 Willingen, 05632/923751, info@ski-willingen.de, www.ski-willingen.de. **Öffnungszeiten:** Sommer Mo–Fr 9–17 Uhr, Sa und So 9–17.30 Uhr, Winter täglich 8–17 Uhr, an Flutlichtabenden bis 22 Uhr.

Dommelturm

Siehe unter Diemelsee.

Hochheideturm mit Kletterwand

Der 59 m hohe Turm wurde 2002 erbaut und seine Glas-Plattform in 875 m Seehöhe ist der höchste Aussichtspunkt in Nordwest-Deutschland, wo auch Trauungen möglich

sind. Hinauf geht es mittels 241 Stufen oder einem Aufzug. Die Plattform bietet eine fantastische Rundsicht. An der Außenwand des Turms befindet sich die größte Outdoor-Kletterwand Europas. Sie kann nach Voranmeldung im Turmeingang samstags von 10 bis 15 Uhr benutzt werden.
🌐 www.willinger-hochheide-turm.de.
Öffnungszeiten: täglich 9–17 Uhr.

Der Aussichtsturm auf dem Ettelsberg

▸ Hochheide

In den Höhenlagen über 700 m gibt es Hochheiden, die bis in die letzte Eiszeit zurückgehen. Hochheide-Gebiete existieren u. a. im Bereich von Ettelsberg, Osterkopf, Kahler Pön und am Neune Hagen. Die Heideblüte zieht jährlich Tausende von Besuchern an.

▸ Abenteuer-Golf

Auf 16 Bahnen gibt es viele Hindernisse zu überwinden.
Adresse: Am Golfplatz 4, 34508 Willingen, ☎ 0170/6749661, ✉ abenteuergolf-willingen.de. **Öffnungszeiten:** täglich 10–18 Uhr, bei schlechter Witterung geschlossen!

▸ Baden

Freizeit-Freibad Usseln, Sportstr., OT Usseln, 34508 Willingen, ☎ 05632/969430.
Lagunen-Erlebnispark mit Aqua-Rutschenpark
Das Erlebnisbad mit Karibik-Flair bietet u. a. Badespaß drinnen und draußen, Saunalandschaft, Kurse und Wellnessangebote sowie Aqua-Rutschenpark.
Adresse: Kurbetrieb Willingen, Am Hagen 9–10, 34508 Willingen, ☎ 05632/96943-0, ✉ info@lagunenerlebnisbad.de, 🌐 www.lagunenerlebnisbad.de.

▸ Ettelsberg-Seilbahn

Die 8er-Gondelbahn mit 47 Kabinen überbrückt auf einer Länge von 1400 m einen Höhenunterschied von 240 m und führt vom Ortsrand in Willingen hinauf zum Ettelsberg (838 m).
Adresse: Zur Hoppecke 5, 34508 Willingen, ☎ 05632/96982-0, ✉ info@ettelsberg-seilbahn.de, 🌐 www.ettelsberg-seilbahn.de. **Öffnungszeiten:** Ganzjährig täglich von 8–17 Uhr. Im Skibetrieb ab 8 Uhr. Sonderfahrten auf Anfrage.

Seit Dezember 2007 ersetzt eine moderne Kabinenbahn die alte Doppelsesselbahn auf den Ettelsberg.

▸ Gleitschirmfliegen
Gleitschirmflüge mit oder ohne Motor mit entsprechender Schulung sind am Ettelsberg möglich.
Adresse: Papillon Flugschulen Sauerland, Zur Hoppecke 5, 34508 Willingen, ✆ 05632/969231, ✉ info@ettelsberg.com, 🌐 www.ettelsberg.com.

▸ Hochseilgarten
Bei der Zuschauertribüne der Mühlenkopfschanze befindet sich ein Natur-Hochseilgarten, der durch natürlichen Baumbestand in eine Höhe von 6 bis 18 m führt. Dabei genießt man ein ganz besonderes Panorama.
Kontakt: KombiNaTour, Ettelner Weg 22–24, 33100 Paderborn, ✆ 05251/1809622, ✉ info@kombinatour.de, 🌐 www.kombinatour.de. **Öffnungszeiten:** Mai–Sep Sa für Einzelgäste und Kleingruppen, jederzeit für größere Gruppen und immer nur nach Voranmeldung!

▸ ☺ Kart- und Bowling-Center
Neben Kinderkarts werden auch bis zu 65 km/h schnelle Karts angeboten. Im Sommer lockt draußen das verrückte Labyrinth.
Adresse: Am Hoppern 4, 34508 Willingen, ✆ 05632/9661994, ✉ info@kartbahn-willingen.de, 🌐 www.kartbahn-willingen.de. **Öffnungszeiten:** Di–Fr 14.30–22.30 Uhr, während der Ferien an allen Tagen und zusätzlich auch Mo, Sa und So 10.30–22.30 Uhr.

▸ Kletterhalle
Die Halle bietet wetterunabhängiges Klettern auf mehr als 50 Routen.
Adresse: Zur Hoppecke 9, 34508 Willingen, ✆ 05632/966855, ✉ info@kletterhalle-willingen.de, 🌐 www.kletterhalle-willingen.de. **Öffnungszeiten:** Di und Do 10–12 und 14–22 Uhr, Mi und Fr 14–18 Uhr, Sa und So 10–12 und 14–18 Uhr.

▸ Kutsch- und Planwagenfahrten
Hartmut Kesper, Ibergweg 2, 34508 Willingen, ✆ 05632/69649, ✉ info@hartmut-kesper.de, 🌐 www.hartmut-kesper.de.
Pferdehof Wilke-Mühle, siehe unter Reiten.

▸ ☺ Maislabyrinth Eimelrod
Das kleine Maislabyrinth lädt zum Verstecken und Erkunden ein.
Kontakt: Gasthof Zur Zweere 1, OT Eimelrod, 34508 Willingen, ✆ 05632/91361, ✉ info@zur-zweere.de, 🌐 www.zur-zweere.de. **Öffnungszeiten:** Mitte Juli–Anfang Okt Fr 14–18 Uhr (bis Ende Aug bis 19 Uhr), Sa 11–18 Uhr (bis Ende Aug bereits ab 10 und bis 19 Uhr), So 11–18 Uhr (bis Ende Aug bereits ab 10 Uhr), für Gruppen nach Absprache.

▸ Reiten
Pferdehof Wilke-Mühle, Mühlenweg 9, OT Usseln, 34508 Willingen, ✆ 05632/9220032, ✉ info@wilke-muehle.de, 🌐 www.wilke-muehle.de.
Willinger Reit- und Fahrverein, Zur Hoppecke 3, 34508 Willingen, ✆ 0170/4112203, ✉ info@willinger-reitverein.de, 🌐 www.willinger-reitverein.de.

▸ ☺ Sommerrodelbahn
Mit dem Schlepplift 250 m bergauf, dann 700 m Rodelspaß bergab. Daneben gibt es noch einen Kinderspielplatz und eine 6-Feld-Trampolinanlage.
Adresse: Am Hoppern 2, 34508 Willingen, ✆ 05632/966977, ✉ info@sommerrodelbahn-willingen.de, 🌐 www.sommerrodelbahn-willingen.de. **Öffnungszeiten:** Täglich 9–18 Uhr (im Juli und Aug und den Ferien bis 19 Uhr), in der Vor- und Nachsaison teilweise nur Sa und So 9.30–17 Uhr.

▸ Wild- und Freizeitpark
Im Hochwald des Parks leben Schalenwild, exotische Tiere und auch Raubwild. Es gibt

Greifvogel- und Papageienvorführungen, eine Streichelwiese, Dinoland, einen Märchenwald, ein kleines Jagdmuseum sowie ein Freizeitgelände mit Parkeisenbahn und großem Spielplatz.
Adresse: Am Ettelsberg 2, 34508 Willingen, 05632/69198, info@wildpark-willingen.de, www.wildpark-willingen.de. **Öffnungszeiten:** April–Okt 9-18 Uhr, Nov–März 10-16 Uhr, Aufenthalt bis Einbruch der Dunkelheit gestattet. Greifvogelvorführungen April–Okt täglich außer Do um 12, 14, 15 und 16.15 Uhr, Nov–Jan und März um 13 Uhr, Papageien-Vorführungen April–Okt 11.15, 13.15 und 15.15 Uhr, Nov–Feb 12 und 15 Uhr.

▸ Willinger Brauhaus

Die Besucherbrauerei lädt zur Besichtigung ein mit Videofilmvorführung, Rundgang durch die Brauerei sowie Bierverkostung.
Adresse: In den Kämpen 2, 34508 Willingen, 05632/9887-0, info@willinger-brauhaus.de, www.willinger-brauhaus.de. **Führungen:** Einzelpersonen Mo–Fr um 10.30 Uhr, Gruppen jederzeit nach Voranmeldung.

▸ Wintersport

Willingen ist der führende Wintersportort Westdeutschlands mit 22 Skiliften und 18 km Abfahrten an fünf Hängen, 80 km gespurten Langlaufloipen und etwa 30 km geräumten Winterwanderwegen. Flutlicht-Skifahren jeden Mi, Fr und Sa 18.30-21.45 Uhr. Daneben gibt es eine Eissporthalle, Rodelhänge, Pferdeschlittenfahrten und zahlreiche Skischulen und Skiverleihe, Informationen unter: www.skigebiet-willingen.de und winterpark-willingen.de.

▸ Eissporthalle

Fast ganzjährig steht die Halle mit einer 60 x 30 m großen Eisfläche für das Eislaufvergnügen zur Verfügung. Einmal wöchentlich Eisdisco mit Musik. Eisstockschießen oder Eishockey nach Voranmeldung.
Adresse: Kurbetrieb Willingen, Eissporthalle, Am Hagen 9-10, 34508 Willingen, 05632/969430, info@eissporthalle-willingen.de, www.eissporthalle-willingen.de. **Öffnungszeiten:** Weihnachten–Ostern: Mo–Fr 10–12, 13–15, 15.30–17.30 und 18–20 Uhr (Mi bis 21 Uhr, Sa und So 10–12, 14–16 und 16.30–18.30 Uhr, in der übrigen Jahreszeit Mo–Fr 15.30–17.30 und 18–20 Uhr (Mi bis 21 Uhr), Sa und So 14–16 und 16.30–18.30 Uhr.

Veranstaltungen und Feste

Willingen bietet seinen Besuchern das ganze Jahr eine bunte Veranstaltungspalette. Zwei Großveranstaltungen ziehen jedoch Menschenmassen an:

▸ BIKE-Festival (Juni)

Die dreitägige Veranstaltung ist das größte deutsche Mountainbike-Festival.

▸ Weltcup-Skispringen (Ende Jan)

Das jährliche Springen findet auf der Mühlenkopfschanze statt und zieht immer Tausende von Besuchern an.

Willingshausen

B4

(Schwalm-Eder-Kreis)

Die Gemeinde liegt südlich von Schwalmstadt am Rand des Landkreises und ist u.a. bekannt durch die Malerkolonie. Diese ist die älteste Künstlervereinigung Europas und wurde von Gerhardt von Reutern 1830 gegründet. In den neun Ortsteilen leben etwas mehr als 5100 Einwohner.

www.willingshausen.de *i*

Sehenswertes

▸ Hirtenhaus
Im liebevoll wieder hergerichteten Gebäude aus dem 17. Jh. (Hans-von-Volkmann-Platz) sind heute die beiden Stipendiaten der Malerkolonie untergebracht.

▸ Schloss Willingshausen
Im 16. Jh. ließ die Familie von Schwertzell zu Willlingshausen für ihr Rittergut ein repräsentatives Renaissance-Herrenhaus erbauen. Im Dreißigjährigen Krieg wurde es teilweise zerstört und ausgeplündert, danach aber wieder aufgebaut und 1697 als Fachwerkschloss um zwei Steingeschosse aufgestockt. Im Siebenjährigen Krieg wurde erneut das Inventar geplündert. Später wurde das Schloss Treffpunkt und Gründungsort der Malerkolonie, denn 1820 heiratete Gerhardt Wilhelm von Reutern Charlotte von Schwertzell auf dem Schloss. Das Schloss dient heute als Gutsverwaltung.

Museen

▸ Museum Malerstübchen
Das im Gerhardt-von-Reutern-Haus liegende Museum zeigt viele in Willingshausen entstandene Gemälde oder Fotografien. So findet man hier ein Stück Kunstgeschichte des 19. und 20. Jhs. Etliche Gemälde zeigen Alltagsmotive und die Vielfalt der Schwälmer Tracht. Zu sehen ist aber auch bäuerliche Handwerkskunst. Regelmäßig finden hier auch Sonderausstellungen statt. Das Atelier im Dachgeschoss wird von der Malschule genutzt. Seit 1996 vergibt man auch jährlich zwei Stipendien an junge Künstler, um die Tradition des Malerdorfes zu erhalten.
Adresse: Merzhäuser Str. 1, 34628 Willingshausen, ✆ 06697/1418, ✉ info@willingshausen-touristik.de, 🌐 www.malerkolonie.de, **Öffnungszeiten:** Di–So 10–12 und 14–17 Uhr.

Natur und Freizeit

▸ Wandern und Radfahren
Durch die Gemeinde verlaufen der Schwalm-Höhenweg und die Hessenwege 10 und 11, Radfahrer locken der Hessische Fernradweg R4, der Schwalm-Radweg, der Schwalm-Fulda-Weg R11, der Efzetalweg R17 und der Bahntrassenweg Treysa–Bad Hersfeld.

▸ Baden
Freibad Wasenburg, Am Schwimmbad, OT Wasenburg, 34628 Willingshausen.

▸ Kletterseilgarten Loshausen
Der Schlosspark verfügt über einen Seilgarten, der über unterschiedliche Schwierigkeitsgrade von jedermann an offenen Terminen erklettert werden kann.
Adresse: Schloss Loshausen, Kasseler Str. 39, OT Loshausen, 34628 Willingshausen, ✆ 06691/921950, ✉ info@schloss-loshausen.de, 🌐 www.schloss-loshausen.de. Voranmeldung für Gruppen ab 15 Personen.

▸ Reiten
Danis Ponyhof, Kasseler Straße 31, 34628 OT Loshausen, ✆ 06691/220825, ✉ daniela.secco@danisponyhof.de, 🌐 www.danisponyhof.de.

Malerkolonie

Veranstaltungen und Feste

Das Schloss Loshausen mit seinem Park ist nicht nur der Wohn- und Arbeitsort verschiedener Künstler, sondern auch Veranstaltungsort. Bekannte Veranstaltungen sind u. a. **Kleiner Kultursommer** (3 Tage Ende Juli) und **World Music Festival** (Juli oder Aug).

Witzenhausen

D2

(Werra-Meißner-Kreis)

Die Universitätsstadt liegt mit ihren 16 Ortsteilen eingebettet im Werratal und ist Mittelpunkt eines der größten und ältesten Kirschenanbaugebiete Deutschlands. Witzenhausen gilt als kleinste Universitätsstadt in Deutschland als Standort der Universität Kassel. Sie erhielt bereits 1225 Stadtrechte und war bis 1974 Kreisstadt. Heute leben in der Stadt im Drei-Länder-Eck Hessen–Niedersachsen–Thüringen rund 15 300 Einwohner.

Pro Witzenhausen, Ermschwerder Str. 2, 37213 Witzenhausen
05542/6001-0
05542/6001-23
info@kirschenland.de
www.kirschenland.de (Tourismus)
www.witzenhausen.de (Stadt)

Sehenswertes

▸ Altstadt
Die Altstadt von Witzenhausen ist reich an alten Fachwerkbauten. Besonders sehenswert sind die Fachwerkfront in der Ermschwerder Straße und der Marktplatz.

▸ Burg Ludwigstein
Die Burg wurde ab 1415 als Grenzfeste auf einem Berg oberhalb von Werleshausen errichtet und erhielt ihren Namen vom hessischen Landgrafen Ludwig. Die spätere teilweise verfallene Burg wurde zu Beginn des 20. Jhs. von Gruppen der Jugendbewegung entdeckt. Neben dem Bundesarchiv der deutschen Jugendbewegung und der Jugendbildungsstätte bietet die Burg heute eine Herberge, Seminarräume, ein Schwimmbad, einen Zeltplatz und eine Außenterrasse.

▸ Diebesturm
Der Turm in der Oberburgstraße wurde 1413 erbaut und gehörte einst zur Stadtbefestigung. An seinen Seiten sind auch noch Reste der Stadtmauer zu erkennen, in deren Verlauf insgesamt 12 Türme standen, von denen noch drei erhalten sind. Die Aussichtsplattform bietet eine schöne Rundsicht und ist von Ostern bis Okt von 9–20 Uhr geöffnet.

▸ Ehemaliges Wilhelmitenkloster
1275 gründeten Zisterzienserinnen ein Kloster, das 1289 aufgehoben wurde. 1291 kamen Wilhelmiten-Mönche, die bis zur Reformation dort blieben. 1898 wurde hier die »Deutsche Kolonialschule« gegründet und heute sind die alten Klostergebäude und Neubauten Sitz des Fachbereichs Ökologische Agrarwirtschaft der Universität Kassel. Auf dem Gelände befinden sich auch das Museum für Völkerkunde und das Gewächshaus für tropische Nutzpflanzen.

▸ Kapelle St. Michael
Die »kleine Kathedrale« an der Walburger Straße wurde um 1392 erbaut. Sehenswert ist der gotische Spitzhelm mit Kreuzblumen, Blattkapitellen und Fialen.

▸ Liebfrauenkirche
Mit dem Bau als dreischiffige spätromanische Basilika wurde Anfang des 13. Jhs. begonnen. Schon bald danach begann man mit einem Umbau zur gotischen Emporenkirche, der nicht vollendet wurde. So wurde sie schließ-

lich als Hallenkirche der Spätgotik vollendet, und die drei Schiffe wurden 1725 unter einem hohen gebrochenen Dach zusammengefasst. Der Turm mit Türmerwohnung stammt noch aus dem 13. Jh., erhielt aber in der zweiten Hälfte des 18. Jhs. eine neue Haube. Im Inneren befinden sich verschiedene Grabmale, u. a. von der Familie von Berlepsch.

▸ Marktplatz mit historischem Rathaus
Am Marktplatz mit Stadtbrunnen »Kump« steht das historische Rathaus. Es wurde nach einem Stadtbrand 1819 auf den Umfassungsmauern eines Vorgängerbaus von 1589/90 errichtet. Der Massivbau mit Turm und Glockenspiel ist das dritte Rathausgebäude an dieser Stelle. Neben dem Rathaus liegen sehenswerte Fachwerkbauten wie das Grau'sche Haus (Marktplatz 4) oder das Rote Haus (Markplatz 5). An der Ecke zur Ermschwerder Straße liegt schließlich noch das Steinerne Haus, ein Prachtbau der Hochrenaissance von 1584.

▸ Schloss Berlepsch
Die Schlossanlage Berlepsch liegt malerisch auf einem Bergsporn am Rande des Werratals und geht auf eine Gründung Arnolds von Berlepsch in den Jahren 1368/69 zurück. Die mittelalterliche Burganlage wurde im Verlauf des 16. Jhs. mehrfach erweitert und nach Zerstörungen im Dreißigjährigen Krieg wieder aufgebaut. Heute prägt besonders der Umbau der 1880er/90er Jahre das Erscheinungsbild. Der zum Schloss gehörende Park im Stil eines englischen Landschaftsgartens entstand im 18. Jh. Dort findet man auch die Schlosskapelle. Das Schloss ist zu verschiedenen Terminen im Jahr für Besucher geöffnet. Für Events ist das Schloss ganzjährig buchbar.

▸ Schloss Ermschwerd
Das 1551 erbaute Herrenhaus ist ein prächtiger Fachwerkbau mit massivem Untergeschoss und einem Treppenturm auf der Rückseite. Es ist Zentrum des alten Gutshofs mit umliegenden Wohn- und Wirtschaftsgebäuden. Die zweiläufige Sandsteintreppe führt zu einem Renaissanceportal, das noch das Wappen der von Buttlar und Boyneburg von 1616 trägt. Das historische Gebäude im Besitz der Stadt wird unterschiedlich genutzt.

Witzenhäuser Kirschblüte

▸ Sommermann'sches Haus
Dieses Fachwerkgebäude an der Ecke Kirchstraße/Ermschwerder Straße wurde 1511 erbaut und gilt als der besterhaltene gotische Fachwerkbau in Hessen. Besonders sehenswert sind die Ständer-Rähm-Mischkonstruktion mit drei Stockwerken, der original erhaltene Eckerker und die gotischen Türen. Heute beheimatet das Sommermann'sche Haus die Stadtbibliothek.

Museen

▸ Gewächshaus für tropische Nutzpflanzen
Im Tropengewächshaus der Universität Kassel blühen und fruchten Kakao, Tee, Kaffee und 500 weitere Pflanzenarten aus aller Welt. Die Pflanzen dienen in ihrer Heimat u. a. als Nahrungs-, Medizinal-, Färbe- oder Duftpflanzen.

Adresse: Universität Kassel, Steinstr. 19, 37213 Witzenhausen, 05542/981231, tropengewaechshaus@uni-kassel.de, www.agrar.uni-kassel.de. **Öffnungszeiten:** Mi, Fr, Sa und So 14-16 Uhr, öffentliche Führung Sa 14 Uhr. Gruppen können das Gewächshaus nur mit Führung und nach Voranmeldung besuchen! Für Schulkassen gibt es Rallyes und Unterrichtsgänge.

Kautabak-Manufaktur
In Deutschlands einziger Kautabak-Manufaktur arbeiten Kautabakspinnerinnen an Maschinen aus dem 19. Jahrhundert. Kautabakproduktionen gibt es in Europa heute neben Deutschland nur noch in England, Dänemark und Schweden.
Adresse: Grimm & Triepel Kruse Kautabak, Walburger Str. 48, 37213 Witzenhausen, 05542/911617, service@kruse-kautabak.de, www.kruse-kautabak.de.

Museum für Völkerkunde
Im Mittelpunkt der Ausstellung stehen Gegenstände aus Landwirtschaft und Haushalt zur Gewinnung und Verarbeitung von Nahrung, Kleidung, Masken, Schmuck und Musikinstrumente aus Afrika, Südamerika und Ozeanien.
Adresse: Steinstr. 19, 37213 Witzenhausen, 05542/607-21, museum@ditsl.de, www.ditsl.de. **Öffnungszeiten:** April–Okt Mi und So 15-17 Uhr, für Gruppen nach Voranmeldung.

Natur und Freizeit

Wandern
Die Umgebung ist durch ein großes markiertes Wegenetz erschlossen. Dazu gehören der 4,5 km lange Kirschenerlebnispfad mit 17 Erlebnisstationen oder der Premiumweg P9 »Wachholderpfad Roßbach«. Zudem berühren Witzenhausen etliche Fernwanderwege, z. B. der Werra-Burgen-Steig. Auch Nordic-Walking-Freunde finden reizvolle Strecken unterschiedlicher Schwierigkeitsgrade.

Radler auf dem Marktplatz von Witzenhausen

Radfahren
Witzenhausen liegt direkt am Werratal-Radweg und Richtung Süden führt der Gelstertal-Radweg nach Großalmerode. Abseits der »normalen« Radwege gibt es auch genügend Herausforderungen für Mountainbiker.
Fahrradverleih: Campingplatz Werratal, Am Sande 11, 37213 Witzenhausen, 05542/1465, info@campingplatz-werratal.de, www.campingplatz-werratal.de.
Pension Werrablick, Am Burgberg 40, OT Ermschwerd, 37217 Witzenhausen, 05542/5215, www.pension-werrablick.de.
Rad-Geber, Hinter dem Deich 1, 37213 Witzenhausen, 05542/73184, info@rad-geber.de, www.rad-geber.de.

Zwei-Burgen-Blick
Unterhalb der Burg Ludwigstein zwischen Wendershausen und Werleshausen hat man den so genannten berühmten Zwei-Burgen-Blick, rechterhand die Sicht auf die Burg Ludwigstein und links die Burg Hanstein, die bereits in Thüringen liegt.

Baden
Mineralwasserfreibad Witzenhausen
Am Sande 10, 37213 Witzenhausen, 05542/5005-190, www.stadtwerke-witzenhausen.de.

Grüner See Hundelshausen

Der Grüne See geht auf einen Gipssteinbruch zurück und ist ein frei zugänglicher Naturbadesee, der teils von steilen Hängen umgeben ist.
Adresse: Kirchstr., OT Hundelshausen, 37215 Witzenhausen, ✆ Kiosk 0173/5124679 (Herr Onal). **Öffnungszeiten:** frei zugänglich.

▸ ☺ Erlebnispark Ziegenhagen

Der Freizeitpark bietet viele wetterunabhängige Möglichkeiten, darunter drei Museen mit Oldtimern, zum Thema Eisenkunstguss und zur Volkskunde. Daneben gibt es viele Spiel- und Fahrattraktionen für jede Altersgruppe, z. B. Abenteuer-Simulator, Trampolin-Großanlage, Gespensterburg oder Dornröschenschloss.
Adresse: Ziegenberg 3, OT Ziegenhagen, 37217 Witzenhausen, ✆ 05545/246, ✉ info@erlebnispark-ziegenhagen.de, 🌐 www.erlebnispark-ziegenhagen.de. **Öffnungszeiten:** Mitte–Ende April und Sep–zweite Okt-Hälfte 10-17 Uhr, Mai–Aug 10-18 Uhr.

▸ Kanu-/Bootsfahrten

Witzenhausen eignet sich sehr gut als Startpunkt für Bootstouren flussaufwärts oder hinunter zur Mündung in die Drei-Flüsse-Stadt Hann. Münden.
Bootsverleih: Campingplatz Werratal, siehe unter Radfahren.
Kanurado, siehe unter Eschwege.
Krumos Aktivreisen & Events, Kanubasis Eschwege, siehe dort.

▸ Reiten

Gut Theune, Kirchstraße 9, OT Ellingerode, 37217 Witzenhausen, ✆ 05542/5665, ✉ info@gut-ellingerode.de, 🌐 www.gut-ellingerode.de.
Hof Carmshausen, Christine Hotze-Schaefer, 37213 Witzenhausen, ✆ 05542/3214, ✉ christine.hotze@t-online.de, 🌐 www.hof-carmshausen.de.
Reiterhof am Sande, Am Sande 5, 37213 Witzenhausen, ✆ 0170/2403637.

▸ Schinkels Back- und Brauhaus

Hessens erste Öko-Brauerei bietet nur für Gruppen u. a. Besichtigung der Brauerei, Bierseminar, deftiges Essen und frisches Brot aus der eigenen Backstube an.
Adresse: Walburger Str. 46, 37213 Witzenhausen, ✆ 05542/911210, ✉ info@schinkels-brauhaus.de, 🌐 www.schinkels-brauhaus.de.

▸ Segelfliegen

Informationen zu Rundflügen unter ✆ 0151/55022001 (Wolfgang Moser) oder ✉ lsv.witzenhausen@gmail.de, 🌐 www.segelflug.de.
Flugbetrieb: Mitte Mrz–Ende Okt an Wochenenden und Feiertagen ab 11 Uhr, ✆ 05542/2349.

Veranstaltungen und Feste

Witzenhäuser Woche (um den 1. Mai): Gewerbeschau, Kesperkirmes (2. Juliwochenende): Dieses Fest ist der Kirsche gewidmet mit Kirschenkönigin-Wahl und Kirschkernweitspucken, 🌐 www.kesperkirmes.de, Erntedank- und Heimatfest (Ende August): traditionelles Volksfest 🌐 www.erntefest.net, Märchenweihnachtsmarkt (4. Adventswochenende). **Infos:** 🌐 www.kirschenland.de.

Wolfhagen

B2

(Landkreis Kassel)

Die Kleinstadt liegt im Nordwesten des Naturparks Habichtswald, grenzt an den Nachbarkreis Waldeck-Frankenberg, war einst Sitz des Kreises Wolfhagen und zählt neben der Kernstadt zwölf weitere Stadtteile, in der rund 13 000 Menschen leben. Erstmals 1231 erwähnt, erhielt man bereits 1264 Stadtrechte. Im Dreißigjährigen Krieg wurde Wolfhagen fast vollständig zerstört. Von 1965 bis 2008 war es Garnisonsstadt.

Stadt- und Tourist-Info
Burgstr. 33-35, 34466 Wolfhagen
05692/602-102/103
05692/602-190
tourist-info@wolfhagen.de
www.wolfhagen.de

Sehenswertes

Stadtführungen

Für Einzelgäste wird von Mai–Sep jeden Sa um 11 Uhr ab Märchenbrunnen auf dem Marktplatz eine kostenlose Stadtführung angeboten. Für Gruppen können Stadtführungen bei der Tourist-Info gebucht werden.

Altes Rathaus und Märchenbrunnen

Das historische Rathaus ist ein dreigeschossiger Fachwerkbau, der 1657–59 nach dem Dreißigjährigen Krieg als dritter Bau an gleicher Stelle auf historischem Fundament errichtet wurde. Die Balkenköpfe sind mit 222 Margaritenornamenten geschmückt. Die ehemalige Gewölbehalle wird heute als Traukeller für »Märchenhochzeiten« genutzt. Vor dem Rathaus steht auf dem Marktplatz der Märchenbrunnen. Er steht an der Stelle, wo sich früher ein alter Kump (Brunnen) befand. Die Bronzefiguren symbolisieren das Grimm'sche Märchen »Der Wolf und die sieben Geißlein«.

Der Märchenbrunnen in Wolfhagen

Alte Wache

Die Alte Wache (Kirchplatz 2) ist eines von vielen sehenswerten Fachwerkhäusern in der Altstadt und wurde 1667 erbaut. Ursprünglich ein Haus der Waage, wurde es später als Wachlokal und Heimatmuseum genutzt und dient heute als Café.

Chattenturm

Der Chattenturm liegt nördlich vom Schützeberger Tor und ist einer von ursprünglich elf Türmen der Stadtmauer, von der heute nur noch kleine Reste zu sehen sind. Der Turm ist erreichbar über den ehemaligen Laufgang der Stadtmauer, etwa drei Meter über dem Boden und kann erstiegen werden, um eine schöne Aussicht über die verschachtelte Innenstadt oder das Wolfhager Land zu genießen. Den Schlüssel gibt es in der Tourist-Info.

Friedhofskapelle

Die erstmals 1332 erwähnte Kirche war als große Wallfahrtskirche geplant. Nach Fertigstellung des Chorraums wurde der Bau jedoch eingestellt, und der Teilbau diente als Kapelle für das nahe Hospital, nach der Reformation bis zum Ende des 19. Jhs. als Getreide- und Strohlager. 1904/5 wurde der Bau verlängert und mit einem Glockenturm versehen. Seit 1931 dient das einschiffige, hochgotische Gebäude aus Sandsteinquadern als Friedhofskapelle.

▸ Stadtkirche St. Anna
Die dreischiffige gotische Hallenkirche ist das Wahrzeichen der Stadt. Mit ihrem Bau wurde Anfang des 13. Jhs. begonnen und der große Altar wurde 1235 eingeweiht. Der 55 m hohe Turm geht auf 1303 zurück und erhielt nach mehrfacher Zerstörung 1561 seine heutige Gestalt. Bei letzten Renovierungsarbeiten 2010 stieß man auf Teile eines romanischen Fundaments aus der Zeit um 1230. Erwähnenswert sind auch die kunstvollen Türbeschläge des Westportals. Der Kirchturm kann nach vorheriger Absprache mit dem Gemeindebüro (Kirchplatz 4) bestiegen werden.

▸ Weidelsburg
Die Ruine der Weidelsburg prägt das Wolfhager Land und liegt auf einem 504 m hohen Basaltkegel. Die eindrucksvollste und größte Burgruine Nordhessens besteht aus zwei mächtigen turmähnlichen Wohngebäuden, zwei Tortürmen und einer Ringmauer. Sie ist ein beliebtes Wanderziel und bietet eine herrliche Aussicht.

Museen

▸ Regionalmuseum Wolfhager Land
Das Museum residiert im alten Renthof, der überwiegend mit Steinen der früheren Wolfhager Burg erbaut wurde und zeigt Geschichte und Geologie des Wolfhager Landes. Schwerpunkte sind ein Fachwerkbereich, die Spuren und ein Modell der Chirotheren-Saurier sowie eine Abteilung für den Abenteurer und Begründer der Brasilienforschung, Hans Staden.
Adresse: Ritterstr. 1, 34466 Wolfhagen, ✆ 05692/992431, ✉ info@regionalmuseum-wolfhager.land.de, 🌐 www.regionalmuseum-wolfhager-land.de. **Öffnungszeiten:** Di–Do 10-13 und 14-17 Uhr, Sa und So 14-17 Uhr, im Januar geschlossen.

Natur und Freizeit

▸ Wandern
Die Umgebung ist durch mehrere Rundwanderwege erschlossen. Der Eco-Pfad »Kulturgeschichte Wolfhagen« berührt u. a. den ehemaligen Standort des Tauchbads der jüdischen Gemeinde, den Schützeberg, einst Standort der ältesten Kirche im Wolfhager Land oder die Vertriebenengedenkstätte am Ofenberg. Schließlich führen auch der Studentenpfad und der Märchenlandrundweg als Fernwanderwege durch Wolfhagen.

▸ Radfahren
Elf Radrundwege von 15 bis 35 km Länge erschließen die nähere Umgebung. Besonders empfehlenswert ist der 21 km lange Historische Radweg, der zu einigen geschichtlich interessanten Stätten führt. Daneben wird Wolfhagen vom Radfernweg R4 und vom Kassel-Edersee-Radweg berührt.

▸ Ofenberg-Turm
Der etwas über 17 m hohe Aussichtsturm steht auf dem Ofenberg (390 m) östlich von Wolfhagen und bietet von seiner Aussichtsplattform eine schöne Aussicht auf die Stadt. Er ist zusammen mit der dortigen Waldgaststätte ein beliebtes Wanderziel.

▸ Stadtpark Teichwiesen
Der Park wurde im Zusammenhang mit dem Hessentag 1992 durch Renaturierung der ehemaligen Bruch- und Teichwiesen geschaffen und ist ein stadtnahes Erholungszentrum.

▸ Baden
Freizeit- und Erlebnisbad Wolfhagen, Sudetenstr., 34466 Wolfhagen, ✆ 05692/2866.
Freizeitbad Niederelsungen, Walmeweg, OT Niederelsungen, 34466 Wolfhagen, ✆ 05606/8109.

▸ Fliegen
Die Luftsportvereinigung Wolfhagen bietet vom 2 km südlich der Kernstadt gelegenen Flugplatz Graner Berg Rund- bzw. Mitflüge im Segelflieger, Motorsegler oder Motorflugzeug an.
Kontakt: 05692/6605 (Herr Becker), www.lsv-wolfhagen.de.

▸ Reiten
Ländlicher Reit- und Fahrverein Wolfhagen Liemeckestr. 3, 34466 Wolfhagen, 05692/2423 (ab 16 Uhr), rfv-wolfhagen@t-online.de, www.reitverein-wolfhagen.de.
Reiterhof Berndt, Waldecker Str. 30, OT Ippinghausen, 34466 Wolfhagen, 05692/6910.

Veranstaltungen und Feste

▸ Kulturhalle Wolfhagen
Viele kulturelle Veranstaltungen finden in der Kulturhalle statt.
Adresse: Kurfürstenstr. 20, 34466 Wolfhagen.

▸ Waldbühne Niederelsungen
Die oberhalb von Niederelsungen im Wald gelegene Bühne gehört mit mehr als 1300 Sitzplätzen zu den größten Freilichtbühnen Deutschlands. In den ungeraden Jahren wird sie von Ende Juni bis Anfang Sep bespielt. Vorwiegend werden klassische Stücke aufgeführt.
Informationen: Spielgemeinschaft Waldbühne Erich Oberlist, Heinz-Georg Henkelmann, Kirchweg 10, OT Niederelsungen, 34466 Wolfhagen, 05606/2229 (Do 19–21 Uhr), waldbuehne@niederelsungen.de, www.waldbuehne.niederelsungen.de.

▸ Kulturzelt (Anfang Juni 11 Tage)
Das Kleinkunstfestival findet im Stadtpark Teichwiesen statt.
Informationen: Verein zur Förderung kultureller Projekte im Wolfhager Land, Wolfgang Frey, Burgstr. 33–35, 34466 Wolfhagen, 05692/602-150, info@kulturzelt.de.

▸ Vieh- und Krammarkt (drittes Juliwochenende)
Das größte Fest der Stadt mit Vergnügungspark und Festumzug findet auf der Liemecke statt. Daneben sind noch folgende Veranstaltungen erwähnenswert: **Johannisfest** (Mai), **Michaelismarkt** (Sep) und **Adventsmarkt** (Anfang Dez).

Zierenberg

C2

(Landkreis Kassel)

Die Kleinstadt liegt im Tal der Warme im Naturpark Habichtswald zwischen dem Großen Bärenberg im Westen und dem Hohen Dörnberg im Osten. 1293 von Landgraf Heinrich I. gegründet, gehören heute zur Stadt insgesamt sechs Stadtteile mit 6650 Einwohnern. In der Umgebung gibt es zahlreiche Überreste von zerstörten bzw. verfallenen Burgen. Im Naturschutzgebiet auf dem Dörnberg erwartet den Wanderer das größte zusammenhängende Orchideengebiet Hessens.

Tourist-Info & Bürgerbüro Zierenberg
Poststr. 20, 34289 Zierenberg
05606/5191-25
05606/5191-51
touristinfo@stadt-zierenberg.de
www.tourist-info-zierenberg.de (Tourismus)
www.zierenberg.org (Stadt)

Sehenswertes

▸ Altstadt
Die systematisch angelegte Altstadt wird noch von einer teilweise erhaltenen Stadt-

mauer umgeben, mit deren Bau man 1293 begann. Auch heute findet man hier noch etliche Zeugen mittelalterlicher Baukunst, darunter das Steinhaus (Marktgasse), auch als Steinkammer bekannt, das um 1300 erbaut wurde und das älteste Haus in Zierenberg ist. Das älteste noch erhaltene Fachwerkhaus (Mittelstraße 39) datiert dagegen aus dem Jahr 1567. Benachbart erinnert eine Gedenktafel an den Standort der 1938 zerstörten Synagoge.

▸ Gut Escheberg

Das Herrenhaus, ein gotisches Fachwerkgebäude, wurde 1531 auf Gewölben unbekannten Alters erbaut. 1740 entstand nördlich des Herrenhauses das Gut mit Verwaltungs- und Wirtschaftsgebäuden sowie Scheune und Ställen. Das Gut erlebte zahlreiche Um- und Anbauten sowie Modernisierungen. Südlich des Schlosses befindet sich ein Englischer Garten, der weitestgehend öffentlich zugänglich ist. Das Gut ist im Privatbesitz der Familie Malsburg.

▸ Rathaus

Das 1450 erbaute Rathaus am Marktplatz ist das älteste gotische Fachwerk-Rathaus Hessens. Ursprünglich mit Ecktürmen versehen, wurde es im Laufe der Geschichte häufig umgebaut und unterschiedlich genutzt. So befand sich unter dem Ratssaal im Obergeschoss einst eine Kaufhalle. Bei einer grundlegenden Sanierung 1925/28 wurden das vorher verputzte Fachwerk wieder freigelegt und der Ratskeller eingerichtet. Nach weiteren Sanierungen wird der Bereich des Ratskellers nun als Foyer für Vorträge und Kunstausstellungen genutzt, im Gewölbekeller wurde ein Trauzimmer eingerichtet.

▸ Stadtkirche

Die gotische Hallenkirche mit ihrem weithin sichtbaren Westturm wurde von 1293 bis 1343 erbaut. Älteste Teile sind heute der Chorraum und der untere Teil des Kirchturms. 1436 wurde das erste Langhaus durch den heutigen Bau ersetzt, und erst Ende des 16. Jhs. der Turm vollendet. Im Inneren befinden sich Wandmalereien aus dem 14. und 15. Jh., die über 300 Jahre lang übertüncht und erst wieder 1934 freigelegt wurden.

Das Rathaus von Zierenberg

Museen

▸ Klostermuseum Burghasungen

Das Kloster Hasungen war ein Benediktinerkloster auf dem Burghasunger Berg und bestand seit 1074. 1527 wurde es im Zuge der Reformation aufgehoben. Im Dreißigjährigen Krieg wurden die Gebäude schwer beschädigt. Zahlreiche Steine fanden später Verwendung zum Bau von Schloss Wilhelmsthal. Die Kirche wurde 1795–1800 abgerissen, der erhaltene Glockenturm stürzte 1896 ein. Heute werden einzelne archäologische Fundstücke im Klostermuseum gezeigt.
Adresse: Bergstr. 1 (Dorfgemeinschaftshaus),

OT Burghasungen, 34289 Zierenberg.
Öffnungszeiten: Nach Vereinbarung über die Tourist Info.

▸ Mühlenmuseum Laar
Die einstige Öl- und Getreidemühle, 1599 erbaut, gehört zum Gutshof Laar und war bis 1844 im Mahlbetrieb. 1903 wurde die Mühlentechnik zur Stromerzeugung umgerüstet und sie produziert bis heute Energie für die örtliche Stromversorgung. Eine Ausstellung dokumentiert die Geschichte des Anwesens und informiert über das Mühlenwesen und Mühlentechniken.
Adresse: Gut Laar, 34289 Zierenberg.
Öffnungszeiten: Pfingst-Mo (Mühlentag) und zweiter Sep-So (Tag des offenen Denkmals) 11–17 Uhr oder nach Vereinbarung über die Tourist-Info.

Natur und Freizeit

▸ Wandern
Die Umgebung ist durch 125 km markierte Wanderwege erschlossen. Dazu gehören u. a. der Alpenpfad, der Forstlehrpfad am Schreckenberg, der Maiglöckchenweg, der Jägerpfad, der Eco-Pfad Archäologie am Dörnberg und natürlich auch die Wege zu den Aussichtstürmen.

▸ Radfahren
Durch Zierenberg führen der Hessische Fernradweg R4 und der Warmetalradweg. Mountainbiker finden abseits der normalen Wege ebenfalls genügend Strecken mit unterschiedlichen Herausforderungen.

▸ Aussichtsturm Großer Bärenberg
Südwestlich von Zierenberg erhebt sich der 601 m hohe Große Bärenberg, auf dem der heutige Bärenbergturm steht. Dieser wurde als Stahlkonstruktion 1999 erbaut und ersetzte einen Vorgängerturm. Von der Aussichtsplattform bietet sich ein umfassender Panoramablick.

Der Marktplatz von Zierenberg

▸ Aussichtsturm Schreckenberg
Der Turm steht nordöstlich der Kernstadt auf dem Großen Schreckenberg (461 m). Erbaut als Wartturm, wurde er nach Verfall 1911 wieder aufgebaut und als Aussichtsturm zugänglich gemacht.

▸ Naturdenkmale
In der Umgebung liegen verschiedene Naturdenkmale, darunter die Helfensteine (40 m hohe Basaltsteine), die Wichtelkirche (ein kahler 30 m hoher Basaltkegel), beide im Dörnberg-Massiv, die Basaltklippen am Burghasunger Berg und die Blauen Steine am Schreckenberg.

▸ Naturparkzentrum Habichtswald
Die Ausstellung informiert zu den Themen Muschelkalk, Kelten und Naturschutz. Ein Informationsmodul widmet sich der Wildkatze im Naturpark. Neben Dioramen und einem Keltenhaus gibt es Wechselausstellungen sowie eine Medienpräsentation. Hier findet man auch Informationen zu den Veranstaltungen im Naturpark und Produkte aus der Region.

Zierenberg

Adresse: Auf dem Dörnberg 13, 34289 Zierenberg, 05606/533266.
Öffnungszeiten: März–Okt Di–So 10–17 Uhr, Nov–Feb Di–Fr 12–16 Uhr, Sa und So 10–16 Uhr.

Blick von den Helfensteinen

▸ Baden
Freibad Zierenberg, Neißer Str. 2, 34289 Zierenberg, 05606/2691, MidaCoach@t-online.de, www.freibadzierenberg.de.

▸ Golf
Die 18-Loch-Anlage auf dem Areal des Gutes Escheberg liegt landschaftlich sehr reizvoll.
Adresse: Golfclub Gut Escheberg, 34289 Zierenberg, 05606/2608, info@golf-escheberg.de, www.golf-escheberg.de.
Öffnungszeiten: Frühjahr–Herbst 9.30–18 Uhr, im Winter wetterbedingt.

▸ Segelfliegen
Der Segelflugsport am Dörnberg wird bereits seit 1924 betrieben. Die Flugsportvereinigung Kassel-Zierenberg bietet auch Mitflüge an.
Adresse: Auf dem Dörnberg 11, 34289 Zierenberg, 05606/53800, vorstand@fsv-kassel.de, www.fsv-kassel.de, Ansprechpartner für Mitflüge: Tobias Kill, schriftfuehrer@fsv-kassel.de.

▸ Wintersport
Bei entsprechender Schneelage wird vom Naturparkzentrum Habichtswald bzw. Dörnberg-Haus eine sechs Kilometer lange Rundloipe für Ski-Langläufer gespurt. Eine weitere Loipe führt vom Dörnberg zum Loipenhaus.

Naturpark Habichtswald

Der Naturpark umfasst als nördlichster Zipfel des hessischen Berglandes eine Fläche von 474 qkm und zieht insbesondere Tagesbesucher aus der näheren Umgebung an. Auch der berühmte Bergpark in Kassel-Wilhelmshöhe gehört zum Naturpark. Sein Zentrum bilden das 615 m Hohe Gras und der südlich anschließende Langenberg (556 m). Touristisch gut erschlossen ist auch das Gebiet um den Hohen Dörnberg. Der Naturpark bietet den Besuchern eine breite Palette an Freizeit- und Erholungsmöglichkeiten. Dazu trägt ein dichtes Netz an markierten Wegen bei, bei denen Naturdenkmäler, alte Burgen und mehr berührt werden. Im Winter fährt sogar ein Skibus von Kassel direkt zu den Loipen im Naturpark.
Naturparkverwaltung: Oberzwehrener Str. 103, 34132 Kassel, 0561/1003-1111, www.naturpark-habichtswald.de. ■

Sehenswertes

Altstädte, historische Ortskerne, Marktplätze

Backhäuser

Besucherbergwerke, Stollen

Brücken, Viadukte

Brunnen, Wasserkünste

Burgen, Ruinen, Schlösser, Herrenhäuser

Denkmäler

Grabstätten, historische Friedhöfe

Gradierwerke

Kirchen, Kapellen, Klöster

Stichwortverzeichnis

Natur und Freizeit

Rodelbahnen

Rundflüge

Schifffahrten

Schwimmbäder, Freibäder, Freizeitbäder

Veranstaltungen und Feste

Veranstaltungen und Feste

Abbildungsverzeichnis